新世纪普通高等教育

大学体育健康教程

COLLEGE PHYSICAL EDUCATION AND HEALTH COURSE

主编 梁明星 张欢欢 殷和江　　副主编 张森 高文武

大连理工大学出版社
Dalian University of Technology Press

图书在版编目(CIP)数据

大学体育健康教程 / 梁明星，张欢欢，殷和江主编.
大连：大连理工大学出版社，2024.8.（2024.8重印）-- ISBN 978-7-5685-5089-5

Ⅰ．G807.4

中国国家版本馆 CIP 数据核字第 2024JZ4503 号

DAXUE TIYU JIANGKANG JIAOCHENG

大连理工大学出版社出版
地址：大连市软件园路 80 号　邮政编码：116023
发行：0411-84708842　邮购：0411-84708943　传真：0411-84701466
E-mail：dutp@dutp.cn　URL：https://www.dutp.cn
大连雪莲彩印有限公司印刷　　　　　　　大连理工大学出版社发行

幅面尺寸：185mm×260mm　　　印张：13.75　　　字数：352 千字
2024 年 8 月第 1 版　　　　　　　　　　　2024 年 8 月第 2 次印刷

责任编辑：齐　欣　　　　　　　　　　　　责任校对：孙兴乐
　　　　　　　　　　封面设计：张　莹

ISBN 978-7-5685-5089-5　　　　　　　　　　定　价：40.00 元

本书如有印装质量问题，请与我社发行部联系更换。

PREFACE 前言

党的二十大报告提出:"广泛开展全民健身活动,加强青少年体育工作,促进群众体育和竞技体育全面发展,加快建设体育强国。"大学生通过大学体育教育,可以有效增强体质、增进健康,促进生理和心理的和谐发展。

本课程是一门理实一体课程,其功能是对接专业人才培养目标,面向全社会各个工作岗位,通过对健康知识与运动技能等内容的学习,培养学生的运动能力,增进学生健康,是学校课程体系的重要组成部分,是实施素质教育和培养德、智、体、美、劳全面发展人才不可缺少的重要途径。

本教材紧密结合当前高校体育教学的需要和大学体育改革的现状,以学生为本,从实际出发,确立了以增进学生身心健康为目标的体育教学体系。本教材从大学生的身心特点出发,在内容的选择上突出了新时代大学生体育学习的基本需求,力求易学易练,并与学生的终身体育发展紧密结合。在撰写内容的选择上力求达到基础性、实践性和发展性三者的协调统一;强调体育对人的身心健康的影响,突出学生个性的发展和能力的培养。

本教材编写团队深入推进党的二十大精神融入教材,落实"加强教材建设和管理"新要求,在教材中融入思政元素,紧扣二十大精神,围绕专业育人目标,结合课程特点,注重知识传授、能力培养与价值塑造的统一。同时,推进教育数字化,建设全民终身学习的学习型社会、学习型大国,及时丰富和更新了数字化微课资源,以二维码形式融合纸质教材,使得教材更具及时性、内容的丰富性和环境的可交互性等特征。

本书共十六章,包括体育与大学体育、健康体适能、体育锻炼的理论基础、体育锻炼与保健、足球、篮球、排球、乒乓球、羽毛球、台球、游泳、散打、健美操、体育舞蹈、瑜伽、短道速滑。

本教材由黑龙江工商学院梁明星、哈尔滨广厦学院张欢欢、黑龙江工商学院殷和江任主编,黑龙江工商学院张森、丽江文化旅游学院高文武任副主编。具体编写分工如下:梁明星编写第一章、第五章、第六章、第七章、第九章、第十四章;张欢欢编写第二章、第三章、第四章、第八章;殷和江编写第十一章、第十五章;张森编写第十二章、第十三章;高文武编写第十章、第十六章。

在编写本教材的过程中,编者参考、引用和改编了国内外出版物中的相关资料及网络资源,在此表示深深的谢意!相关著作权人看到本教材后,请与出版社联系,出版社将按照相关法律的规定支付稿酬。

限于水平,书中仍有疏漏和不妥之处,敬请专家和读者批评指正,以使教材日臻完善。

编　者

2024 年 8 月

所有意见和建议请发往:dutpbk@163.com

欢迎访问高教数字化服务平台:https://www.dutp.cn/hep/

联系电话:0411-84708462　84708445

目录 CONTENTS

| 第一章 体育与大学体育 ······ 1 |
| 第一节 体育的起源与发展 ······ 1 |
| 第二节 体育运动与现代社会 ······ 4 |
| 第三节 大学体育的目标与使命 ······ 7 |

第二章 健康体适能 ······ 12
　第一节 健康体适能概述 ······ 12
　第二节 大学生体质健康的测量与
　　　　 评价 ······ 17
　第三节 《国家学生体质健康标准》测试
　　　　 项目的操作方法和锻炼方法 ······ 19

第三章 体育锻炼的理论基础 ······ 26
　第一节 体育锻炼的生理学基础 ······ 26
　第二节 体育锻炼的心理学基础 ······ 33
　第三节 科学体育锻炼的原理与
　　　　 方法 ······ 37

第四章 体育锻炼与保健 ······ 48
　第一节 体育锻炼的医务监督 ······ 48
　第二节 运动中常见的生理反应及其
　　　　 处理 ······ 50
　第三节 常见运动损伤的预防与处理 ······ 57
　第四节 运动处方 ······ 62

第五章 足　球 ······ 67
　第一节 足球运动概述 ······ 67
　第二节 足球基本技术 ······ 69
　第三节 足球基本战术 ······ 73
　第四节 足球竞赛规则 ······ 77

第六章 篮　球 ······ 79
　第一节 篮球运动概述 ······ 79
　第二节 篮球基本技术 ······ 81
　第三节 篮球基本战术 ······ 88
　第四节 篮球竞赛规则 ······ 89

第七章 排　球 ······ 92
　第一节 排球运动概述 ······ 92
　第二节 排球基本技术 ······ 94
　第三节 排球基本战术 ······ 100
　第四节 排球竞赛规则 ······ 102

第八章 乒乓球 ······ 104
　第一节 乒乓球运动概述 ······ 104
　第二节 乒乓球基本技术 ······ 108
　第三节 乒乓球基本战术 ······ 115
　第四节 乒乓球竞赛规则 ······ 116

第九章 羽毛球 ······ 118
　第一节 羽毛球运动概述 ······ 118
　第二节 羽毛球基本技术 ······ 119
　第三节 羽毛球基本战术 ······ 121
　第四节 羽毛球竞赛规则 ······ 123

第十章 台　球 ······ 125
　第一节 台球运动概述 ······ 125
　第二节 台球基本技术 ······ 127
　第三节 台球基本技术实战应用 ······ 129
　第四节 台球的打法、规则和比赛
　　　　 要领 ······ 139

第十一章 游　泳 ······ 143
　第一节 游泳运动概述 ······ 143
　第二节 竞技游泳基本技术 ······ 144

第三节　竞技游泳比赛规则 …………… 149
第四节　游泳安全卫生与水上救生
　　　　常识 ……………………………… 152

第十二章　散　打 ……………………… 155
第一节　散打运动概述 …………………… 155
第二节　散打运动基本技术 ……………… 158
第三节　散打运动战术及训练 …………… 162
第四节　散打运动损伤的预防与处理 …… 167
第五节　散打运动的竞赛组织与裁判 …… 173

第十三章　健美操 ………………………… 178
第一节　健美操概述 ……………………… 178
第二节　健美操基本动作 ………………… 180
第三节　健美操设计 ……………………… 186
第四节　健美操的比赛规则 ……………… 186

第十四章　体育舞蹈 ……………………… 189
第一节　体育舞蹈概述 …………………… 189
第二节　体育舞蹈的基本常识 …………… 191
第三节　体育舞蹈的技术动作组合 ……… 194
第四节　体育舞蹈的裁判与竞赛组织 …… 197

第十五章　瑜　伽 ………………………… 203
第一节　瑜伽概述 ………………………… 203
第二节　瑜伽基本动作 …………………… 204
第三节　瑜伽组合动作 …………………… 205

第十六章　短道速滑 ……………………… 207
第一节　短道速滑概述 …………………… 207
第二节　短道速滑基本技术 ……………… 209
第三节　短道速滑基本战术 ……………… 210
第四节　短道速滑的比赛规则 …………… 211
第五节　短道速滑的常见损伤及防护 …… 211

参考文献 …………………………………… 213

第一章 体育与大学体育

体育是人类文化的重要组成部分,伴随着人类文明不断发展和提高,是人类追求生活内容的主要方面。体育与一个民族或国家的文化氛围、生理和心理等素质,以及经济发展水平、政治稳定性和综合国力有密切关系。大学体育教育是身体活动与思维活动的结合,是强身健体与长知识、强意志、调情感、愉身心、提精神相结合的复合多功能教育活动。

第一节 体育的起源与发展

体育既是国家强盛应有之义,也是人民健康幸福生活的重要组成部分。体育荟萃着人类巨大的生命力量,洋溢着人类不竭的聪明智慧和创造潜力。体育能够强身健体、愉悦身心,能够为国争光、振奋精神,更能够促进人的全面发展和社会的全面进步。

一、体育的起源

体育作为人类文化的重要组成部分,是随着人类社会的发展而逐渐形成和发展起来的。它萌芽于原始社会,与人类最基本的生存需要及早期的生产劳动实践有着直接联系。据史学家和考古学家研究,早在原始社会,先民就把走、跑、跳跃、投掷、攀登和爬越等作为最基本的生产生活技能传授给下一代。

随着生产工具的改进和社会生产力水平的不断提高,社会对人们掌握生产技术的能力提出了更高的要求。起初,人们把锋利的石片或骨片嵌在木棒上刺杀动物,这延长了人手臂的长度,使之发挥出更大的作用,成为最初的原始狩猎工具。但这种原始的工具仅限于近距离对动物进行刺杀。为了刺杀几十米以外的动物,较为先进的原始标枪出现了。为了对付那些快速奔跑和飞翔的禽兽,人们发明了弓箭。弓箭把物体的弹力和人体的力量结合在一起,是整个石器时代最先进、最具威力的工具之一,极大地提高了原始人狩猎的能力。

随着劳动生产经验的积累及劳动工具和技能的改进与提高,人们需要对年轻一代在劳动中和劳动之余进行各种训练和教育,向他们传授各种知识和技能,于是便产生了人类最初的教育,其中也包含体育的因素,如走、跑、跳跃、投掷、攀登、爬越、游泳、攻防和格斗等。现代体育的许多项目，从本源上说都是从人类这些基本的活动技能中发展起来的，仍相当程度地保留了这些原始生产和劳动的内容，如竞走、跑步、跳高、跳远、掷标枪、射箭、游泳、拳击和摔跤等。

体育起源于人类的生产活动，而体育的发展则与教育、军事、科学技术的发展及宗教活动、休闲娱乐活动有着密切的关系。同时需要指出的是，体育在其整个历史发展过程中还受一定的政治经济因素制约，并为一定的政治经济服务。

二、体育的发展

体育是随着历史的进程和人类社会对体育需要层次的提高而不断发展的，大致经历了以下三个时期：原始的体育萌芽时期，古代自觉从事体育时期，近现代形成与完善体育制度时期。经过这三个时期，逐步形成了现代的体育体系，其中，竞技体育的发展是推动现代体育发展的主要动力。

（一）原始的体育萌芽时期

伴随原始社会后期生产力的发展和经济水平的提高，每个氏族、部落、民族之间血亲复仇、争夺地盘和资源财富的战争此起彼伏。在实践中，人们逐渐认识到体育能使人强身健体，能为社会培养更多更好的劳动力，能为战争培养更多更优秀的勇士。因此，这时的体育是为了练就强壮机敏的身体，是出于生存、战争和社会的需要。

（二）古代自觉从事体育时期

进入奴隶社会，随着奴隶制经济的发展，战争频繁发生，统治阶级需要教育和培养其成员具备参加战争的体魄。进入封建社会，体育在发展的速度和规模上都大大向前迈进。"文武双全"已成为封建社会衡量人才的重要标准，军事武艺在社会活动中越来越显露出其重要性。这一时期，体育活动项目明显增多，如在五代和宋朝时，就有武学，其内容有弓箭、武艺和阵法。此外，养生思想在这一时期发展尤为迅速。

（三）近现代形成与完善体育制度时期

17世纪中叶，英国资产阶级革命胜利，标志着人类社会步入新的历史时期。与这个历史时期相适应的体育，也随着资本主义的兴起而迅速发展。这时期的体育有如下特点：

第一，体育开始形成独立的学科体系，重视广泛运用近代科学的研究成果作为其发展的理论基础；第二，体育运动已具有强烈的竞赛性和广泛的国际性；第三，体育已成为培养全面发展人的重要内容与手段；第四，体育运动项目的规模已远远地超过封建社会和奴隶社会；第五，体育已成为学校教育的重要组成部分。

体育不仅在生活中占据重要地位，在国家战略上也具有重要作用。经济的发展、闲暇时间的增加、生活方式的变化、国家体育政策导向的变化必将促进体育的迅速发展。

综上所述，体育在人类社会发展的历史进程中，在人类的生存、强身健体、子孙繁衍等方面起着相当大的作用。随着科学技术和教育事业的不断进步，体育已发展成为比较完善的又具有独立的理论与实践的学科体系。多学科的交叉和融合，大大促进了体育学科的飞速发展。今天，体育与人们的生活越来越密不可分，体育对改善人类自身的特殊作用也越来越为人们所认识，体育已成为人类社会的一种独具特色的文化现象。

三、体育的基本功能

从性质上看,体育是社会文化的组成部分。它是一个有机的整体,一个多功能、多目标的系统。体育的功能主要包括:健身功能、娱乐功能、文化功能、教育功能、经济功能和政治功能。

(一)健身功能

所谓"健身",就是强健体魄,增强体质。在进行体育活动时,身体运动锻炼的多次重复过程,可以对各器官系统起到一定强度和量的刺激,使身体在形态结构、生理机能和生化等方面发生一系列的适应反应,达到促进身体健康发展和增强体质的目的。

适当的体育活动,可以促进大脑兴奋,提高大脑的分析、综合能力,可以促进机体的生长发育,促进骨骼生长,骨密质增厚,抗弯、抗折、抗压能力增强,可以增加肌肉的能量储备,提高体力,可以促进人体内脏器官构造的改善和功能的提高,增强人体免疫力,提高对疾病的抵抗能力。体育锻炼还可以增强意志,催人奋进,培养集体观念,协调人际关系,从而促进心理调节能力的提高,有利于排解各种不健康的心理因素,使个体在环境的和谐统一中获得欢快和轻松,实现精神健康。所以,健身是体育最本质的功能。

(二)娱乐功能

由于体育本身具有游戏性、艺术性、惊险性、默契性等特征,所以人们结合自己的兴趣,参加一些个人喜爱和擅长的体育运动项目,可以起到调节心理、松弛神经、丰富文化生活和愉悦身心的作用。在完成各种练习的体验中,可以提高自信心和自豪感,提升与同伴的默契,增进相互之间的理解。在欣赏体育运动时,运动员所表现出的高超技艺,使人赏心悦目、心旷神怡。因此,体育是一种积极、健康的娱乐方式。

(三)文化功能

体育本身就是社会的一种文化现象。体育文化是现代文明的标志之一,其主要从媒体传播、体育服饰、体育竞技、民间体育、体育表演、体育设施等方面反映一个国家的文明程度。体育还是一种高雅的文化生活,它与音乐、舞蹈、艺术和文学一样,是人类文明与智慧的结晶。

(四)教育功能

在国际体育比赛中,每当有中国运动员取得冠军,赛场上空响起中国国歌,升起中国国旗时,都会激发起全民族的爱国热情。

体育活动不仅能有效地提高人的体育素质,发展人的个性,培养竞争意识,而且有助于基本素质的提高和培养,使人们树立"终生体育"的思想。

(五)经济功能

在国际体育运动中,体育的经济目的已成为最大特点之一。大大小小的赛事,尤其是奥运会,会给各个举办国带来巨大的商机。

除了极具魅力的体育产业外,老百姓对健康的关心,使得各种各样的体育大踏步地走向生活、进入家庭。群众体育锻炼和休闲体育的市场展现出了不可估量的庞大需求。体育服装、广告、器材、食品、旅游等综合服务获得了十分可观的经济收入。社会体育消费、体育用品、练习器材、场地设施等产品的极大发展，创造了更多的经济价值。

（六）政治功能

体育作为人类的一项文化活动，不是一种孤立的社会现象，而是同一定的政治、经济、文化相互联系、相互影响的。竞技体育，特别是奥林匹克体育运动，更是从一开始就同政治结缘。

作为社会感情的调节要素之一，体育可以愉悦身心、稳定情绪，从而有助于社会的安定与团结；作为增进友谊的桥梁之一，体育能够促进各国人民相互了解，特定情况下还可以提供灵活的外交场合和机遇。国际比赛中，作为人民使者的各国运动员，通过场上交流和场下的广泛接触，可展示各国人民的风采，加深与他国选手的友谊。

第二节　体育运动与现代社会

随着现代化进程的加快与经济发展水平的提高，体育在促进人的全面发展、满足人民日益增长的美好生活需要方面发挥的作用将日益增强。让我们运动起来，锻炼身体，全面发展，为祖国健康工作，在新时代以健康的体魄体验幸福的生活！

一、现代社会对人才的要求

社会的变迁和发展，对人才提出了新的要求。现代社会对人才的要求可以归纳为强健的体魄、高超的智能、良好的心理素质，以及高尚的道德情操。

（一）强健的体魄

强健的体魄是人才的物质基础。体质良好包括健壮的体格、良好的体能。具体来说，体质良好指人体的形态结构良好，生长发育正常，身体整体指数与比例合适，身体姿势端正。体能全面是指走、跑、跳、攀和爬等身体基本活动能力及力量、速度、灵敏、耐力和柔韧等身体素质得到全面发展，神经系统、呼吸系统、心血管系统、消化系统、泌尿系统和生殖系统等机能协调发展。

（二）高超的智能

随着信息时代的到来，现代社会对人才的要求越来越高，除应具备扎实的基础知识和精深的专业知识，还要具备较强的学习能力、创新能力、观察能力、动手能力。1996年，联合国教科文组织发表了《学习：内在的财富》报告，报告提出了未来教育的四大支柱，即学会认知、学会做事、学会共同生活、学会生存。这对学习的内涵做了新的界定。在知识爆炸时代，不学会学习，很容易就会落伍。

（三）良好的心理素质

现代社会对人的心理素质提出了更高的要求，这是因为随着社会的高速发展，人与人之间的交往越来越密切。古代，人们日出而作，日落而息，可以鸡犬之声相闻，互相往来较少。而随着现代社会科技的发展，地球变得越来越"小"，人们在工作生活中，除了要精力充沛、奋发向上、思维敏捷、情绪良好外,还要有追求之志、好奇之心、探险之勇、专注之境,以及百折不挠的精神,有经得起失败和挫折的心理承受能力。

(四)高尚的道德情操

道德情操内涵十分丰富。作为一个社会人,人生态度、社会公德、职业道德和协作精神是最基本的。其中,职业道德和协作精神尤其重要,这是取得成功必备的品质。一个道德高尚的人,应该敬业乐群,诚实谦虚,敢于担当,勇敢顽强,果断坚毅,坚韧不拔,敬老扶弱。

二、体育在现代社会中的地位和作用

体育具有强身健体、调节情感、娱乐身心的特殊作用,它是调节现代社会生活的有效工具,也是现代人生活方式中不可或缺的重要内容。实践证明,在现代社会中,体育运动已经不仅是某个个体的需要,而且是整个社会的需要;不仅是提高社会生产力的需要,而且是保障人们身心健康发展和正常生活的需要。

现代社会一方面提出了加速发展体育运动的必要性和迫切性,另一方面也为其发展提供了可能性。社会生产和科学技术的发展,人们生活水平的提高,为发展体育运动提供了较好的物质基础;工作时间和工作周期的缩短,假期的增加,人类寿命的延长,使人们的闲暇时间大大增加。这些都为加快体育运动的发展提供了非常有利的条件。

此外,随着现代社会的发展,人们对体育的认识越来越深刻,体育事业越来越受到各国的重视。我国已把体育作为国家的一项事业,设立专门的体育主管部门和管理机构。各国政府也把体育作为教育的一个重要组成部分在学校中广泛开展,不少国家还在政府法令中把体育锻炼列为公民的一项权利。

在人们的日常生活中,体育也逐渐成为不可缺少的重要组成部分。参加体育锻炼的目的有的是预防疾病,强身健体;有的是放松精神,舒缓身心;有的是领略风光,探险挑战。人们通过体育运动不仅直接满足了自身的某种需要,而且从体育运动中汲取了能量,树立了信心,赢得了尊重,获得了相互理解。

近年来,竞技体育也日益成为人们感兴趣的社会活动之一,特别是对重大国际比赛所表现出的观赛热情,达到了狂热的程度。

社会学家在对体育进行研究时,反复强调体育是社会的缩影,体育和政治、经济、文化这些传统的研究领域一样,也是社会生活中普遍的文化生活方式和基本的社会性制度。

在我国全面建设社会主义现代化国家、向第二个百年奋斗目标进军的新征程上,体育所起到的作用越来越受到人们的关注,要充分发挥体育在全面建设社会主义现代化国家新征程中的重要作用,努力将体育建设成为中华民族伟大复兴的标志性事业。

三、体育运动参与构建人们的现代生活方式

体育运动并不陌生,在现代生活中较为常见,其已参与到人们现代生活方式的构建中。

(一)体育运动可以缓解现代生活方式所造成的疲劳

随着科学技术的飞速发展和生产力水平的不断提高,体力劳动者数量相对减少,脑力劳动

者数量不断增加，并且脑力劳动的时间不断延长。因劳动而产生的疲劳从以全身性的肌肉疲劳为主，转向以大脑局部高级神经系统的疲劳为主。现代生活方式所造成的疲劳主要是神经系统的疲劳。长时间进行脑力劳动，血液中的葡萄糖、多种氨基酸消耗过多，会引起脑的血流和氧供应不足，脑细胞的兴奋、抑制失去平衡，导致生理功能低下，产生疲劳感，表现为头昏、目眩、头痛、记忆力下降、思维混乱和注意力不集中等。体力劳动只能在一定程度上提高身体灵活性及平衡能力，增加肌肉弹性及肌肉力量，但这些并不能帮助人体改善呼吸系统功能。适当的有氧运动可以提高机体对氧的利用能力，有效改善心血管机能，提高机体免疫力，防止各种生理和心理疾病的发生与发展。

睡眠是消除神经疲劳的最佳方式，除此之外，食疗、推拿按摩、听音乐、静坐等都可以达到消除神经疲劳的效果，但这些方法大多是身体的被动休息。体育运动具有实践锻炼特性，肢体的运动使高度疲劳的神经系统得到休息，使疲劳发生转移，也可以缓解神经紧张，调节全身的平衡能力，弥补其他消除疲劳方法的不足。例如，在长时间脑力劳动后做一些瑜伽、有氧舞蹈、慢跑等运动不仅可以消除疲劳，还可以提高身体机能。

（二）体育运动可以提高人们对现代生活节奏的适应性

现代人的社会生活节奏加快。生活节奏加快的积极意义在于提高了生命的效率，使尽可能多的社会成员经过高度的协调配合，为社会创造出更多的物质财富和精神财富。人们生活在快节奏的环境里会精神振奋、生活充实、朝气蓬勃。然而，生活节奏的加快，也会给人带来许多健康方面的问题，如浮躁、淡漠、亚健康等。

随着工作生活节奏的加快，高脂血症、动脉硬化、高血压、冠心病、糖尿病等现代文明病大量出现，严重困扰着人们的日常工作和生活。如何有效地预防和治疗这些疾病成为现代人不断追寻和探索的问题。合理的体育运动是预防这些疾病的有效途径。

体育运动和娱乐活动是人们调整、顺应新的生活节奏的重要辅助手段。一些社会调查研究证明，运动员和经常参加运动者，对生活节奏的改变具有较强的适应能力。这是因为在体育运动中人们所掌握的多种运动技能和快速活动的方式，有利于其在完成各种活动时做到准确、协调、敏捷，避免多余动作的出现。参加体育运动可以提高人体各个系统尤其是神经系统和心血管系统的功能，更可以提高人体对快节奏生活的应变能力和耐受能力。同时，也可以帮助人们克服对快节奏生活的抵触、恐惧、厌烦和焦虑等心理，缓解身心紧张。

（三）体育运动可以丰富闲暇时间的活动内容

闲暇时间在人类创造精神文明方面起着重要的作用。闲暇时间的长短和支配闲暇时间的质量直接影响人们的生活方式。现代社会经济快速发展，人们的物质生活空前丰富，社会文明程度不断提高，高科技的工作手段把人们从单调、紧张、高强度的肢体活动中解放出来，从而使得工作效率成倍增加，工作时间不断缩短。

积极引导人们用科学、文明、健康的方式度过闲暇时间是一项重要的社会任务。而把闲暇时间用于体育运动和娱乐活动，也是一项重要的任务。今天，人们支配闲暇时间的方式发生了巨大的变化，旅游、远足、登山、泛舟、探险和漂流等活动方式日益成为社会时尚。这些活动不仅可以消除大脑和肢体的疲劳，使疲惫的身体得到积极休息，使人们精力充沛地投入工作，还可增强个体体质、健壮体格、提高适应能力。随着人们健康观念的增强，越来越多的人在闲暇时间进行体育运动。

(四)体育运动可以拓展人们的生活空间

在现实生活中,每个人、每个家庭都有属于自己的生活空间。生活空间是人们日常生活中不可忽视的一个要素,也是提高生活质量的重要前提。

适度的生活空间有利于人们的身心健康。生活空间过大,人们难以适应,会感到空旷、孤独、漫无目的、过度自由。生活空间狭小,则会产生惩罚感、封闭感,也会影响人们的身心健康。因此,在闲暇时间走到户外,暂时离开自己生活的空间,在参与体育运动的过程中体验新鲜事物带来的快乐与刺激是一种很好的拓展生活空间的方式。户外运动正好为人们提供了这样一个拓展空间的机会。户外运动鼓励人们回到大自然的怀抱中去,人们可以在森林、山麓、雪原、河川和海洋等大自然的环境中尽情地参与登山、攀岩、探险、横渡、漂流等各类户外活动。

随着社会的进步,人们的需求不断提高,体育运动为满足人们社会交往与参与等较高层次的追求提供了有效的途径。人们可以通过体育运动展示自己的价值取向,发展自己的能力,结交新的朋友,提高生活质量,增添生活乐趣。通过参与体育运动,人们不但可以增强体质,提高身体的免疫力,减缓生活工作的压力,而且可以促进人与人之间的交流,避免各种心理疾病的发生与发展。体育运动日益成为现代人生活中不可缺少的有机组成部分。

第三节　大学体育的目标与使命

2020年10月,中共中央办公厅、国务院办公厅印发的《关于全面加强和改进新时代学校体育工作的意见》中强调:"学校体育是实现立德树人根本任务、提升学生综合素质的基础性工程,是加快推进教育现代化、建设教育强国和体育强国的重要工作,对于弘扬社会主义核心价值观,培养学生爱国主义、集体主义、社会主义精神和奋发向上、顽强拼搏的意志品质,实现以体育智、以体育心具有独特功能。""高等教育阶段体育课程与创新人才培养相结合,培养具有崇高精神追求、高尚人格修养的高素质人才。"

教育是国之大计、党之大计,是提高整体国民素质的根本所在,大学体育作为高等教育、学校体育的重要组成部分,在增进学生身心健康,提高整体素质方面具有不可替代的作用。因此,全面提高大学生身心健康水平是学校教育工作的基本内容,更是大学体育责无旁贷的历史使命和工作重心。

一、大学体育的价值

体育有其独特的价值,大学体育也有其独特的价值,具体如下:

(一)大学体育的文化价值

体育属于文化的范畴,是大众文化的一个有机组成部分。体育一词的英文之意就直白地表述为身体文化(Physical Culture),说明体育与文化联系紧密。如今,体育文化以无穷的活力与魅力融入人们的现代生活,成为文化消费不可缺少的内容。同其他文化方式相比,体育文化具有覆盖范围大、渗透能力强、感染力与震撼作用大、群众喜闻乐见和雅俗共赏等特点,它还不受性别、年龄、文化程度、地域及语言等因素的限制。

体育是通过人们自身行为改变自己的自然属性和社会属性的一种有意识、有目的的活动。随着时代的发展,现代体育的内涵和外延发生了重大的变化,与人们的生活联系得更加紧密,成为一种十分显著而复杂的文化现象,对个体的身心成长、发展,以及社会政治、经济、文化等方面都会产生重大的影响。随着当今体育的发展及其人文价值、教育和娱乐等多种价值的凸显,体育已成为人类社会共有的精神文化产品,改变着越来越多人的生活,并融入人们的日常活动。体育给人们带来的影响是独特和无可替代的,它所产生的心理与精神的效应是积极向上、正面深刻的。大学体育活动可以提高大学生的精神追求和文化品位,丰富课余文化生活,调节精神,锤炼品格。大学体育的文化价值可概括为体育文化的传承、体育情趣的熏陶、精神需求的满足和文明修养的塑造。

(二)大学体育的教育价值

体育是一种复杂的社会现象,它集健身、健心于一体,是身心健康的塑造过程。大学体育是滋养身心的课堂,是历练品行的场所。

大学体育是以身体与智力活动为基本手段,根据人体生长发育、技能形成和提高的规律,通过体育教学、课外体育锻炼等形式,达到促进身体健康发展,提高身心素质水平,提升运动能力,丰富和改善生活方式,调节心理,陶冶情操,完善个性品质,提高生活质量的一种有意识、有目的、有组织的社会活动。在人类发展史上,体育作为一种积极的人类行为和特殊的社会现象,一直伴随着社会的发展、文明的发展而发展,并对人类的进化和社会的发展起到了巨大的促进作用。大学体育作为调节、培养心理品质、塑造健全的人格,形成文明健康生活方式的重要内容,对大学生的健康始终起着独特的作用,是维护学生身心健康最有效、最有益的方法,是学生调节情绪、历练品行、培养良好人格的最有效的途径之一。体育锻炼已经成为大学生用以调节精神生活、陶冶性情、改善心态的有效途径,成为拓宽生活空间、扩大信息来源和人际交往的重要渠道。学生自主地参加适合自己的体育锻炼,可以充分体验运动的乐趣和意义,进而培养对体育运动的爱好和兴趣。同时,大学生掌握从事终身体育活动所需的体育知识与技能,可以提高自我锻炼的能力,形成终身体育的态度和习惯,从而奠定终身体育的基础。

当今,人们日益重视在体育活动过程中心理变化的特点与过程,关心体育锻炼对人心理的作用与影响。人们普遍感觉到,在参加体育活动的过程中,人的情绪变化对机体的影响、对健康的作用要比生理指标重要得多,有许多研究把研究的方向瞄向体育锻炼的心理价值层面。在体育锻炼与心理健康方面,研究者主要把目光集中在体育锻炼对人的情绪改善、对自我概念的影响及与认知功能的关系等课题上,还涉及体育锻炼所产生的心理效益机制等领域。人们通过体育活动调节日常生活,扩大人际交往,缓解社会压力,调整失衡心态,体验幸福生活。

(三)大学体育的美学价值

体育竞赛是体育的重要组成部分,其观赏性,以及比赛结果的不确定性能够满足人们的审美需求。运动员或运动队在赛场上所表现出来的精湛技艺,让人赏心悦目,叹为观止,拍手称绝,人们能从中得到极大的心灵震撼和美学享受。重大体育比赛能够极大地满足一个人乃至多个民族的社会需求和表现欲望,从精神、心境、情感、意志和思想等方面影响人们的生活与行为,使精神得到升华,品质得到陶冶,境界得到提高。体育负载着人们的情感,包含人们的智慧、信仰、艺术道德、风俗习惯等内容。大学体育的审美价值是奋斗进取、追求卓越、净化心灵、培养情趣。

体育比赛在竞争中充满着合作,严谨中渗透着欢乐,既有静态的雕塑美,也有运动的动态美,这些都带给人们深刻的心理体验。在体育比赛中,喜与悲、乐与忧、期望与失望、成功与失败等融为一体,带给人无限的遐想和无尽的回味。情感得到升华,痛苦得以释怀,愤怒得到宣泄,心态得到平衡,这就是体育的独特与精彩之处,这就是体育文化的神奇与魅力所在。提高大学生的体育审美品位和在体育比赛中欣赏美、创造美的能力,也是大学体育的目标之一。

"健康第一"是在科学人文主义教育观的基础上提出的指导思想,是先进教育理念的体现,是顺应世界教育、体育发展潮流,符合社会发展趋势并满足人们关心健康、追求可持续发展客观需求的。体育是通过人类自身行为,改变其自身的自然属性和社会属性的一种社会运动,标志着人类对自己身体发展的审美理想。大学体育就是对学生身心健康发展进行积极维护和美化教育的实践过程,大学体育知、情、意、行的高度统一,以及实际身体活动中的即时性反馈、群体的互动与情境作用,除有助于提高学生的身体素质与技能训练之外,还对培养学生的自尊自信、坚韧不拔、沉着果断、开拓进取等心理品质具有特殊的功能。以人为本,追求健康,使受教育者全面协调发展,达到增强体魄、陶冶情操、塑造品质的目的,是新时代教育不可缺少的重要内容,是人的价值和人文精神的核心,也是大学体育的真谛所在。

■ 二、大学体育的目标

新时代,我国学校体育的目标、内容和形式发生了变化。2018年9月10日,全国教育大会指出,要树立健康第一的教育理念,开齐开足体育课,帮助学生在体育锻炼中享受乐趣、增强体质、健全人格、锤炼意志。近年来,为全面贯彻落实全国教育大会精神,积极推进新时代学校体育工作的创新发展,我国先后印发《关于全面加强和改进新时代学校体育工作的意见》《关于深化体教融合 促进青少年健康发展的意见》《〈体育与健康〉教学改革指导纲要(试行)》《义务教育体育与健康课程标准(2022年版)》等一系列文件。这些政策文件的颁布,对指导全国体育教师科学、规范、高质量地上好体育课,强化"教会、勤练、常赛"的要求,进一步深化体育教学改革,不断推动教育高质量发展等具有积极的作用。大学体育的目标从关注体质的生物性机能改善,发展为全面关注大学生身体健康、心理健康和社会适应能力的协调发展。大学体育的内容呈现出个性化和多样化的倾向,大学体育内容的选择,比以往更加强调大学生的主体地位。大学体育的形式比以往更加灵活多样。

大学体育是培养全面发展人才的重要内容,是造就一代有竞争力、创造力、高素质的有用人才的有效渠道,是提高当代大学生身心素养,为祖国健康工作50年的基础平台。塑造健康之体魄、陶冶健全之精神、提高社会适应能力、形成体育锻炼习惯是大学体育的最终目标。

这里所谈的大学体育是指各种各样的以增强体质、促进身心健康、丰富生活、调整心态、愉悦身心为目的的体育活动方式,包括体育教学、课余体育活动中进行的实际体育锻炼,是进行身体运动的最直接、最普遍的形式,充分反映了体育的本质特点与价值。大学体育是学生日常生活的一个重要组成部分。通过参加体育活动,大学生可以拓宽生活空间,不断提高身体素质;在增进健康的同时,不断地完善自己的精神能力,追求卓越,展示才华,挖掘潜能,实现理想。通过体育锻炼,大学生还能调节自己的心理状态,陶冶性情,磨炼意志,满足不断增长的身心发展的需要,增强自信心、自尊心,进而丰富生活内容,提高生活质量。体育锻炼是人们获得身心健康最直接的方法与形式。大学体育对大学生身体、心理的教育培养,以及人格、品质的陶冶塑造有着积极、独特的作用。

三、大学体育的使命

作为一种社会时尚或生活方式,体育已经融入人们的生活,成为日常生活的重要内容。通过体育实践,大学生不仅可以形成体育锻炼的正确观念,增强自我保健的意识,还可以逐步养成健康的行为习惯和生活方式。

联合国开发计划署在《1994年人类发展报告》中就曾指出:人类发展是一个提高人们生存机会的过程,从总体上说,健康、长寿、接受良好的教育和生活幸福美满是人类发展的基本标志。人们在拥有物质财富的同时,开始向往精神生活的满足。现代生活的含义是多元的,在一定程度上它表现着人们生存、享受和发展的现实状态。人们所期盼的高质量生活,其实就是一种和谐、丰富、愉快的生活,其中就必须有体育的存在。有了它的存在,也就有了人生的和谐、社会的和谐,体育也就完全融入了人们的生活。人们在闲暇时间,通过体育休闲及对身体的锻炼,不仅获得了身心的满足、精神的愉悦和幸福的发展,而且对社会的发展也产生了巨大的促进作用。大学体育有助于大学生进一步理解和习惯在一定的社会规范中生活,根据社会规范约束和调整自己的行为。

大学体育的首要目标与使命就是实现"享受乐趣、增强体质、健全人格、锤炼意志",此外还要帮助学生进一步理解个人健康与群体健康的关系,培养合作精神、竞争意识和交往能力,提高对他人、集体和社会的关心程度,培养良好的体育道德和团队精神,并能把体育活动中培养的社会适应能力迁移到日常的学习、生活和工作中。

体育锻炼是现代人生活方式的重要组成部分,大学体育的熏陶、身体素质的提高、体育锻炼习惯的养成,将使大学生终身受益。体育活动可以使持续积累的心理紧张与压抑的情绪在体育运动中得到化解和宣泄,使广大学生能享受生活的乐趣,感悟生命的意蕴,体味成功的价值,在愉快和谐的运动交往中,躯体与精神融为一体,心灵得到慰藉,身心得到满足,人格得到升华,心胸更加乐观豁达,激发出积极向上的生活热情。从某种意义上讲,人们把休闲上升到工作和生活的目的,是经济发达、社会文明的标志,与满足人们享受与发展的需要、全面提高生活质量的目标是一致的。

在高压力、快节奏的社会中,人们以前所未有的热情关注健康问题。随着人们对生活质量要求的提高和对幸福体验的深化,身体、心理、社会三位一体的健康模式已被普遍接受。健康的概念已远远超出了医学的范畴,更多地转向社会和心理层面。经济的繁荣、物质产品的丰富、生活水平的提高、闲暇时间的增多,使人们的精神需求大大增加。而竞争的日趋激烈、社会压力的增大、人际关系的淡化,往往导致人们心理失衡,从而使心理健康成为热门的话题。体育是人类对自身健康进行积极维护和美化的过程,关注健康,追求愉快、健康的生活是现代人的必然选择。大学体育的健身功能是不言而喻的,大学体育的健心功能与育人功能正逐渐为人们所认识和推崇。

人的生活方式总是与文化密切相关。休闲作为一种生活方式、一种文化,贯穿于人的整个生命过程之中。体育锻炼与休闲能够增进人的健康,使人得到自由和谐的发展,它是人的本质需要和生活质量的重要组成部分,提高人们的生活质量应当成为社会发展的一个重要标志。

　　体育锻炼就是提供休闲的一种方式,是人们学习、工作之余追求健康、愉悦身心的一种手段。大学体育不是以竞赛争冠军为目的,而是以健康、娱乐为主旨,追求身心健康与精神满足的各种各样的身体活动。体育锻炼不仅能够增强体质、提高身体素质,还可以消除紧张情绪、调节心理状态,成为现代人善待生命、慰藉躁动与调节快节奏生活的一种方式。

第二章 健康体适能

健康体适能致力于研究体力活动与健康的关系,阐述体力活动促进身心健康的理论和方法,分析缺乏体力活动行为的心理原因并提出有效干预措施等。

第一节 健康体适能概述

健康概念的内涵和外延在不断发展和深化。长时间以来,人类对健康的认识一直停留在无病即健康,把健康的含义仅局限在身体是否健全层面。我国传统的中医理论提出了"阴平阳秘,精神乃治"的整体观,进而把人的健康与人自身的阴阳协调和自然环境的阴阳协调联系起来。随着社会的发展和科学的进步,人类对健康的认识不断深化,许多学者也针对健康提出了不同的解释。美国学者贝克尔认为健康是"一个有机体或者有机体的部分处于安宁状态,它的特征是机体有正常的功能、没有疾病"[1]。

20世纪开始,人们逐渐认识到健康除了没有疾病,还与自然环境、社会环境、遗传、生活方式等因素密切相关。1948年,世界卫生组织成立时就在其宪章中明确指出:"健康不仅是免于疾病或虚弱,而且要保持身体上、心理上和社会适应方面的完美状态。"1992年,美国学者奥林斯提出了三维健康模式,强调从生物、心理和社会三个方面来评价人的生命状态。美国美利坚大学国家健康中心提出了"健康五要素",即个体只有身体、情绪、智力、精神和社交五个方面都健康,才称得上真正的健康,或称完美状态。

一、健康的概念

健康是生命之基,是人生幸福的源泉。要创造人生辉煌、享受生活乐趣,就必须珍惜健康,学会健康生活,让健康成为幸福人生的源泉。

(一)科学的健康概念

1989年,世界卫生组织重申了健康的概念:"健康不仅是没有疾病,而且包括躯体健康、心

---

[1] 张新萍,屈萍.终身体育:体适能提升与健康促进[M].广州:中山大学出版社,2020.

理健康、社会适应良好和道德健康。"[①]这个定义从身体、心理、社会和道德四个方面来判定健康，更具有科学性、完整性和系统性。

（二）健康的内涵

根据世界卫生组织的健康定义，健康的内容包括身体健康、心理健康、社会适应良好和道德健康。

1. 身体健康

身体健康是指具有强壮的体魄和充沛的体能，主要包括身体发育完整、各器官生理机能状态良好、体重适当、没有疾病、能抵御各种疾病侵袭、能适应自然环境的变化。

2. 心理健康

心理健康是指在心理上有较好的自控能力，能正确评价自己，能够应对日常生活中的人际关系和环境压力，能正确地对待外界的客观影响，处事态度和谐，有正确的人生目标，能不断追求和进取，能够克服各种困难和消极情绪，对未来充满信心。

3. 社会适应良好

社会适应良好是指能很好地通过自我调节适应各种社会环境及其复杂变化，能够建立良好的人际关系，尊重自己和尊重他人，其行为能被他人理解，被社会接受。

4. 道德健康

道德健康是指有正确的是非观和价值观，具有辨别善恶、美丑、荣辱、是非的能力，能用社会公认的道德标准和社会准则约束自己的言行，具有能够为他人和社会奉献的思想与行为。

（三）亚健康的概念

现代医学将健康称作"第一状态"，疾病称作"第二状态"，将介于健康与疾病之间的生理机能低下的状态称作"第三状态"，也称作"亚健康状态"或"灰色状态"。亚健康状态是近年来医学界提出的新概念，一般指机体虽无明显疾病，却呈现出活力下降、适应能力不同程度减退的一种生理状态。专家认为，亚健康状态包括不良的心理行为、不振的精神面貌、对社会的不适应，以及身体各部位的某种不适等。亚健康虽然不是疾病状态，却是现代人身心不健康的表现。亚健康处于健康与疾病的中间地带，是健康与疾病相互转化的中介点，是一种不稳定的平衡，一旦环境稍有变化或精神受到某种刺激，这种平衡就极易被破坏，并将大大降低机体工作的效率。

亚健康产生的原因主要有以下两方面：一是对健康没有正确的认识，降低了对威胁自身健康的各种因素的应激反应能力；二是不良的生活习惯、疲劳、社会和工作造成了精神压力。

当知道自己处于亚健康状态时，既不能掉以轻心，也不要过分紧张，应当积极应对。具体来说，要注意以下几点：

（1）克服不良的生活习惯。吸烟、过度饮酒、高脂肪膳食或过量饮食、缺少运动、睡眠不足、不吃早餐及经常熬夜等不良生活习惯，都会使身体由健康状态逐渐转变成亚健康状态，最后导致各种疾病的发生。

（2）调整好个人心态。当今社会工作、生活节奏加快，竞争激烈，人们的心理压力增加，精神负担加大。心理压力过大，会导致心态失衡，使人体神经系统功能失调，内分泌紊乱，抵御疾病的能力下降，进而引发各种疾病。

[①] 于素梅.体育与健康[M].北京：教育科学出版社，2022.

(3)及时消除疲劳。经常感到疲惫不堪是典型的"亚健康状态"。长期处于紧张的学习状态会造成体力和脑力的疲劳。疲劳是人体一种生理性预警反应,长时间的超负荷工作会产生疲劳积累,长此以往也会引发疾病。

(4)有针对性地选用保健食品。有针对性地服用一些适宜的保健食品,可以帮助消除亚健康状态。

二、衡量健康的标准

从健康的概念演变可以看出,健康包括身体、心理、社会和道德四个方面。世界卫生组织对健康的标准做了代表性的表述,提出了健康的十条标准:

(1)精力充沛,能从容不迫地应对日常生活和工作的压力而不感到过分紧张。
(2)处事乐观,态度积极,乐于承担责任,事无巨细,不挑剔。
(3)善于休息,睡眠良好。
(4)应变能力强,能适应外界环境的各种变化。
(5)能够抵抗一般性感冒和传染病。
(6)体重得当,身体匀称,站立时头、肩、臂位置协调。
(7)眼睛明亮,反应敏锐,眼睑不发炎。
(8)牙齿清洁,无空洞,无痛感;牙龈颜色正常,不出血。
(9)头发有光泽,无头屑。
(10)肌肉、皮肤富有弹性,走路轻松有力。

三、影响健康的因素

世界卫生组织调查证实,个人健康15%取决于遗传因素,10%取决于社会因素,8%取决于医疗条件,7%取决于生活环境和地理气候条件,而60%取决于自身行为。

(一)自身因素

自身因素包括对健康的认知水平、生活方式和行为习惯、饮食、体育锻炼、休息、情绪和精神状态和社交活动等诸方面因素,体育锻炼是其中最重要的因素。除了体育锻炼,以下因素也很重要:

1. 对健康的认知水平

有宏观与正确的认知,才能指导正面而有意义的行为。对大学生而言,对健康概念有一个全面、科学的认识,将指导自己规范行为,进行自我保健和锻炼,养成良好的生活习惯。同时,也能克服和避免"没有疾病就是健康""亚健康状态不危害人体健康""疲劳不危害人体健康"等不正确的观念。现代人应具备自我保健的意识和常识,及时注意身体传递给自己的各种信号,并快速做出反应,做到定期体检,有病及时就医。

2. 生活方式和行为习惯

美国疾病控制中心对心脏病、癌症、中风、流感、肺炎、糖尿病、肝病、自杀和他杀、车祸、其他意外事件10种最常见的导致死亡的原因的调查结果显示,不良的生活方式是造成这些死亡现象的主要因素之一。身体健康的人,常得益于良好的生活方式和行为习惯,包括不吸烟,节制饮酒,每天吃早餐,注意饮食营养,维持正常体重,保证高质量的睡眠,坚持科学、系统的体育锻炼等。

3. 情绪和精神状态

健康的人一般都有积极向上的乐观态度,有着充实的精神世界;在日常生活中能保持良好稳定的情绪,能够控制好自己的情绪。

4. 社交活动

生活于社会之中的人必须承担起一定的社会责任,"扮演"好自己的社会角色,不断提高自己的社会适应能力,保证有适量的社交活动,与他人形成、保持和谐的人际关系,在交往中有自信感和安全感。

(二)遗传因素

遗传是指子代和亲代之间在形态结构及生理机能上的相似,是一切生物共有的基本特征。有的草本植物只有一年的寿命,有的树木却可以存活几百年,说明生物的寿命随物种不同有很大差异。对人类来说,除了遗传影响人的自然寿命,在人的生长发育过程中,身高、体重、皮下脂肪、血压等多项形态、生理指标都有不同程度的家族性倾向,尤以身高最为明显。遗传病是当前医学领域中严重危害人类健康的疾病之一。

(三)社会因素

社会经济发展状况、社会秩序、伦理道德、宗教、风俗和教育等因素构成的社会环境都可能直接或间接地影响人的健康状况。美国学者弗莱齐尔的研究表明,一些遭受虐待、歧视的儿童、青少年,生长发育缓慢、身材矮小、骨龄落后、性发育迟缓,他们并无明显的家庭遗传倾向,可能是由于不良环境对中枢神经系统形成长期的恶性刺激,导致生长激素释放因子分泌缺乏而引起的。一旦改变他们的社会处境,他们的生长速度会大大加快,甚至最终可恢复正常水平。

(四)自然环境因素

人类的各种生命活动都与自然环境的变化息息相关。人类可以适应一定的环境变化,如人体可以通过体温调节来适应环境中气象条件的变化。当环境异常,超出了人体适应的范围时,人体就会发生某些病理性的变化。人体的疾病绝大部分是由环境因素引起的,在环境致病因素中,环境污染又占了很大比重。

▍四、体适能

了解体适能十分重要,对提高健康观念可起到一定的作用。

(一)体适能的概念

体适能(Physical Fitness)也称体能,是指人体器官系统的主要生理机能,以及在体育活动中表现出来的能力。体适能是衡量人体体质强弱的重要标志之一,包括走、跑、跳、投、攀、爬、悬垂和支撑等基本活动能力,以及力量、速度、耐力、灵敏和柔韧等基本身体素质。体适能又分为运动体适能和健康体适能。

运动体适能通常又称运动素质,是指在中枢神经系统的控制下,人体在体育运动中所表现出来的力量、速度、耐力等素质,主要包括肌肉力量和耐力、柔韧、速度、灵敏、平衡及协调等素质。

健康体适能又称健康素质,相对于运动素质,健康素质更能代表人体的综合健康状况,它反映了人们在日常生活中表现出来的身体机能能力,是个体为了提高学习和工作效率、预防疾病及增进健康所需要的体适能。健康体适能包括身体成分、心血管系统的功能、肌肉力量和耐力及柔韧。

健康体适能和运动体适能之间既有区别又紧密联系,主要区别在于:

(1)目的不同。健康体适能主要是健康生活所必需的素质,运动体适能则是指为了提高运动成绩所必需的素质。

(2)测量方法和评价标准不同。健康体适能主要通过身体成分、肌肉力量和耐力、心肺功能、柔韧等指标来评价,运动体适能主要通过运动指标来评价。

健康体适能和运动体适能之间的联系是:二者内容相互交叉,健康体适能的提高有赖于运动体适能的提高,一般通过体育锻炼或运动训练来实现。

(二)健康体适能的评价内容

健康体适能包括的内容具体如下:

1. 身体成分

人体由骨骼、肌肉、脂肪等组织及内脏器官组成,体重就是这些组织和器官重量的总和。身体成分通常用体脂百分数来表示,可通过测量去脂体重来测量人体体脂含量。研究身体成分是为了了解人的体质、健康及衰老的状况,有利于人们将体重控制在一定范围内,保持适宜的体脂含量。若人体体脂比重过大,机体做功能力相对就小,从而会影响机体内某些物质的代谢。此外,脂肪过多,体重过重不仅会影响人体健美,而且会给健康带来一系列不良的影响。大量的流行病调查显示,肥胖与冠心病、动脉粥样硬化、高血压、糖尿病及某些肿瘤的发生有关,肥胖还会显著缩短寿命,增加新陈代谢和心脏的负担。改善身体成分,控制体脂含量,对于维持健康和预防疾病有重要意义。

2. 心血管系统的功能

心血管系统由心脏、各种血管及其中的血液构成,其功能是将消化系统吸收的营养物质和呼吸系统摄取的氧运送到全身各器官、组织和细胞,并将它们的代谢产物,如二氧化碳、尿素等运到肺、肾或皮肤并排出体外,保证人体新陈代谢的正常进行。大量的研究结果表明,不同的心血管危险因素同时存在时,对心血管疾病的发病有累加效应。这些危险因素有吸烟、高血压、高脂血症、糖尿病、肥胖、运动不足、饮食摄取热量过多和情绪紧张等。坚持体育锻炼,改变不良的生活习惯,保持良好心态是远离心血管疾病的良方。

3. 肌肉力量和耐力

肌肉力量与肌肉生理横断面密切相关,和性别、年龄没有直接关系。女性的力量不如男性,是因为女性的肌肉不如男性粗大。肌肉大小由肌纤维的粗细决定,人的肌纤维蛋白含量会随着运动负荷的增加而逐渐增加。因此,经常进行训练的运动员会拥有发达的肌肉,而普通人则很单薄。有的人并不经常锻炼,但是跑得很快,有的人再怎么锻炼也跑不快,这种差异是由肌纤维的类型不同造成的。研究表明,肌肉存在三种不同类型的肌纤维,即快肌纤维、慢肌纤维和中间型肌纤维。它们在粗细、收缩速度、耐疲劳程度和能量供应效率上都有区别。快肌纤维收缩速度快、爆发力强,但容易疲劳,短跑、跳远、投掷、足球等项目运动员的肌纤维中此类型较多;慢肌纤维收缩速度慢、耐力好,马拉松、长跑等耐力项目运动员的肌纤维中此类型较多;中间型肌纤维具备快、慢两种肌纤维的特点,收缩速度快、耐力好,全能运动、400~1 500米跑等项目运动员的肌纤维中此类型较多。因此,大学生可有目地选择适合自己肌纤维类型的运动项目进行锻炼,充分发挥自己的长处。但注意进行锻炼的根本目的是增强体质,所以不必过多地介意肌纤维类型,应当注重全面发展,塑造健美体形,进而不断提高健康水平。

肌肉耐力是指肌肉长时间工作的能力,它是从事耐力性活动的基础。肌肉耐力取决于肌肉中毛细血管的发达程度和肌肉血流量。反复进行活动,能激活那些没有进入工作状态的毛细血管的活力。因此,进入肌肉的血流量增多,肌肉中的血液循环得到加强,就能更好地保证氧和营养物质的供应,及时排出运动中产生的二氧化碳和乳酸等代谢废物,保证肌肉能进行较长时间的活动。经常参加锻炼,可使肌肉耐力逐步加强。

4. 柔韧

柔韧是指跨过关节的肌肉、肌腱、韧带的伸展能力,通常指关节的活动幅度。经常参加体育锻炼,可以保持和提高人体关节、肌肉的伸展性,从而使人的灵活性得到增强,这样不仅有利于防止身体扭伤、拉伤和摔伤,还可预防腰背疼痛,提高人的生活质量。

(三)健康体适能对生活的作用和意义

健康体适能对人体健康有着重要的作用。健康体适能是人们进行适量运动的基础。体育锻炼是保持身体健康的关键因素。经常运动有助于消耗体内多余的热量,改善心血管系统的功能。健康体适能有助于保持良好、规律的睡眠习惯,有助于调节身体器官,促进食物的消化及废物排泄。健康体适能使人有乐观的心态,有利于减轻日常学习和生活中的压力。

第二节 大学生体质健康的测量与评价

体质是指人体生命的质量,是个体在先天遗传性和后天获得性的基础上表现出来的人体形态结构、生理机能、身体素质、心理品质和适应能力等方面相对稳定的特征。

体质是人的生命活动的物质基础,体质在其形成、发展和消亡的过程中具有明显的阶段性,从最佳状态到严重疾病或功能障碍,呈现出各种不同阶段的体质水平。一个人体质的好与坏,既依赖于先天因素,又与后天因素相关,而后天因素起着决定性作用。因此,在测定和评价体质时,必须注意体质的综合性特点并采用多项指标予以评价。

一、体质的构成

人体的形态结构、生理机能、体能、心理条件,以及对外界环境的适应能力是构成体质不可分割的五个重要因素。身体的形态结构是体质的物质基础;生理机能、体能和心理条件是体质的主客观表现;对外界环境的适应能力是它们的综合反应。构成体质的这五个因素相互统一、密切联系。体能是各器官系统的机能能力在人体运动过程中的客观反映。发展和提高体能的过程会相应地引起机体形态结构、生理机能的一系列变化。而伴随着形态结构、生理机能的变化及体能的发展提高,机体又会产生一定的心理过程和个性心理特征,从而促进人的心理发展。

二、体质与健康的关系

体质与健康之间有着密切联系。二者都是对人体状况的描述,都涉及人体的形态结构、生理机能、体能、心理状况及对社会(包括人际关系)的适应能力等方面,它们之间既有联系,又有所不同。体质是生命活动的基本要素,也是健康的物质基础;而健康则是人体理想状态的标志,是体质所追求的目标体现。体质侧重于体格、体型、身体素质、运动能力等,而健康则侧重于研究人体的心、肝、脾、肺、肾及血管组织结构和生理机能的异常、疾病、死亡。体质是从"外观"上研究人体,健康是从"内部"研究人体。体质是人体的质量,健康则是体质状况的反映和表现,所以在评价体质和健康状况时,有些指标很难说是纯属体质检测的指标,另一些指标也很难说是纯属健康检测的指标。

三、体质测试与评价

体质测试是指选择能够客观地反映体质状况的各种指标和方法，对人体进行定量的测试，获得反映体质状况的资料，为更好地进行身体锻炼和促进人体健康成长提供科学依据。对体质测试所得的资料进行科学的统计与分析，做出某一方面或综合的健康判断，这一过程被称为体质评价。

体质测试的基本内容及指标有：

（1）身体形态指标，主要包括身高、体重、胸围、臀围、坐高和身体组成（皮脂厚度、体脂比重、去脂体重等），是人体生长发育的重要指标之一。

（2）生理机能指标，主要包括安静心率、血压、心肺功能相关指标等。

（3）身体素质指标，主要包括力量指标、爆发力指标、悬垂力指标、柔韧相关指标、灵敏和协调相关指标、平衡相关指标及耐力相关指标。

（4）运动能力指标，主要包括跑、跳、投等相关指标。

（5）心理发展水平指标，包括智力、情感、性格、意志等方面相关指标。

（6）适应能力指标，包括对环境的适应能力和对疾病的抵抗能力等相关指标。

四、大学生体质健康测试与评价概述

为建立健全国家学生体质健康监测评价机制，激励学生积极参加身体锻炼，引导学校深化体育教学改革，推动各地加强学校体育工作，促进青少年身心健康、体魄强健、全面发展，结合新时期青少年体质健康状况和学校体育工作实际，教育部组织专家对原《国家学生体质健康标准》进行了修订，并于2014年7月颁布新版《国家学生体质健康标准》。

（一）说明

（1）《国家学生体质健康标准》（以下简称《标准》）是国家学校教育工作的基础性指导文件和教育质量基本标准，是评价学生综合素质、评估学校工作和衡量各地教育发展的重要依据，是《国家体育锻炼标准》在学校的具体实施，适用于全日制普通小学、初中、普通高中、中等职业学校和普通高等学校的学生。

（2）本标准的修订坚持健康第一的教育理念，落实《国家中长期教育改革和发展规划纲要（2010—2020年）》《国务院办公厅转发教育部等部门关于进一步加强学校体育工作若干意见的通知》（国办发〔2012〕53号）和《教育部关于印发〈学生体质健康监测评价办法〉等三个文件的通知》（教体艺〔2014〕3号）有关要求，着重提高《标准》应用的信度、效度和区分度，着重强化其教育激励、反馈调整和引导锻炼的功能，着重提高其教育监测和绩效评价的支撑能力。

（3）本标准从身体形态、身体机能和身体素质等方面综合评定学生的体质健康水平，是促进学生体质健康发展、激励学生积极进行身体锻炼的教育手段，是国家学生发展核心素养体系和学业质量标准的重要组成部分，是学生体质健康的个体评价标准。

（4）本标准将适用对象划分为以下组别：小学、初中、高中按每个年级为一组，其中小学为六组、初中为三组、高中为三组。大学一、二年级为一组，三、四年级为一组。

（5）小学、初中、高中、大学各组别的测试指标均为必测指标。其中，身体形态类中的身高、体重，身体机能类中的肺活量，以及身体素质类中的50米跑、坐位体前屈为各年级学生共性指标。

(6)本标准的学年总分由标准分与附加分之和构成,满分为120分。标准分由各单项指标得分与权重乘积之和组成,满分为100分。附加分根据实测成绩确定,即对成绩超过100分的加分指标进行加分,满分为20分;小学的加分指标为一分钟跳绳,加分幅度为20分;初中、高中和大学的加分指标为男生引体向上和1 000米跑,女生一分钟仰卧起坐和800米跑,各指标加分幅度均为10分。

(7)根据学生学年总分评定等级:90.0分及以上为优秀,80.0~89.9分为良好,60.0~79.9分为及格,59.9分及以下为不及格。

(8)每个学生每学年评定一次,记入《〈国家学生体质健康标准〉登记卡》。特殊学制的学校,在填写登记卡时可以按规定和需求相应地增减栏目。学生毕业时的成绩和等级,按毕业当年学年总分的50%与其他学年总分平均得分的50%之和进行评定。

(9)学生测试成绩评定达到良好及以上者,方可参加评优与评奖;成绩达到优秀者,方可获体育奖学分。测试成绩评定不及格者,在本学年度准予补测一次,补测仍不及格,则学年成绩评定为不及格。普通高中、中等职业学校和普通高等学校学生毕业时,《标准》测试的成绩达不到50分者按结业或肄业处理。

(10)学生因病或残疾可向学校提交暂缓或免予执行《标准》的申请,经医疗单位证明,体育教学部门核准,可暂缓或免予执行《标准》,并填写《免予执行〈国家学生体质健康标准〉申请表》,存入学生档案。确实丧失运动能力、被免予执行《标准》的残疾学生,仍可参加评优与评奖,毕业时《标准》成绩需注明免测。

(11)各学校每学年开展覆盖本校各年级学生的《标准》测试工作,《标准》测试数据经当地教育行政部门按要求审核后,通过"中国学生体质健康网"上传至"国家学生体质健康标准数据管理系统"。测试和数据上传时间由教育行政部门确定。

(二)单项指标与权重

大学各年级学生单项指标与权重见表2-1。

表2-1　　大学各年级学生单项指标与权重

测试对象	单项指标	权重/%
大学各年级学生	体重指数(BMI)	15
	肺活量	15
	50米跑	20
	坐位体前屈	10
	立定跳远	10
	引体向上(男)/一分钟仰卧起坐(女)	10
	1 000米跑(男)/800米跑(女)	20

注:体重指数(BMI)=体重/身高的平方(体重的单位为kg,身高的单位为m)。

第三节　《国家学生体质健康标准》测试项目的操作方法和锻炼方法

《标准》测试强调的是促进学生身体的正常生长和发育、形态机能的全面协调发展、身体健康素质的全面提高,激励学生主动、自觉地参加经常性的体育锻炼,是"学校教育要树立'健康第一'的指导思想,切实加强学校体育工作"的具体措施。

一、《国家学生体质健康标准》测试项目的操作方法

《标准》在具体实施时,需要按照相应的操作方法来进行,具体如下:

（一）身高标准体重

身高是反映人体骨骼生长发育和人体纵向高度的主要形态指标。体重是反映人体横向生长和重量的指标。身高标准体重是将身高和体重综合起来,测试值以每厘米身高的体重分布,直接查表就可以判断学生体形的匀称度,体重是否超重,超了多少千克;体重是否过轻或营养不良,轻了多少千克。该指标对于学生形成正确的身体形态观具有非常直观的教育作用。

1. 身高

测试方法:受测者赤足,立正姿势站在调整好的身高计的底板上,上肢自然下垂,足跟并拢,足尖分开约60°,足跟、骶骨部及两肩胛区与立柱相接触,躯干自然挺直,头部正直,两眼平视,耳屏上缘与两眼眶下缘最低点呈水平位。测试人员站在受测者右侧,将水平压板轻轻沿立柱下滑,轻压于受测者头顶。测试人员读数时双眼应与压板水平面等高。记录以厘米为单位,精确到小数点后一位。测试误差不得超过0.5厘米。

注意事项:

（1）严格掌握"三点靠立柱""两点呈水平"的测量姿势要求。测试人员读数时,两眼一定要与压板等高。

（2）水平压板与头部接触时,松紧要适度。

（3）测量身高前,受测者不应进行体育活动和体力劳动。

2. 体重

测试方法:测试时,将秤放在平坦地面上,调整0点至刻度尺水平位。受测者赤足,男性受测者身着短裤,女性受测者身着短裤、短袖衫或背心,站于秤台中央。读数以千克为单位,精确到小数点后一位。电子体重计读显示数值即可。测试误差不超过0.1千克。

注意事项:

（1）测量体重前,受测者不得进行剧烈的体育活动和体力劳动。

（2）受测者站在秤台中央,上、下秤时动作要轻。

（3）每次使用秤时均需校正。测试人员每次读数前都应校对重量,避免差错。

（二）肺活量

测试方法:各种肺活量计在每次使用前都必须进行测试检验,仪器误差不得超过3%。使用电子肺活量计时,首先将肺活量计接上电源,按电源开关,肺活量计通电并进入工作状态。测试时,先将口嘴装在叉式管的进气端,受测者手握叉式管,保持导压软管在叉式管上方位置,以免口水或杂物堵住气道,面对肺活量计站立,头部略后仰,尽力深吸气,直至再不能吸气为止;然后将嘴对准口嘴,以中等速度和力度深呼气直至不能呼气为止。此时液晶显示器上显示的数字即为肺活量值。测试两次,选取最大值作为测试结果。记录以毫升为单位,不保留小数。使用桶式肺活量计时,注意待浮筒停稳后再进行读数。

注意事项:

（1）测试前,受测者应了解测试方法和工作要领,可做必要的练习。

（2）受测者吸气和呼气均应充分,呼气不可过猛,并防止从嘴与口嘴接触部位漏气,防止用

鼻呼气。呼气时允许弯腰，但呼气开始后不得再吸气。测试人员应注意观察，防止因呼吸不充分、漏气或再吸气影响测试结果。

(三) 50 米跑

测试方法：受测者至少两人一组测试，站立式起跑。受测者听到"跑"的口令后开始起跑。发令员在发出口令同时要摆动发令旗。计时员视旗动开表计时，当受测者躯干到达终点线的垂直面时停表。记录以秒为单位，精确到 0.1 秒。

注意事项：

(1) 受测者测试时最好穿运动鞋，不得穿钉鞋、皮鞋或塑料鞋。
(2) 发现有抢跑者，要当即召回重跑。
(3) 遇风时一律顺风跑。

(四) 立定跳远

测试方法：受测者两脚自然分开站立于起跳线后，脚尖不得踩线，然后两脚原地同时起跳，不得有垫步或连跳动作。丈量起跳线后缘至最近着地点后缘的垂直距离。每人试跳三次，记录其中最好一次成绩。记录以厘米为单位，不计小数。

注意事项：

(1) 发现犯规时，此次成绩无效。三次试跳均无成绩者，再跳至取得成绩为止。
(2) 可以赤足，但不得穿钉鞋、皮鞋或塑料鞋测试。

(五) 坐位体前屈

测试方法：受测者上体垂直坐，两腿并拢伸直，两脚平蹬测试纵板，两脚尖分开 10～15 厘米，上体前屈，两臂伸直向前，用两手指尖轻轻地向前推动游标，直至不能前推为止，保持这一姿势三秒。测量三次，取最大值，记录以厘米为单位，数值精确到小数点后一位。

注意事项：

(1) 测试前应做短时间的热身活动。
(2) 测试中动作要缓慢，以避免受伤。
(3) 身体前屈，两臂向前推游标时，两臂用力要均匀，两腿不能弯曲。

(六) 1 000 米跑（男）/800 米跑（女）

测试方法：受测者至少两人一组进行测试，站立式起跑。受测者听到"跑"的口令后起跑。发令员在发出口令同时要摆动发令旗。计时员视旗动开表计时，当受测者躯干到达终点线的垂直面时停表。记录以秒为单位，精确到 0.1 秒。

注意事项：

(1) 受测者测试时最好穿运动鞋或平底布鞋，但不得穿钉鞋、皮鞋或塑料鞋。
(2) 发现有抢跑者，要当即召回重跑。
(3) 遇风时一律顺风跑。

(七) 仰卧起坐（女）

测试方法：受测者全身仰卧于垫上，两腿稍分开，屈膝 90°左右，两手手指交叉贴于脑后。另一同伴压住其踝关节，固定下肢。受测者起坐时，两肘触及或超过双膝为完成一次。仰卧时两肩胛骨必须触垫。测试人员发出"开始"口令的同时开表计时，记录一分钟内完成的次数。一分钟到时，受测者虽已坐起但肘关节未达到双膝者不计该次数，精确到个位。

注意事项：

(1)如发现受测者借用肘部撑垫或臀部起落的力量起坐时,该次不计数。

(2)测试过程中,观测人员应向受测者报数。

(3)受测者双脚必须放于垫上。

(八)引体向上(男)

测试方法：受测者面向单杠,自然站立,然后向后摆动双臂,跳起,双手分开与肩同宽,正握杠,身体呈直臂悬垂姿势。待身体停止晃动后,两臂同时用力,向上引体(身体不能有任何附加动作)。当下颌超过横杠上缘时,还原,呈直臂悬垂姿势,此为完成一次。

测试人员记录受测者完成的次数。记录以次为单位。

注意事项：

(1)若受测者身高较矮,不能自己跳起握杆时,测试人员可以提供帮助。

(2)测试时,受测者要保持身体挺直,不得屈膝、挺腹等。若受测者借助身体摆动或其他附加动作完成引体,该次不计数。

(3)测试时应有相应的保护措施,防止伤害事故的发生。

(4)下降过程身体不能猛然放松,身体要稍微紧张,双脚在此时应迅速向前伸(幅度不要过大,以免造成违规)。

二、《国家学生体质健康标准》测试项目的锻炼方法

《标准》测试项目的主要锻炼方法如下：

(一)肺活量

肺活量是指在不限时间的情况下,一次最大吸气后再尽最大力量所呼出的气体量。肺活量是反映人体生长发育水平的重要机能指标之一。

锻炼方法：经常运动的人比不经常运动的人的肺活量要大,他们的呼吸次数、呼吸深度、肺活量和肺通气量这4个指标都会出现良好的变化。长跑、游泳、健美操、跳绳、跑楼梯、上下台阶、长距离竞走、篮球和足球等项目都是提高人体肺活量的有效方法。

(二)50米跑

50米跑是国际上通用的测试项目,通过较短距离的高强度跑测试速度素质。

速度素质可以反映人体中枢神经系统的机能状态和神经与肌肉的调节机能,也可以综合地反映人体的爆发力、灵敏和柔韧等素质。

锻炼方法：

(1)小步跑。体会前脚掌快速扒地的动作,上下肢放松协调配合。

(2)高抬腿跑。提高大腿抬高的幅度,增强腿部力量和动作频率。

(3)后蹬跑。纠正后蹬用力不充分和"坐着跑"等缺点,增强腿部力量。

(4)小步跑转入加速跑,50～60米。

(5)高抬腿跑转入快速跑,50～60米。

(6)后蹬腿跑转入快速跑,50～60米。

(7)顶风跑、顺风跑、上坡跑、下坡跑。

(8)30米、50米计时跑。

(9)重复跑60～80米。以中等速度反复练习。

此外,还可采用负重练习,以增强腿部力量。方法参照立定跳远项目的锻炼方法。

(三)立定跳远

立定跳远是发展下肢肌肉力量、腰腹力量、协调性及跳跃能力的指标之一,是测试爆发力的项目。爆发力要求在最短时间内发挥最大的力量。爆发力不仅取决于力量,而且取决于力量和速度的结合。它在人们的日常生活、劳动中有重要的意义和作用。

锻炼方法:采用各种跳跃练习及负重练习,能够有效地发展腿部肌肉力量和肌肉速度,提高弹跳能力。

(1)深蹲跳。全蹲下去,双脚同时用力向上跳起,连续做。

(2)单脚跳。用左脚连续向上或向前跳一定的次数,再换右脚做连续跳。

(3)多级跨步跳。连续以最少的步数,跨出最远的距离。

(4)多级蛙跳。屈膝半蹲,上体稍前倾,双脚同时用力蹬地,充分伸直髋、膝、踝三关节,同时两臂迅速上摆。身体向前跃出,双腿屈膝落地缓冲后再接着向前跳。

(5)跳台阶。原地双脚起跳,跃上台阶或其他物体,然后再跳下,反复进行。

(6)跳绳。各种方式的跳绳练习。

(7)身体负重跳。肩负沙包、腰和腿绑沙袋、身穿沙衣等做各种跳跃练习。

(四)坐位体前屈

坐位体前屈是反映人体柔韧性的测试项目。柔韧是指人体完成动作时,关节、肌肉、肌腱和韧带的伸展能力。一个人的韧性程度越好,其关节的活动幅度就越大,关节灵活性就越强。

柔韧素质与健康的关系极为密切。柔韧性的提高,对增强身体的协调能力,更好地发挥力量、速度等素质,提高技能和技术,防止运动创伤等都有积极的作用。

锻炼方法:

(1)正压腿。一腿直立,另一腿举起放于高度适当的高物上,身体正对高腿,上体向前尽量用胸部贴腿,双膝不得弯曲,还原后连续再做。

(2)侧压腿。一腿直立,另一腿举起放于高度适当的高物上,身体侧对高腿,上体尽量侧屈,用头的一侧贴腿。不要前倾或后仰,还原后连续再做。

(3)正踢腿。直立,两臂平举,左脚向前迈出一小步,右脚绷脚面,右腿伸直,急速有力地向上踢,落下时要有控制。两腿交替练习。

(4)并腿体前屈。两腿并立,上体前屈,两手触地,上体与腿尽量贴近,还原后连续再做。

(5)两腿左右开立,大于肩宽,上体前屈,臀部自然后移,双膝伸直,两手先向左腿外侧摸地面,还原后再向右腿外侧摸地面,连续做。

(6)双腿伸直坐于垫上或床上,上体前屈,两臂向前伸,尽力用双手触脚尖,膝关节不得弯曲,还原后连续再做。

(五)1 000米跑(男)/800米跑(女)

1 000米跑/800米跑项目,既测试有氧耐力水平,也测试无氧耐力水平。由于耐力是衡量人的体质健康状况和劳动工作能力的基本因素之一,是从事各项运动必不可少的一种运动素质,因此,测试耐力水平对于评价学生的体质健康状况有着非常重要的意义。

长跑测验既可以反映肌肉耐力,又可以反映心肺功能,测试方法简单易行,具有其他测验项目不可替代的作用。更为重要的是,《标准》把长跑测试作为一种手段,可以引导学生更多地关注自己的耐力和心肺功能,主动积极地参加长跑等体育锻炼,发展体能,增强耐力,提高体质健康水平。

锻炼方法：

(1)匀速跑800～1 500米。全程以均匀的速度跑完。

(2)中速跑500～1 000米。要求全程轻松自然,动作协调,迈开步子。

(3)重复跑。反复跑几个段落,如200米、400米或800米等,中间休息时间较长。跑步的距离、重复次数、速度、强度可根据自己的情况而定,发展速度耐力。

(4)加速跑60～80米。同样的距离反复跑,中间有较短的间歇。

(5)变速跑1 500～2 500米。要求快跑与慢跑结合,如采用100米慢跑、100米快跑或100米慢跑、200米快跑等交替进行的方法,发展速度耐力。

(6)越野跑。利用自然地形条件进行练习,如在田野或山坡上进行跑步练习,可以发展耐力、灵敏、弹跳等素质。

(7)跑台阶、跑楼梯练习。

(六)仰卧起坐(女)

仰卧起坐是测试腹肌力量和耐力的一个项目。测试方法简单易行,多年来在学校体育的锻炼和测验中受到重视。

锻炼方法：

1. 垫上练习

(1)直腿仰卧起坐。仰卧于垫上,双腿并拢伸直,两臂上举。上腹用力,使上体坐起,两臂前伸用手触脚。还原后连续做。

(2)仰卧团身。两手上举仰卧于垫上,双腿并拢屈膝,大小腿呈90°。收腹起上身,同时双膝往上提,臀部随之离地,两臂抱膝,头尽量碰膝,仅腰部贴地。还原后再连续做。

(3)左右交替仰卧起坐。两手抱头仰卧于垫上,双腿屈膝大于90°。左膝上提,同时收腹夹肘起上身,尽力用右肘碰左膝。还原后,右膝上提,同时收腹夹肘起上身,尽量用左肘碰右膝。连续做。

(4)仰卧举腿。直体仰卧于垫上,两手抓垫,连续做向上直腿举腿动作。

2. 垫上负重和其他器械练习

(1)斜板仰卧起坐。两臂上举,仰卧在稍有高度的斜板上,脚朝上,头朝下,将双脚固定。当上身起坐时,两手尽量往脚尖伸去。还原后连续做。

(2)支撑举腿。两臂伸直,支撑在双杠或其他物体上,身体保持正直,双腿并拢后,快速收腹举腿,使大腿与上体呈90°,保持几秒后,还原再做。

(3)悬垂举腿。双手正握单杠或肋木(背向肋木)呈悬垂,双腿伸直,最大限度地向上举起、还原再做。

(4)仰卧双腿举重物。仰卧于垫上,双手抓住固定物体。双脚夹重物或踝关节绑沙袋向上举起后放下。连续做数次。

(5)负重仰卧起坐。仰卧于垫上,双腿伸直,双手在头后持重物。腹肌迅速收缩,使上体坐起并前屈,然后再慢慢还原。反复练习。

(七)引体向上(男)

引体向上主要测试上肢肌肉力量的发展水平。引体向上是最基本的锻炼背部肌肉的方法,也是衡量男性体质的重要测试项目。

引体向上要求男性有一定的握力、上肢力量和肩带力量,这个力量必须能克服自身的体重才能完成一次。引体向上是一种力量耐力项目,对发展上肢悬垂力量、肩带力量和握力有重要作用。它以按动作规格完成的次数来计算成绩,做得多则成绩好。

锻炼方法:在练习引体向上时,一般每次3~5组,每组8~12次,组间休息一分钟左右。也可以在做第一组时做到几乎竭尽全力(无论是3个还是4个)。然后再做两组,每组尽力而为,能做多少做多少。下次再做时,尝试每组多做一两个。

当引体向上每组次数超过12次时,即可考虑负重练习。一般要做3~8组,每组8~12次,组间休息1~2分钟。休息时间长短因人而异。还可按照规定次数做,如第一组采用顶峰收缩法做8次,有余力也不多做,组间休息一分钟,第二组也按规定做8次,直至最后几组,用尽全力,即便借助外力,动作不太规范,也要完成规定的8次,总共做50次左右。

第三章 体育锻炼的理论基础

学生在掌握运动技能的同时,也需要掌握必需的运动心理知识、体育健康知识、体育教育理论等内容。这些理论知识的掌握,能够提升学生自我锻炼的水平,使他们对自己的健康状况、锻炼效果做出准确的评价,从而增强体育锻炼的兴趣和信心。

第一节 体育锻炼的生理学基础

运动的主体是人体,生命在于科学地运动,因此,大学生有必要了解人体的结构、功能及其与运动的关系。人体由运动系统、消化系统、呼吸系统、泌尿系统、心血管系统、神经系统、内分泌系统、生殖系统和感受器官构成。在人生的不同时期,在不同的环境条件下,选择不同的运动项目、不同的运动方式和不同的运动方案,对人体各器官系统产生的效果不同。了解人体各器官系统的结构与功能,了解运动对人体器官系统的正、负面影响,根据人体不同发展时期的特点,科学地从事运动是终身健康的基本前提与保障。

一、运动系统与运动

运动系统主要的功能是运动。简单的移位和高级活动如语言、书写等,都是由骨、关节和骨骼肌实现的。运动系统的第二个功能是支持。其构成人体基本形态,头、颈、胸、腹、四肢,维持体姿。运动系统的第三个功能是保护。骨、关节和骨骼肌形成了多个体腔,如颅腔、胸腔、腹腔和盆腔,保护脏器。

从运动角度看,骨是被动部分,骨骼肌是动力部分,关节是运动的枢纽。能在体表看到或摸到的一些骨的突起或肌的隆起,称为体表标志。它们对于定位体内的器官、结构等具有标志性意义。

(一)运动系统的构成

运动系统由骨、关节和骨骼肌组成。在神经支配下,肌肉收缩,牵拉其所附着的骨,以可动的关节为纽,产生杠杆运动。

1. 骨

(1)骨的形态与结构。正常人体共有206块骨,根据形态可分为长骨、短骨、扁骨和不规则骨。骨由骨膜、骨质和骨髓构成。骨膜上有血管和神经,有营养和感觉的功能。骨质可分为骨密质和骨松质。骨髓可分为红骨髓和黄骨髓,红骨髓具有造血功能。

(2)骨的理化特性。成人骨中的有机物约占骨重量的1/3,主要成分是骨胶原纤维和黏多糖蛋白。有机物使骨具有一定的弹性和韧性。成人骨中的无机物约占骨重量的2/3,主要成分是磷酸钙、碳酸钙,它们沉积在骨胶原纤维的周围。无机物使骨具有很大的硬度。

骨在运动中充当杠杆的角色,具有支持体重、保护器官、造血等功能。此外,骨也是体内最大的钙、磷储存库。

(3)骨龄。骨龄指腕及小骨骨化中心出现的年龄以及骺与骨干的愈合年龄。

测量骨龄可以预测身高,了解、评价儿童青少年生长发育的情况与规律。在参加全国中小学生的某些比赛时,小运动员通常需要拍一个手骨的X光片,为运动会的主办单位提供判断运动员年龄的依据。

2. 关节

骨与骨之间借结缔组织相连接,形成骨连接。其中,活动性较大的骨连接称为关节。

(1)关节结构。关节包括关节面、关节囊和关节腔等基本结构,还包括关节内外的韧带、关节内软骨等各种辅助结构。

(2)关节类型。人体有球窝、平面、椭圆、鞍状、滑车、车轴等各种类型的关节,不同类型的关节可以完成不同的运动。

(3)关节的运动。关节可以完成屈伸、外展内收、旋转和环转等多种运动。

3. 骨骼肌

(1)骨骼肌的结构与功能。骨骼肌由中部的肌腹(骨骼肌细胞)和两端的肌腱(排列紧密胶原纤维)构成,里面有丰富的血管和神经。

骨骼肌是人体运动的动力来源,通过骨骼肌的收缩与舒张,可引起其附着的骨以关节为支点进行运动。骨骼肌的收缩与舒张,对血管具有按摩作用,可以促进血液循环。骨骼肌除具有一般感觉功能外,还具有本体感觉功能,能感受肌肉收缩时长度与力量的变化,及时调整运动动作。

(2)人体运动的主要肌群。

运动肩胛骨的肌群:主要有位于胸前外侧的前锯肌、胸小肌和位于颈背部的斜方肌。

运动肩关节的肌群:屈肌群主要有胸大肌、三角肌前部、肱二头肌等胸、肩部肌群和上臂前肌群,伸肌群主要有背阔肌、三角肌后部、肱三头肌等肩、背部肌群和上臂后肌群。

运动肘关节的肌群:屈肌群主要有肱肌、肱二头肌、肱桡肌等上臂肌群和前臂前肌群,伸肌群主要有肱三头肌和肘肌等上臂后肌群。

运动腕关节的肌群:屈肌群主要有前臂前肌群,伸肌群主要有前臂后肌群。

运动髋关节的肌群:屈肌群主要有髂腰肌、股直肌、缝匠肌等骨盆与大腿前肌群,伸肌群主要有臀大肌、股后肌群等骨盆后外侧与大腿后肌群。

运动膝关节的肌群:屈肌群主要有股后肌群和小腿三头肌等小腿后肌群,伸肌群主要有股四头肌。

运动足关节的肌群:屈肌群主要有小腿三头肌等小腿后肌群,伸肌群主要有胫骨前肌等小腿前肌群。

运动脊柱的肌群:屈肌群主要有胸锁乳突肌、腹肌等,伸肌群主要有斜方肌、竖脊肌、臀大肌等。

（3）肌肉的物理特性。肌肉的物理特性包括伸展性与弹性以及黏滞性等。伸展性是指在外力作用下，肌肉可以被伸展拉长的特性；弹性是指除去外力后可恢复原长度的特性。肌肉伸展性越好，关节运动幅度越大。肌肉弹性好，收缩时的弹性回缩力越大，肌肉的力量越大。

黏滞性指肌肉收缩与舒张时，肌纤维内部分子间因摩擦产生的阻力。肌肉的黏滞性大，工作时易拉伤，且妨碍肌肉的快速收缩与舒张。黏滞性受温度影响，温度升高，黏滞性降低，肌肉的收缩速度快，且不易拉伤。因此，运动前应做好充分的准备活动，使体温升高，以降低肌肉的黏滞性。

（二）体育锻炼对运动系统的影响

经常进行合理的体育锻炼，除了能学习和掌握运动的技能之外，还能提高人体器官的机能，对运动系统起到重要的作用，使得人体能够适应自然和社会环境的变化，并且有利于身心健康。

1. 体育锻炼对骨的影响

（1）促进骨的生长发育。在运动过程中，骨承受各种运动负荷的刺激，可促使骺软骨细胞增殖，有利于骨的增长；在运动过程中，血液循环加快，可保证骨的营养供给，促进新陈代谢，从而促进骨的生长发育；在进行户外运动时，阳光中紫外线的照射，可使人体皮肤内的部分胆固醇转化为维生素D，有助于人体对钙的吸收，这对儿童青少年骨骼的生长发育特别有帮助。

（2）使骨增粗。经常参加体育锻炼的人，骨表面的隆起更为显著，骨密质增厚，管状骨增粗，骨小梁分布更符合力学规律。

（3）提高骨的机械性能。经常参与体育运动，可使骨在形态结构方面获得良好变化，使骨的抗压、弯，抗折断和抗扭转等机械性能得到提高。如一般人股骨仅能承受236～400千克的重量，而运动员的股骨能承受700千克以上的重量。

（4）不良运动对骨的负面影响。持续、过量的运动负荷，可能会使骨骼疲劳，形成疲劳性骨折；过早地从事大强度负重练习，可能会使骨过早钙化，影响骨的正常发育。

2. 体育锻炼对关节的影响

（1）增强关节的稳固性。经常运动，可使关节周围的肌肉力量增强，关节软骨和关节囊增厚，韧带增粗，关节的稳固性增强。

（2）增大关节的运动幅度，提高灵活性。经常参与运动锻炼，可在肌肉力量增强的同时提高伸展性，从而使关节的运动幅度增大、灵活性提高。

（3）不良运动对关节的负面影响。冲击性过大、持续时间过长的运动，可能会造成关节软骨的损伤；运动幅度过大、准备活动不充分或动作不合理，可能会造成关节周围软组织的损伤。

3. 体育锻炼对骨骼肌的影响

（1）肌肉体积增大，重量增加，肌力增大，脂肪减少。经常参加体育运动者，肌肉体积显著增大，这种增大常以肢体的围度作为评定指标。线粒体是细胞中进行有氧氧化供能的结构，系统地进行有氧运动者，肌肉中线粒体数量增多、体积增大。线粒体的增加，可为肌肉收缩提供更多的能量以适应耐力项目等有氧训练的需要。有氧运动可使肌纤维中的脂肪和肌膜上的脂肪相应减少，脂肪的减少可使肌肉收缩时的黏滞阻力变小，肌肉的收缩效率可相应提高。

（2）肌肉中毛细血管数量及其分支吻合增多。经常参与运动锻炼，可使肌肉中毛细血管的数量增多，肌肉的血液供给得到改善；静力性负荷练习可使肌肉中毛细血管行程迂曲，分支吻合丰富，毛细血管吻合处出现膨胀状；动力性负荷练习可促使毛细血管分支吻合增多。

（3）肌肉的结缔组织增厚。在运动过程中，肌肉收缩的反复牵引能促使肌腱和韧带增厚，肌外膜、肌束膜和肌内膜也会增厚,肌肉变得坚实,抗张强度提高,从而增强肌肉的抗断(拉伸)能力。

(4)肌肉的化学成分发生变化。肌球蛋白和肌动蛋白是肌肉收缩的基本物质。经常进行运动,能增加肌肉中的肌球蛋白和肌动蛋白,提高肌肉的收缩能力;可使肌红蛋白增加,酶活性提高,氧化供能的能力增强;可使肌糖原含量增加,使肌肉储能能力提高。

(5)不良运动对骨骼肌的负面影响。运动幅度过大、准备活动不充分或动作不合理都可能造成肌肉拉伤;从事不适应的运动或运动中肌肉以离心收缩为主,则会出现肌肉酸痛的现象。

二、呼吸系统与运动

首先,锻炼可以提高肺部的肺活量,增强肺组织的弹性,从而改善气体交换效率。其次,适度的锻炼可以增强心血管系统的功能,提高心脏的泵血效率,进而增加氧气输送到身体各个组织的能力。最后,最重要的是,体育锻炼可以促进身体代谢,降低体重,从而减轻肺部负担,降低患上呼吸系统疾病的风险。

(一)呼吸系统的组成与功能

呼吸系统由呼吸道与肺组成。呼吸道包括鼻、咽、喉、气管和支气管,主要功能是运输气体;肺的功能是进行气体交换。

1. 呼吸道

呼吸道各器官的内腔面由具有纤毛的上皮构成,形成呼吸的第一道屏障,具有湿润、加温和净化空气的功能。

2. 肺

肺位于胸腔内,呈圆锥形,上部是肺尖,下部是肺底。肺由50~80个肺小叶组成。肺泡与肺泡周围毛细血管之间有气血屏障,可限制细菌、异物进入血液。

(二)运动对呼吸系统的影响

呼吸系统是人体氧气供应和废物排出的重要通道,而体育锻炼则对呼吸系统有着积极的影响。

1. 长期坚持合理运动的正面影响

(1)呼吸肌得到发展,胸围加大,呼吸深度加大。
(2)安静时的呼吸次数减少,肺活量增大,肺通气量增大。
(3)组织利用氧的能力增大,能适应和满足运动对呼吸系统的需求。

2. 过量运动的负面影响

研究表明,随着负荷的增加,呼吸膜的厚度会发生从正常到增厚,再到变薄,最后破裂的变化过程,使呼吸膜失去呼吸作用。

三、心血管系统与运动

越来越多的证据表明,运动训练可以预防和治疗心脏疾病,改善心脏功能。

(一)心血管系统的组成与功能

心血管系统由心脏与血管组成,在人体内构成一个封闭的管道系统,具有运输氧、营养、激素等物质到组织器官,将组织器官在代谢中产生的二氧化碳、废物排出体外的功能。

1. 心脏

心脏是血液循环的动力器官。通过心脏的舒缩推动,血液在心血管系统中周而复始地流动。

2. 动脉

动脉是运送血液离心的血管。动脉自心脏发出,经反复分支,血管口径逐步变小,数目逐渐增多,最后分布到全身各组织内,成为毛细血管。

3. 静脉

静脉是引导血液回心的血管。静脉在其行进中逐步汇集成为大的静脉,进入心房。

4. 毛细血管

毛细血管是连接小动脉与小静脉之间的微细血管,是血液与组织之间进行物质交换的场所。

(二)血液循环

血液循环是指血液从心脏出发,经动脉及其分支到达全身各组织器官的毛细血管进行物质与气体交换后,经各级静脉返回心脏的周而复始的流动过程,包括体循环与肺循环。

1. 体循环

体循环指心脏与全身各组织器官之间的血液循环,血液在毛细血管处完成与组织之间的物质与气体交换。

2. 肺循环

肺循环指心脏与肺之间进行的血液循环,肺部毛细血管中的二氧化碳与肺泡中的氧气进行交换,使静脉血变成动脉血运回心脏。

(三)运动对心血管系统的影响

经常从事体育运动的人,心血管系统会获得良好的发展,表现为心脏动员快、效率高、储备大、恢复快,血管的弹性好,缓冲血压的能力强。

1. 动员快

在比赛或运动开始时,经常运动的人,心脏能很快地通过心收缩力的增加和心跳的加快适应运动的需要。

2. 效率高

在进行相同负荷量的运动时,经常运动的人心脏的反应小,能以较少的心跳次数保证运动的需要,在负荷增大时,能更大限度地动用心力储备。

3. 储备大

(1)心肌收缩能力储备。经常从事力量项目训练的人,心肌纤维增粗,心肌层增厚,心肌收缩力增强;经常从事耐力项目训练的人,心腔容积扩大,心舒期回心血量增多,心缩力增强,每搏输出量较不运动的人大。

(2)心力储备。经常从事有氧运动的人,安静时的心率会降低,运动时心率上升的幅度增大,心力储备大。

4. 恢复快

运动结束后,经常从事运动的人心率能很快恢复至安静时的水平。

5. 对血管的影响

(1)动脉。动物实验表明,运动使动脉管壁的中膜增厚,平滑肌细胞(中动脉)、弹性纤维

(大动脉)增多,口径增粗。

(2)毛细血管。运动可使毛细血管数量增加,行程迂曲,分支吻合增加,有利于器官的供血。

6. 大运动负荷或超大运动负荷的影响

超大负荷的过度运动会造成心肌纤维中线粒体损伤,供能不良。此外,还会造成肌节变长或变短,肌丝断裂,心肌收缩力下降,出现一系列不良反应。但以健康为目的的适量运动,通常不会达到损伤心血管的程度。

四、神经系统与运动

人体动作主要是通过人体的三个系统(神经系统、骨骼系统和肌肉系统)的功能性整合来实现的。神经、肌肉和关节必须协同工作,或互相联系(形成链条),才能做出某种人体动作。这三个系统也被称为动力链。如果有一个系统不能正常运转,那么势必会影响其他系统的工作,最终影响人体动作的完成。

(一)神经系统的组成与功能

神经系统由中枢神经系统与周围神经系统组成。中枢神经系统包括位于颅腔的脑和位于椎管的脊髓;周围神经系统包括与脑相连的12对脑神经和与脊髓相连的31对脊神经。

(1)协调各器官系统的功能活动。神经系统借助感受器,接受体内、外各种刺激,引起人体产生各种相应的反应,并能协调各器官系统的活动,使人体成为完整的有机体。

(2)提高人体的适应能力。神经系统使人体能适应内、外环境的变化,并能有效、最大限度地改造自然环境。

(3)语言文字与抽象思维。在人类进化过程中,随着生产劳动、语言文字和社会生活实践的进行,人类的大脑皮质高度发展,不仅能适应客观环境,还能主动地认识和改造客观世界,使之为人类服务。

(二)反射与反射弧

反射是指机体对内外刺激有规律的反应,反射弧是指执行反射活动的特定神经结构。

1. 反射

反射是神经系统的基本活动方式,是指在中枢神经系统的参与下,机体对内、外环境变化的刺激产生的有规律的应答反应。它可分为先天由种族遗传的非条件反射和后天在个体生活中获得的条件反射两类。

2. 反射弧

反射弧是完成反射活动的结构基础,包括感受器、传入神经、神经中枢、传出神经和效应器五部分。

(三)运动对神经系统的影响

体育运动对神经系统的影响主要有改善神经系统的功能、发育、调节能力,休息,以及提高脑血液循环和氧气供应。体育运动可以促进神经系统的良好发育,提高神经系统的工作效率,增强抵抗疾病和刺激的能力,以适应外界环境的变化。

1. 神经元形态结构的改变

运动时,多种感受器接受刺激,使感觉中枢接收的信息增多。同时,运动中枢也不断地发出大量的信息支配肌肉活动。经常参加运动,在大量传入与传出信息的作用下,中枢神经元会发生形态结构的改变。由于血液循环改善,神经元得到充分的营养和氧供给,这为神经元形态结构的改变提供了物质基础。

2. 提高神经系统的灵活性与均衡性

人体的各种运动动作都是在神经系统的支配下完成的。在完成短时间周期性运动项目(如短跑)的过程中,神经中枢的兴奋与抑制快速交替进行,动作的频率越快,神经系统的灵活性越高。在完成长时间周期性运动项目(如长跑)的过程中,神经中枢长时间保持兴奋与抑制交替,提高了神经过程的均衡性。

五、能量供应与运动

体育锻炼所需要的能量来自营养物质的化学能。但营养物质不能直接为细胞提供能量,它储存的能量必须经过释放,转变成含有高能磷酸键的化合物后才能被细胞利用。人体内只有三磷酸腺苷(ATP)可以作为肌肉收缩的直接能源。ATP的含量很少,依靠肌肉的 ATP 做功只能维持1秒左右,因此,只有不停地合成 ATP 才能满足肌肉收缩的需要。在进行体育锻炼时,体内代谢过程大大加强,能量消耗增加,各器官系统功能增强。为保持运动的持续性,人的机体还需要其他的供能方式。人体内有两种方式可以合成 ATP:一种是在无氧条件下产生 ATP,称为无氧供能;另一种需要氧的参与,称为有氧供能。

(一)无氧供能

无氧供能包括在无氧或氧供应不足情况下高能磷酸化合物(ATP和磷酸肌酸)分解供能及糖酵解供能,前者称为非乳酸能,后者称为乳酸能。

非乳酸供能是指运动开始时,所有能量都由 ATP 和磷酸肌酸(CP)供给。ATP 和 CP 的分解不需要氧也不产生乳酸。磷酸肌酸是由肌酸合成的高能磷酸化合物,存在于肌质中,含量是 ATP 的数倍,CP 在酶的作用下可迅速分解,使二磷酸腺苷(ADP)合成 ATP。非乳酸供能是短时间、大强度运动的主要供能方式。

乳酸供能是指由肌糖原或葡萄糖分解为乳酸时放出的能量由 ADP 接受,合成 ATP 的供能方式。乳酸供能产生乳酸,乳酸的积累可导致疲劳。乳酸供能是速度耐力等体能的基础,人在从事时间较长、运动强度大的身体活动时,乳酸供能比例较大。

(二)有氧供能

在氧供应充足的条件下,糖类(葡萄糖或肌糖原)和脂肪被氧化成二氧化碳和水,并释放出大量的能量,这一过程被称为有氧供能。有氧供能释放出大量的能量,供 ADP 再合成 ATP。除糖类和脂肪可氧化供能外,蛋白质也可氧化供能,但比例较小。运动初期,糖是主要的供能物质,随着时间的延长和脂肪供能比例的增加,蛋白质也参与供能。有氧供能是耐力运动的基础。

无氧供能和有氧供能是人体在不同运动强度下,根据需氧量的不同,所表现出的两种供能方式,二者紧密相连,不可分割,只是比例有所不同而已。如持续时间在 10 秒以内的最大强度运动几乎完全依靠无氧供能;持续几十分钟甚至几小时的运动,有氧供能占主导地位;而在 800 米跑中,有氧供能和无氧供能的比例相差不大。

(三)能源物质的消耗与补充

人体运动时直接消耗 ATP,但最终却是消耗糖、脂肪和蛋白质。

1. 糖和脂肪的供能特点

糖和脂肪是运动中合成 ATP 的主要来源,但由于运动持续时间、强度,以及糖和脂肪供能特点的不同,所消耗(能量物质)的比例也不相同。因为糖可以进行无氧酵解和有氧代谢,而脂肪仅能进行有氧代谢。正是这一特点,使不同运动中二者的供能比例不同。例如,运动初期或时间短、强度大的运动,主要是消耗糖,因为这时主要是无氧代谢过程;而时间长、强度较小的运动,脂肪的消耗(供能)比例增加(马拉松跑等长时间持续运动的后期,约有 80% 的 ATP 来源于脂肪的氧化),蛋白质也将参与供能。因此,要消耗体内的脂肪,应进行强度不大,但持续时间较长的运动,才能达到效果。

2. 运动后能量物质的恢复

运动时,体内代谢过程加强,以不断满足运动时能量的需要,运动中及运动停止后,能量物质需要不断进行补充与恢复。能量物质的恢复过程大致可分为以下三个阶段:

第一阶段:在运动进行当中,恢复过程就已开始。这时机体一边进行锻炼消耗,一边进行能量物质的恢复补充,但由于锻炼中消耗多,此时的恢复跟不上消耗的量,因此能量物质储备逐渐下降。

第二阶段:运动结束后,此时体内能量物质消耗逐渐减少,而恢复过程却不断加强,锻炼中消耗的能量物质不断得到补充,直至补充到锻炼前的水平。

第三阶段:超量恢复阶段,即能量物质恢复到原水平时并未停止,而是继续恢复补充。运动后的一段时间,能量物质的恢复可超过原来储备的水平,比锻炼前能量物质的储备量还要多。超量恢复是对未来重复较大运动负荷时能源物质再次耗尽的一种预防性保护机制。一段时间后,能量物质的储备又回到原来水平。

第二节 体育锻炼的心理学基础

随着经济的发展和大众生活水平的提高,体育锻炼已经走进了大众生活。心理学在体育锻炼中的重要性不言而喻,特别是运动员的体验绝对称得上是最有说服力的证据。对于那些技术水平已经到达世界一流水准的运动员,在竞争冠军的最后对决中,选手之间的技术水准不相上下,彼此的差异只在毫厘之间,因此最终决定高手之间胜负的关键因素就是临场发挥。换句话说,谁能把自己的心理状态调控到一个最佳水准,谁就拥有更大的胜机。

一、心理发展的一般规律

一个自然人从出生、成熟至衰老,其心理状况都在发展与变化之中,这种发展变化表现为从简单到复杂的心理转化和从低级到高级的心理演进。青少年心理发展变化具有明显的阶段性特点,表现出分阶段的由数量积累到质量转化的过程。美国心理学家埃里克森(Erikson)根据其丰富的临床诊断经验,按照个性发展各时期主要矛盾的出现,把人生个性发展分为八个阶段(表 3-1)。

表 3-1　　　　　　　　埃里克森的心理发展阶段理论

阶段	年龄	心理-社会转变期的矛盾
一	婴儿期(0～1.5岁)	基本信任和不信任的心理冲突
二	儿童期(1.5～3岁)	自主与害羞(或怀疑)的冲突
三	学龄初期(3～6岁)	主动和内疚的冲突
四	学龄期(6～12岁)	勤奋和自卑的冲突
五	青春期(12～18岁)	自我同一性和角色混乱的冲突
六	成年早期(18～25岁)	亲密和孤独的冲突
七	成年期(25～65岁)	生育和自我专注的冲突
八	成熟期(65岁以上)	自我调整和绝望的冲突

这八个心理发展阶段相互联系、相互影响、相互促进、相互制约,如果某一个发展阶段出现问题,就会影响到下一个阶段的发展变化,轻则产生心理障碍,重则出现行为偏离。埃里克森关于心理、社会发展的理论,将人类心理发展划分为八个阶段的学说,是心理动力学的代表作,具有较高的参考价值。这里选择跟大学生年龄特点相关的青春期(12～18岁)和成年早期(18～25岁)两个阶段进行探讨。

(一)青春期阶段的心理特点

青春期阶段是 12～18 岁。这个阶段的特征是个体有了统一感、个性感、差异感,即对自己和别人已经形成了一个完整统一的认识,但又有弥散性的"自我"角色和个性的不确定性;逻辑思维能力明显增强,知其然,更想知其所以然;学习动作技能侧重于对"概念"的理解。这个阶段的典型特征是"角色延缓",他们尝试充当各种角色,但是,还没有等他们懂得这些角色的内涵时,一切又很快地过去了。这个时期,环境、人际交往、良性或不良刺激都将对人的一生产生决定性的影响。

(二)成年早期阶段的心理特点

成年早期阶段是 18～25 岁。从学习年龄上说,这一阶段是大学学习期并开始走向社会的阶段。这个阶段的特征是心理上需要与他人建立亲密的交流,其中包括对异性的亲近感,既需要朋友的友谊,又渴望爱与被爱。他们在学有所成的基础上,开始考虑自己的恋爱婚姻问题,考虑自己毕业后的社会定位问题等。这一阶段会出现极其复杂的心理变化,自然会产生许多的矛盾。这一阶段常会出现烦恼和孤独感,大学生经常出现两极分化现象,即有的学生性格开朗,喜交朋友,推崇团队活动;而有的学生个性孤僻,独来独往,具有明显的自卑感。这部分学生虽然知道自己和周围环境存在着适应问题,但却不知怎样去解决,或者知道解决的方法,但又不能付诸行动。因此,此阶段的学生情绪波动较大,主动性、创造性等都处于抑制状态。

二、体育运动的心理学因素

身心健康离不开体育运动,体育运动与训练也需要琢磨心理。心理学因素十分重要,不能忽视。

(一)体育与智力

正常的智力水平是人们从事各种活动最基本的心理条件。学习效率是由大脑高级神经系统决定的。经常从事体育活动和身体锻炼,可促进新陈代谢,提高神经系统的活动能力,增强呼吸系统和心血管系统的功能,使大脑供氧充分,进而使记忆力增强,思维更加敏捷灵活,提高学习效率。

(二)体育与情绪

情绪是因人的自然需要是否得到满足而产生的一种体验。情绪几乎参与人的所有活动,对人的行为活动起着很大的调节作用。良好的情绪对人的行为具有积极作用,而消极的情绪不但会影响人的正常学习工作,还会对人的身体和心理产生许多不良影响。长时期的情绪压抑、忧虑和紧张,还可导致疾病产生。

经常参加体育锻炼,可使机体产生极大的舒适感。在各种运动项目中感受运动的美感、力量感和韵律感,从而陶冶情操、开阔心胸,激发生活的自信心和进取心,形成豁达、乐观、开朗的良好心境。

(三)体育与人格

人格,也称个性。体育教学的功能之一,就是帮助学生形成正确的世界观和人生目标,以及健康、积极、进取向上的人格。在体育竞赛中,取胜催人奋发向上,有利于个性的形成;而失败也是对人格的考验,可以让学生明白"重要的是参与,而不是取胜"[1],让他们能挖掘失败中的有利因素,看到成功的希望。体育运动能提高学生的心理耐挫水平,使学生能正确地面对和处理各种挫折和困难,形成高尚的人格和独特的个性。

(四)体育与意志

意志指人们自觉地确定目的,根据目的支配和调节自己的行动,并克服各种困难,最终实现预定目的的心理过程。受意志支配的行动,称为意志行动。

人的行动主要是有意识、有目的的行为。人在从事各种实践活动时,通常是先根据自己对客观规律的认识,在头脑中确定行动目的,然后再选择实现这一目的的方法,并克服各种困难,最终达到预期目的。例如,学生认识到只有加强素质训练才能更熟练地掌握运动技术动作后,会自觉地确定素质训练的目的,并制订训练计划,按照计划一步一步地进行训练,最终较好地提高运动素质水平,从而提高运动技术水平。

良好的意志品质不是先天就有的,而是在后天生活实践中,在教育过程中逐渐形成的。只有经过长期磨炼,才可能逐步养成良好的意志品质。意志是人意识的能动性,是主观见之于客观的心理过程,它受立场、观点、信念的制约,也和一个人的认知水平有关,充分地表现出一个人的立场、观点、信念及认知水平。因此,培养良好的意志品质应当从世界观教育着手,还要提高认知,发展情感,加强锻炼,并把教学过程与有目的地培养意志品质的过程统一为整体,使教学、训练促进意识品质的培养。

(五)体育与心理素质

心理素质主要包括自信心、勇敢精神、竞争意识、意志力、自制力及自我心理调节能力等。对于体育而言,意志坚韧顽强是十分重要的。参加体育活动既是对身体的锻炼,又是对意志的考验。锲而不舍,勇于拼搏,是体育精神的充分体现。要让学生通过参加体育活动,体验运动的乐趣,展示自己的风采,并自信地加入各项活动,同时初步了解人类意志和精神的力量是不可战胜的。

---

[1] 赵新世.运动员心理调控与训练方案设计研究[M].北京:人民邮电出版社,2019.

三、体育运动动机及其培养

早在20世纪40年代,世界卫生组织(World Health Organization,WHO)就将健康定义为"一种躯体上、心理上和社会上的完满状态,而不仅仅是没有疾病或虚弱。"这一阐释明确将心理健康提升到与身体健康同样的高度。随着社会的发展与进步,老百姓的经济水平不断提高,对高品质健康生活的需求不断提升,人们越来越强烈地意识到,身心健康是个人实现理想、获取成功人生的根本前提与保障。如今,体育运动已经成为无数人日常生活的一部分。体育,正在改变我们每一个人的心灵与生活。体育运动的动机及其培养也是需要研究的一部分。

(一)体育运动动机的概念

体育运动动机是促进一个人参与体育活动的心理动因或内部动力,它引起并维持人的活动,进而将活动导向一定的目标。动机是个体的内在过程,其作用是引起和发动个体活动;指引个体选择活动的方向;调节功能,即维持、加强或制止、减弱某一活动。

(二)体育活动动机的产生

引起动机的条件有两个:一是内在需要,二是外部诱因。

1. 内在需要

人们参与体育活动的内在需要主要包括生理、心理和社会三个方面的需要。

(1)生理方面的需要。参加体育活动是出于保持身体健康,增强体质,提高力量、速度、耐力素质,解除脑疲劳,促进和保持良好睡眠的需要。

(2)心理方面的需要。参加体育活动是为了调节和控制情绪、保持良好的精神状态、提高注意力、锻炼意志力、培养开朗的性格、养成文明健康的生活习惯等。

(3)社会方面的需要。参加体育活动是为了扩大社交范围、结交更多的朋友、增强集体凝聚力、提高竞争能力和社会适应能力。

2. 外部诱因

外部诱因是指能激起参与体育活动的外部原因,它是引起体育活动、满足个体需要的外在刺激。这些刺激包括物质因素和精神因素,统称为环境因素。环境因素有很多,如优良的体育设施器材、老师的表扬或批评、同伴之间的情绪感染、考试分数、竞赛的奖励(包括精神的奖励和物质的奖励)等。

在多数情况下,体育活动动机是由内在条件和外在条件相互影响、交互作用而产生的。人出生后就有身体活动的需要,随着年龄的增长,在学校教育的影响下,个体有了对某项体育活动的兴趣。这时主要是强烈的需要产生动机,为了满足需要,他们积极参与体育活动,但同时也不宜忽视环境因素的影响,如教师的优美示范、学校的传统优势项目、学校的运动竞赛等都可能诱发个体已有的需要,从而产生体育活动动机,最终引发外显行为。由此可见,在形成体育活动动机、产生外显行为的过程中,体育活动需要是根本条件,外部环境因素是必备条件,只有二者相互作用,才能激发积极的体育行为。

(三)体育动机的培养

一般而言,体育动机需要从以下几方面进行培养:

首先,树立正确的价值观。价值观是一个人对周围客观事物的评价和态度体现,决定着一个人对该事物的态度和行为。对学生进行体育运动价值观教育,使其树立正确的价值观十分重要。通过体育教育,学生可以了解体育运动可以增强体质,身心健康是为祖国做贡献的物质基础；了解体育运动对自身全面发展的意义，提高其对体育的认识水平。

其次，目标设置。在体育教学训练过程中，要为练习者确定一定的目标，如跑、游泳的距离、体操动作的次数和质量等。当这种目标转化为练习者的内心需要时，就会使练习经常处于自己的意识控制之下，提高练习者的努力程度和动机水平，调动其积极性。

再其次，积极反馈。反馈是通过对技能操作或学习结果的评定和自我知觉使学生了解自己学习的情况，并对以后的行为进行调节的过程。在技能练习过程中，反馈的无论是正确的动作信息，还是错误的动作信息，都有利于练习者坚持目标或修正目标。它是最有益的动态调节信息，有利于激发学生坚持目标和努力的欲望，使已有动机得到强化。

最后，情境创设。情境具有诱发动机的功能。学生在体育教师设计的情境中进行学习或锻炼，根据情境的不同，效果会有很大差异。例如，同一教材内容，如果老师教法丰富多变、新颖，学生就会感到有趣，愿意学。反之，学生就可能兴趣黯然，不愿意学。所以，教师应创设问题情境，引起期待心理，满足学生的好奇心，诱发其学习和锻炼的内驱力。

第三节 科学体育锻炼的原理与方法

科学锻炼是指按照人体发展的基本规律，合理地进行体育锻炼。参加体育锻炼，必须遵循一定的原则，这样才能达到促进身体生长发育、改善和提高各器官系统的功能、提高身体素质、增强体质的作用。反之，不遵循体育锻炼的基本原则，不但收不到良好的锻炼效果，还有可能造成运动损伤，损害健康。

一、科学体育锻炼相关的概念

想要了解科学体育锻炼的方法，首先需要了解与之相关的概念。

（一）运动量

运动量是指运动的负荷量，即人体在运动中所完成练习的强度、密度和时间。

（二）运动强度

运动强度是指单位时间内的运动量，通常用心率或血乳酸来衡量。

（三）运动密度

运动密度是指单位时间内的练习数量，通常用练习间隔时间来衡量。

（四）极点

在进行剧烈运动时，由于在运动开始阶段内脏器官的机能增强不能满足运动器官的需要，人体往往会有一种非常难受的感觉，此时会感到呼吸困难、肌肉酸、动作迟、精神低落，甚至不愿再继续下去，这种状态叫"极点"。"极点"出现后，应该继续坚持运动，减速并加深呼吸，各种不良感觉会逐渐消失，动作就会逐渐轻松协调，运动能力又会慢慢恢复，这种现象称为"第二次呼吸"。

（五）有氧运动

人体需氧量和吸氧量达到动态平衡的运动称为有氧运动。在进行有氧运动锻炼时，体内不产生乳酸堆积，心率、心排血量和肺通气量等保持稳定状态，因此，可持续时间较长的运动，此过程中可以消耗较多脂肪，并能提高心血管机能。

(六)最大心率

最大心率是指达到最大运动强度时的心率。最大心率随年龄的逐渐增长而减少，一般可以用"220－年龄"来推算。

(七)靶心率

通常将以心率作为指标设定的强度称为心率强度，以心率强度设定的心率则称为靶心率或目标心率。靶心率是目前国际上通用的确定运动强度的最好方法之一。可以用以下方法计算靶心率：

$$靶心率＝（最大心率－安静心率）\times(0.6－0.8)＋安静心率$$

对于体质较弱的人群，如儿童、中老年人可采用：

$$靶心率＝（最大心率－安静心率）\times 0.5＋安静心率$$

(八)极限运动

极限运动是指能够激发人体最大潜力、使人的生理和心理承受能力得到最大限度发挥的运动，如蹦极、攀岩、登山、跳伞等项目。极限运动具有挑战性、冒险性、刺激性、创造性等特点。参与极限运动，能够帮助人们重新认识自我，挖掘自身潜力，并唤起人们面对困难和挑战的勇气。

二、体育锻炼的基本原理

体育运动是一个确有实效，而又能不断提高身体能力的实践活动；体育锻炼是人们进行的合理、有效的身体活动。而要使这种身体活动合理和有效，就必须了解体育锻炼的基本原理。

(一)刺激与适应性的改变和增强

体育锻炼实际上就是对身体施加的一种运动刺激。在运动的刺激下，机体会产生多种反应，并且随着刺激次数的增加、时间的延续、负荷量与强度的增长，人体在形态、机能、素质等方面均会产生适应性变化。

(二)运动疲劳与恢复

体育锻炼的过程就是运动疲劳和休息恢复的过程。运动中只有出现疲劳，才可能通过休息使体力得以恢复，进而提高身体对疲劳的耐受力。例如，在长跑锻炼中，一个人刚跑一千多米就会感到体力不支，而他通过一段时间的锻炼后，跑两三千米仍不会感到疲劳。可见，人的体力及各种运动能力，必须通过运动所产生的疲劳恢复才能得以增强和提高。这种现象在运动生理学中叫作"超量恢复"。所谓超量恢复，是指通过一定量与强度的运动刺激，使机体出现疲劳，而在休息之后，机体的代谢能力与体力状况可以恢复到比运动前更高的水平。人的各种运动素质与体能，就是经过多次"超量恢复"之后提高起来的。

(三)能量消耗与补充

运动必然要消耗体内更多的能量物质。因此，运动后必须注意营养物质的补充，这样才能使体内的机能代谢逐步提高到新的水平。这不仅能够加强人体对营养物质的吸收和利用，而且可使体质的增强得到充分的物质保障。

(四)体育锻炼的持续性

长期坚持体育锻炼能对身体产生良好影响，如肌肉力量增加、肌肉耐力增加、心肺功能提高等。而体育锻炼若不长期坚持,身体获得的益处可能消退,因而,体育锻炼应持续进行。

三、体育锻炼的基本原则

体育锻炼的原则是体育锻炼过程中客观规律的反映,是练习者从事体育锻炼实践、达到理想效果所必须遵循的原则。只有科学地理解和遵循体育锻炼的原则,有效地锻炼,才能使体育锻炼获得最佳效果。

(一)从实际出发原则

从实际出发原则是指锻炼身体应从个人的实际情况和外界环境条件的实际出发,确定锻炼目的,选择适宜的运动项目,合理地安排运动时间和运动负荷。这是增强身体素质及提高运动水平必须遵循的原则。它包括以下两方面内容:

1. 锻炼者的自身情况

人体生理结构虽然基本相同,但由于年龄、性别、身体功能、基本活动能力等存在差异,并且每个人的锻炼基础、锻炼条件不同,随着锻炼过程的发展,机体产生的影响也会不同。因此,在选择确定锻炼的内容、方法、负荷时,要想使体育锻炼收到实效,就必须依照每个人的实际情况而定,既要考虑到兴趣、爱好,又要考虑到具体情况和具体特点,在制定锻炼的任务、内容、方法时,必须因人而异,依人制定运动处方。

2. 外界环境的变化

进行体育锻炼时,还要根据地理环境、气候条件、季节、场地器材等外界条件,按照科学锻炼的方法,选择适合自身的锻炼方法,这样才能收到良好的锻炼效果。如在冬季应着重发展身体的耐力和力量素质,在春、秋两季多进行技术性较强的项目的练习;在炎热的夏天,游泳是比较理想的运动项目。另外,锻炼时还需注意,不要在强烈阳光下进行长时间的练习,防止中暑;在每次力量练习训练前,要认真检查运动器械,尽可能两人结合,相互保护和帮助,以防止运动伤害的发生。

(二)循序渐进原则

循序渐进原则是指体育锻炼必须根据人体身心发展规律,在锻炼的内容、方法、运动负荷等方面逐步提高,使机体功能不断得到改善。循序渐进是人体适应环境的基本规律。

人体对内外环境变化的适应是一个缓慢的由量变到质变的过程,只有遵循这个规律,才能取得良好的锻炼效果。

1. 运动负荷循序渐进

进行体育锻炼时,当机体对一定运动负荷产生适应后,这种负荷对机体的刺激就会变小,此时,可以适当增加练习时间和练习次数,让机体产生新的适应。但运动负荷的增加要由小到大,逐步提高。体育锻炼的开始阶段或中断锻炼后恢复锻炼时,强度宜小,时间宜短,不要急于求成。

2. 练习内容循序渐进

练习内容要由简到繁,在动作要求上应由易到难,逐步加大难度。应首先考虑简单易行、容易收到锻炼效果的项目和内容。在每次练习时,也应先从动作简单、强度不大的内容开始练习,然后逐渐增加动作难度和运动负荷。

3. 锻炼过程循序渐进

每次锻炼前要做准备活动,锻炼后要做好整理活动,如长跑前先进行10分钟慢跑,长跑后也不要马上停下来。

（三）持续性原则

从生物学角度看，人体机能水平的提高，各种运动能力及素质的发展，运动技能的形成与巩固，均有赖于长时间的锻炼，这样才能使机体在身体形态、生理机能、生化过程等方面产生一系列适应性的变化。这些良好的适应性变化，不是一朝一夕或短时期锻炼就能产生的，而是长期坚持锻炼积累的结果。所以，强化终身体育意识，养成良好的锻炼习惯，使身体锻炼生活化是贯彻这一原则的关键。

（四）全面性原则

全面性原则是指通过各种运动形式、内容、方法和手段，对人体各组织、器官、系统和心理产生全面的良性影响，使人体得到全面协调的发展，消除薄弱环节。

1. 锻炼的部位要全面

人体是一个有机的整体，各组织、器官和系统之间相互联系、相互制约。身体运动的主要目的是促进机体整体协调发展，提高整体的健康水平。

2. 锻炼的项目内容要全面

大学生在体育锻炼过程中，应结合自身特点选择1～2项体育运动项目作为内容，并辅以其他锻炼内容，既保证各运动对身体素质发展的独特性，又要避免锻炼局限于身体的某个部位。例如，长跑锻炼有益于发展人的心肺功能，若再结合一些徒手体操和力量训练就可发展人的灵敏、柔韧和力量素质。又如在健美运动中进行肌肉力量训练后，可增加一些发展速度的球类练习，这样既可以尽快缓解肌肉黏滞度，又可发展人的速度素质，使身体得到全面锻炼。

（五）自觉性原则

自觉性原则指身体锻炼是出自锻炼者内在的需要和自觉的行动。锻炼在于自觉，锻炼者应把锻炼的目的、动机和树立正确的人生观联系起来。这样，有助于形成或保持身体锻炼的兴趣，调动和发挥更大的主动性和积极性。贯彻自觉性原则应注意以下几点：一要做到自觉锻炼，明确锻炼目的；二要充分认识体育锻炼的特点和作用；三要使锻炼更具自觉性，还应经常检验锻炼的效果。

四、体育锻炼内容的选择

身体锻炼的项目、方法等是多种多样的，科学地选择体育锻炼的内容，对实现身体锻炼的目的有着十分重要的意义。

（一）体育锻炼项目的选择

在进行体育锻炼项目的时候，需要进行选择。

1. 按自然环境条件选择

利用空气、日光、水等自然条件，以及季节、气候的变化选择合适的锻炼内容，是一种促进健康、增强体质的有效的锻炼方法。这些身体锻炼内容的突出特点是与生活紧密相连的。自然力的锻炼，不仅可以增强机体对外界环境的适应能力，而且可以增强心血管系统的功能，加快新陈代谢，改善身体各组织器官的机能，提高身体对各种疾病的抵抗力。

2. 按身体锻炼的目的和要求选择

（1）健身运动。健身运动指正常人为增进健康、增强体质而进行的体育锻炼，如慢跑、太极拳、武术、游泳、骑自行车、划船、滑冰、舞蹈及各种球类活动等。

（2）健美运动。健美运动是指为了人体的健美而进行的体育锻炼。健美运动不仅可以增进健康,还可以培养审美能力和身体的表现能力。如为了使肌肉发达,可采用举重和体操器械进行练习;为了形成良好的体型与姿态,可采用艺术体操、健美体操、各种舞蹈和基本体操中的一些练习等。

(3)娱乐性体育。娱乐性体育是指为了调节精神、丰富文化生活而进行的体育活动。进行这类活动可以使人身心愉快,如活动性游戏、渔猎、游园、郊游、保龄球和野外定向活动等。

(4)格斗性体育。格斗性体育是指掌握和运用格斗的攻防技术(包括军事技术)的体育锻炼。参与格斗性体育锻炼项目,既能强身,又能自卫,如擒拿、散打、推手、拳击和射击等。

(5)医疗体育和康复体育。医疗体育和康复体育也称体育疗法。这类体育锻炼的对象是体弱多病者,其目的是祛病健身、增强体质,一般应在医生的指导下进行,其内容主要有步行、跑步、太极拳、按摩、各种保健操、矫正体操和生产操等。

(二)体育锻炼方法的选择

体育锻炼的方法是指根据人体的发展规律,运用各种身体练习和自然因素锻炼身体的途径和方式。体育锻炼方法是贯彻体育锻炼原则、达到锻炼身体目的的桥梁。

1. 重复锻炼法

重复锻炼法是按照一定的负荷要求,多次重复同一动作进行锻炼的方法。在重复刺激机体的过程中,可以起到加速新陈代谢、增强体质的作用。

重复锻炼法要合理掌握重复次数和时间。两次锻炼之间的间歇时间原则上应使机体得到较充分的恢复。强度可达极限强度的 90%~100%,使其达到锻炼负荷的有效价值范围(最有锻炼价值负荷量下的心率),并据此调节重复次数。在重复锻炼中,如何控制负荷量以达到理想效果,应视实际情况而定。通常认为,普通大学生的负荷心率在 130~170 次/分钟是较适宜的。在这个范围内,心室血液充盈,每搏输出量及氧气的运输量等均达到最佳状态,并可以持续地运动;心率低于 130 次/分钟时,锻炼效果不明显,应增加重复次数;而心率超过 170 次/分钟时,则需减少重复次数或安排足够的间歇时间。

2. 间歇锻炼法

间歇锻炼法是指在锻炼过程中,对安排的多组练习之间的间歇时间做出严格规定并反复进行锻炼的方法。该方法的关键是间歇时间必须严格控制,必须在机体尚处于未完全恢复的状态下进行下一组的练习。该方法的特点是每次锻炼的负荷时间较长,负荷强度适中。

该方法可使锻炼者的心脏功能明显增强。通过调节负荷强度,可使机体机能产生与锻炼项目相匹配的适应性变化;可提高有氧代谢供能能力,从而提高学生的体质健康水平。

同重复锻炼法一样,间歇时间也要依据负荷的有效价值标准去调节。一般来说,当负荷反应(心率)指标低于有效价值标准时,应缩短间歇时间;而高于价值标准时,则可延长间歇时间。通过适当的间歇,把负荷量调节到负荷有效价值范围可以收到良好的锻炼效果。实践证明,间歇中负荷心率为 130 次/分钟左右时,就应再次开始锻炼。而且间歇时不应做静止方式休息,而应当做积极性休息,如慢速走步、放松手脚、伸腰或做深而慢的呼吸等。因为轻微活动可使肌肉对血管起到按摩作用,以帮助血液回流、加快体内代谢废物的排除。

3. 连续锻炼法

连续锻炼法是按一定要求,持续进行规定动作的身体锻炼方法,是指在锻炼的过程中,为了保持有价值的负荷量而不间断地连续进行运动。该方法要求负荷强度较低、负荷时间较长,不间断地连续进行运动。连续的作用在于保证持续负荷量不下降,维持在一定的水平上,使身体充分地受到运动的作用。

连续锻炼时间的长短,同样要根据负荷的有效价值范围来确定。通常认为,在130次/分钟左右心率下连续锻炼20~30分钟,可使机体的各个部位获得充分的血液和氧的供应,因而能有效地发展有氧代谢能力和耐力素质。用于连续锻炼的内容通常是那些比较容易并已为锻炼者所熟悉的运动,如跑步、游泳,也可以是跳健美操或广场舞等。

连续锻炼法多用于发展一般耐力,如较长时间的匀速跑;也可在非周期性项目中用于巩固某一技术动作和发展专门耐力,如篮球投篮训练中连续的原地起跳投篮练习等。

4. 循环锻炼法

循环锻炼法是指进行由几个不同练习内容联合组成的练习组合的身体锻炼方法。该方法要求锻炼者必须按照既定的练习顺序和路线依次完成每个练习站的练习任务。一般的组织形式是锻炼者在完成一个练习站的任务后,迅速转移到下一个练习站继续练习,同时下一个锻炼者依次跟上。每一个锻炼者都完成了各个练习站的练习内容时,就算完成了一次循环。其结构因素包括每站的练习内容、运动负荷、练习站点的安排顺序、练习站点之间的间歇形式和时间、每一循环之间的间歇、练习站点的数目和循环组数的设置等。

循环锻炼法对技术的要求不高,且各项目都采用比较低的负荷练习,因此练习起来简单有趣,可有效地提高不同层次和水平练习者的运动情绪和积极性;可以合理地增大锻炼过程的练习密度,并随时根据具体情况因人制宜地加以调整,做到区别对待;可以防止局部负担过重,延缓疲劳的产生,交替刺激不同身体部位,有利于综合锻炼,从而达到全面发展的效果。

运用循环锻炼法的关键是要按照全面性原则去搭配项目。就大学生而言,锻炼时既要发展四肢,又要发展躯干;既要运动胸背部,又要运动腰腹部;既要追求形态的健美,又必须注意机能、素质的全面发展。因此,必须科学地搭配项目,一般可以选择6~12个简单易行的项目。锻炼时,注意上肢动作与下肢动作、剧烈的跑跳练习与静力动作之间的合理交替。

在健身锻炼中,可根据锻炼项目循环练习各练习站的任务,还可分队比赛,增加竞争性,以提高练习兴趣。

5. 变换锻炼法

变换锻炼法是指通过不断变换运动负荷、练习内容、练习形式及练习条件等,提高锻炼者的积极性、适应性及应变能力的方法。该方法可以有效地调节锻炼者的生理负荷,提高兴奋性,强化锻炼意识,克服疲劳和厌倦情绪,最终达到提高锻炼效果的目的。

如刚参加锻炼时,可多做些诱导性和辅助性练习。随着锻炼水平的提高,应加大练习的难度,如用越野跑代替在田径场的长跑等。锻炼条件的变化,可对锻炼者的大脑皮质不断产生新的刺激,提高兴奋性,激发锻炼兴趣,从而提高机体对负荷的承受能力,提高锻炼效果。

另外,不断对锻炼内容、时间、动作速率等提出新的要求,可有效地调节生理负荷,使机体不断产生适应性变化,从而达到更好地锻炼身体的目的。

(三)体育锻炼项目、方法选择的原则

1. 根据体育锻炼者的体质状况进行选择

(1)健康型。健康型指体强健者。这类人对身体锻炼一般都具有强烈的欲望和热情,并能承受较大的运动负荷。在选择锻炼内容时,可根据自己的实际情况和兴趣选择1~2个运动项目作为健身的手段。一般来说,年轻人可选择球类、健美操、韵律操、游泳和健身跑等项目或自己喜爱的其他体育项目。可用循环锻炼法、重复锻炼法和间歇锻炼法等进行有计划的锻炼。

(2)一般型。一般型指身体虽不健壮但也无疾病者。这种类型的人在群体中所占比例较大,在青少年学生中约占60%。一般型的人身体无疾病,但往往缺乏锻炼的热情和持久精神,

不经常锻炼,锻炼流于形式。对这类人来说,最好选择形式灵活又对增强体质有实效的项目,从而激发锻炼的热情,培养锻炼的兴趣,逐步养成良好的锻炼习惯。若选择球类、武术、游泳、健美操等项目,则宜采用循环锻炼法和重复锻炼法。

(3)体弱型。体弱型指体弱多病或发育不良者。为了增强体质、战胜疾病、增进健康,体弱者可选择健身跑、定量步行、太极拳等内容进行锻炼,待体质得到改善后,再选择其他内容。在运动负荷上更要注意循序渐进,切不可急于求成。可先采用重复锻炼法、循环锻炼法进行力所能及的锻炼,待体质有所增强时再考虑改用其他方法锻炼。

(4)肥胖型。肥胖型指体重超过正常标准者。肥胖型的人参加身体锻炼,通常希望能减肥健身,因此,在内容的选择上要有针对性。在身体无其他疾病的情况下,可选择耐力跑、长距离游泳、健美运动或按照减肥"运动处方"进行锻炼。若患有冠心病等心血管系统疾病,在锻炼时则应遵循治病为主、减肥为辅的原则,掌握好运动负荷,防止发生意外事故。这类人可多采用重复锻炼法、循环锻炼法进行锻炼。

(5)消瘦型。消瘦型指体重低于正常标准者。消瘦型的人参加身体锻炼,是希望能使身体健壮、丰满。这类人宜选择举重、体操、健美运动等项目,可采用重复锻炼法、循环锻炼法进行锻炼。

2. 根据季节进行选择

(1)春季锻炼的内容和方法。一年之计在于春。经过寒冷的冬季,身体各器官的功能与肌肉的功能都处于较低水平,肌肉、韧带也较为僵硬,所以春季进行体育锻炼,主要以加强体内的新陈代谢为主,逐渐提高各器官的机能水平。体育锻炼应以有氧代谢供能形式为主,运动强度要逐渐增加,运动形式可选择长跑、轮滑、自行车、跳绳、爬山和球类等。在春季进行体育锻炼时,要做好准备活动,充分伸展韧带,以减轻运动损伤,同时要注意增减衣物,防止感冒。

(2)夏季锻炼的内容和方法。夏季天气炎热,给体育活动带来很大不便,但如果停止锻炼又会破坏锻炼的持续性。所以,夏季一定要坚持锻炼,但在锻炼方法和时间的选择上要做到科学、合理。夏季最理想的锻炼方式是游泳,游泳不仅可以提高身体机能,而且还可以防暑解热。夏季较为理想的另一种锻炼方式是日光浴。此外,夏季供人们选择的体育锻炼项目还有慢跑、散步、太极拳、羽毛球和轮滑等。选择这些项目进行锻炼,最好在清晨或傍晚,选择空气新鲜且流通较好的场所进行,同时运动后要注意补充水分,以防身体脱水和中暑。

(3)秋季锻炼的内容和方法。秋季是体育锻炼的大好季节,可选择篮球、排球、足球、长跑、轮滑、武术和自行车等项目进行锻炼。一些冬季锻炼方式,如冬泳、冷水浴、空气浴等,也应该从此时就开始准备,以便让身体有个适应的过程。秋季进行体育锻炼时,由于天气变化无常,早晚气温较低,要注意适时增减衣服,防止感冒。另外,秋天气候干燥,锻炼前后要注意适量补充水分,以保持呼吸道的湿润。

(4)冬季锻炼的内容和方法。冬季参加体育锻炼,不仅可以提高身体健康水平,还可以提高身体的抗寒能力和对各种疾病的防御能力。冬季锻炼的内容非常丰富,一般人可进行长跑、足球、拔河、冬泳等项目,儿童、青少年可选择跳绳、踢毽子、跳橡皮筋等项目,老年人可选择慢跑、太极拳、广播体操等项目,有条件者还可选择轮滑、滑雪、滑冰等项目。冬季锻炼时,身体的惰性较大,肌肉组织容易受伤,所以锻炼前要做好充分的准备活动。运动时,最好采用鼻吸口呼或鼻吸鼻呼的方式,以防止冷空气直接刺激口腔黏膜而发生上呼吸道感染。

五、体育锻炼计划

工作、学习要有计划，健身锻炼也是这样。每个参加健身锻炼的人都应当根据自身条件、环境条件制订锻炼计划，以达到预期的锻炼效果。

（一）体育锻炼计划的制订

健身锻炼计划一般可分为年度锻炼计划、学期锻炼计划和周锻炼计划。

1. 年度锻炼计划

年度锻炼计划可按照体育课教学内容以达到《标准》某个级别为长远目标，也可以以防治某些疾病、矫正某种身体畸形或提高整体健康水平为目标。具体锻炼内容可根据年度目标而定，一般可采用健身走、健身跑、武术、健美操、矫正操等锻炼方式。

2. 学期锻炼计划

学期锻炼计划的任务和要求要根据年度锻炼计划并结合学期学习任务和季节特点而定。学期锻炼计划中的锻炼内容可从长远锻炼计划中选定。

3. 周锻炼计划

周锻炼计划内容要具体明确，如学习有关跑步、球类等基本知识、技术，发展某种身体素质，以及培养特定思想、意志品质和心理素质等应有所要求、有所落实。

（二）制订锻炼计划的注意事项

锻炼计划的制订要从个人的体质、学习、生活等实际条件出发，按照学校规定的作息时间和规章制度进行安排。

第一，每次锻炼内容的选择与确定很重要，必须切合实际，才能保证计划顺利进行。内容的确定除了个人体质、健康状况和兴趣爱好外，还要充分考虑到场地、器材和气候等因素。

第二，体育锻炼要长计划、短安排。进行体育锻炼要有一个总体设想和总的目标，根据这一总目标确定每学期的具体指标，这样便于总结提高。具体计划安排可以周锻炼计划为主，按实际情况随时进行调整，以适应不断发展的需要。在制订锻炼计划时，必须全面贯彻体育锻炼的基本原则，同时做到简单、具体、实用、重点突出。

第三，每次锻炼的安排应从锻炼者当时的身心状况出发，注意科学性。速度、灵巧性练习安排在前，力量练习安排在后；运动量小、强度小的练习安排在前，运动量大、强度大的练习安排在后；技术性练习要由简到繁，由易到难，同时还要注意上、下肢练习的搭配安排。每次锻炼时，要先做好准备活动，然后进行主要项目的练习，最后进行整理活动。

（三）一次锻炼课的计划

一次锻炼课通常分三部分进行，即准备部分、锻炼部分和结束部分。在不同的锻炼阶段，这三部分的时间划分各不相同。在早期，准备部分时间要长些，一般为10~15分钟，锻炼部分20~25分钟，结束部分5~10分钟。在中期和后期，准备部分5~10分钟，然后进入主项运动（锻炼部分），最后5分钟为整理活动。这样的一次课表现为"开始缓慢、中间爽快、终了微火的运动过程"。以健身为目的的锻炼者总运动时间为30~45分钟。各部分锻炼内容各有所侧重，并且运动负荷量的分配也不同。准备部分的作用是使机体组织"暖和"起来，使身体逐渐适应强度较大的运动，以免因心、肺等内脏器官和骨骼关节不能适应强烈运动而发生运动伤害事件，一般可采用活动强度小的步行、伸展性体操或太极拳等锻炼方式。

锻炼部分也称基本部分，其内容是运动处方的主项运动欲达到的目标。例如，耐力运动项目要达到一定的心率水平,并要求至少维持12分钟。主项运动的运动强度一般为最大能力的40%～60%,同时还要求达到一定活动范围的肌力训练,其训练强度为最大能力的80%左右。

结束部分是指在训练结束后,要使高负荷活动的机体逐渐安静下来,不要突然停止运动,因为此时血液仍大量集中于四肢,若突然停止运动,会使回心血量锐减,可能会出现"重力性休克"①,即由于每搏输出量不足,引起脑贫血而发生休克症状。这时,通常可做一些放松式体操、散步或自我按摩等运动,达到使机体逐渐恢复到安静状态的目的。

六、科学体育锻炼的方法

随着社会的发展,体育锻炼已成为当代人不可忽视的内容,国内外体育界也十分重视体育锻炼的研究。通过了解各种锻炼方法,大家根据自身素质,运用各种身体练习和自然因素来锻炼身体。具体来说,体育锻炼的方法包括各种身体锻炼,如步行、跑步、游泳和体操等。

在进行体育锻炼时应结合各种锻炼法对身体的作用来开展,以便在制订锻炼计划时有理可依,科学安排体育锻炼,最大限度地实现锻炼的目的。

(一)提高身体素质的方法

这里介绍的是最基本和常用的练习方法。它能有效地提高身体素质和人体活动能力,促进机体功能,增强体质。身体素质练习包括:力量、速度、耐力、柔韧和灵敏性的练习。其中力量、速度、耐力尤为重要。

1. 发展力量的因素和方法

在力量训练活动中,应注意以下三个因素:

(1)负荷

这里的负荷是指肌肉在单位时间内(肌肉收缩前后)能够承受的重量,而最大负荷是肌肉在单位时间内能够承受的最大重量,通常以只能重复一次的重量为最大负荷。实践证明,开始练习时以最大负荷的60%～70%进行,随着练习水平的提高,负荷量应逐渐增加。

(2)动作速度

锻炼者在进行力量训练时,应做到动作还原阶段的速度比主动用力阶段的速度慢一半。以引体向上为例,如果手臂弯曲的动作用1秒,伸展还原动作就要用2秒,这样可以使一次力量练习得到两次肌肉锻炼。

(3)训练间隔

训练间隔是指每次训练的间隔时间。实践证明,开始训练时以隔日训练为好,隔日训练的力量增长为77%,而每日进行力量训练增长只有47%;且每次练习间隔以3～5分钟为宜。

发展力量的方法包括投掷重物、举重、引体向上、双臂屈伸、俯卧撑、跳跃、负重下蹲和负重跳等。

2. 发展速度的因素和方法

在体育锻炼中,速度多涉及跑步这一运动,而影响跑步速度的因素为:步频和步长。因此,提高速度应从这两个方面入手。

(1)步频

步频取决于运动中枢兴奋与抑制的转换速度,转换速度加快,则步频相应增加,在每步跨

---

①张力为,毛志雄.运动心理学[M].2版.上海:华东师范大学出版社,2018.

度不变的情况下,速度就会提高。就运动素质发展敏感期而言,11～13岁是发展步频的最佳时期。提高步频的方法有高抬腿跑、原地高频率跑和加速跑等。

(2)步长

步长是指在跑动过程中两腿之间的跨度,可以通过对髋关节柔韧性和腿部力量的训练,来扩大关节活动幅度,锻炼腿部韧带、肌腱和肌肉等软组织的伸展性,以达到增加步长的目的。增加步长的方法包括小步跑、跨步跑、后踢跑、折返跑和斜坡跑等。

3. 发展耐力的因素及方法

耐力是使身体能在较长时间的运动状态下而不产生疲劳的能力。在进行训练时,应注意以下几个因素:

(1)心、血管的负荷量

心、血管负荷量简单来讲是指心脏、血管在收缩前后所遇到的阻力或负荷。耐力练习首先应提高心、血管的机能,在一定程度上增加心、血管系统的负荷和持续时间。在参加体育锻炼时应使负荷量达到心、血管系统最大功能的70%,并要求至少持续5分钟。

(2)运动的间隔时间

这里的间隔时间是指每次负荷之间的间歇时间,一般是以脉搏频率恢复到120～130次/分钟,再进行下次负荷练习为宜(通常需要3～4分钟)。

(3)动作速率

一般来说,进行中速运动或者是匀速跑步而脉搏保持在150次/分钟的训练对耐力的增长较为有效。发展耐力的方法包括有氧训练、无氧训练和有氧无氧混合训练。有氧训练包括匀速持续跑、越野跑、变速跑和间歇跑(机体处于不完全恢复状态下反复练习)等;无氧训练包括间歇快跑和逐渐缩短间歇时间跑等;有氧无氧混合训练包括短距离重复跑、持续接力、定时跑和中长距离跑等。个人可根据自身情况选择合适的训练方法。

4. 发展灵敏的因素和方法

身体灵敏度和以下三个因素密切相关:

(1)神经系统

神经系统的反应速度是人体灵敏与否的根本所在,可以通过信号刺激的训练提高大脑皮质的反应能力。训练方法可为一些活动性游戏,如根据特定信号改变动作方向,对快速运动目标做出迅速反应等。短跑运动员反复练习蹲踞式起跑也是一种练习反应速度的好办法。

(2)肌肉力量

肌肉力量是决定人体灵敏度的物质力量,强大的肌肉力量可使动作迅速、灵敏。

(3)运动技能的掌握

熟练的运动技能是将人体的灵敏度发挥到极致的助推器,它能够消除动作的紧张和僵硬,达到动作灵敏、协调、精确和省力。发展灵敏素质应采用多种方法练习,如体操、技巧、各种球类活动、游戏,以及一些专门的辅助性练习。技能掌握得愈多、愈熟练,动作就愈灵敏。

(二)利用自然因素锻炼的方法

自然是人类赖以生存的环境。一方面,"物竞天择,优胜劣汰"这一自然规律的支配,迫使人类经历了艰难的进化过程。但另一方面,人类也从大自然中汲取生存的养分。实际上,自然界包括许多对人体健康十分有益的因素,人们可以利用各种自然条件增进健康和增强体质。

1. 日光、空气、水对锻炼身体的作用

日光、空气和水等自然条件对人体能产生积极作用的原理为:由于机体对外界环境具有极

强的敏感性和适应性,变化了的环境作用于机体,大脑皮质立刻进行调节,从而保持机体与环境在新条件下的平衡;新的刺激又形成新的反射,从而进一步提高机体的适应能力。

2. 冷水浴对锻炼身体的作用

冷水浴是利用自然因素对身体进行锻炼的方法之一,它能提高机体对寒冷刺激的适应能力,对于预防感冒和多种其他疾病大有裨益。冷水浴水温通常为 15~20 ℃,以身体能够适应为宜。冷水浴锻炼宜从夏秋开始,每周至少练习两次,时间以早晨为好。需要指出的是,剧烈运动后及饭后不要马上进行冷水浴,同时还要注意自我感觉,如出现身体不适则暂停冷水浴锻炼。

(三)跑步锻炼的方法

跑步是一项古老的运动,它是人类最基本的生存形态之一。作为一项运动,跑步对人类健康起着不可替代的作用。开始练习跑步的体弱者,可先进行短距离慢跑,从 50 米开始,逐渐增至 100 米,200 米,甚至更多,速度一般为 30~40 秒跑 100 米。体力稍好者可进行长跑,距离从 1 000 米开始,适应后再逐步增加距离,一般可增至 3 000~5 000 米,速度为 6~8 分钟跑完 1 000 米。跑步最好早晨进行,运动量要根据跑步时每分钟最高脉搏数来掌握。

第四章 体育锻炼与保健

进入 21 世纪以来,随着我国经济社会的快速发展,人们的工作和生活方式发生改变,体育活动已经成为增强国民体质、提高健康水平最积极、最有效、最经济的生活方式之一。体育锻炼与保健也日益受到重视。

第一节 体育锻炼的医务监督

体育锻炼的医务监督就是运用医学的方法对锻炼的过程进行有效监控,使体育锻炼获得最佳效果,有效地预防运动性伤害。

一、什么是体育锻炼的医务监督?

医务监督是指以医学为内容,指导人们科学、合理地进行体育锻炼,以促进锻炼者的身体发育、预防运动性疾病、增进健康的医疗手段。

在体育锻炼中实施医务监督,可以使体育运动参加者在体育运动过程中对自己身体的健康和身体功能状况进行观察,并为科学、合理地安排体育锻炼内容和运动负荷提供重要依据和参考。

二、医务监督的内容和方法

运动中的医务监督主要包括主观感觉和客观检查两个方面。

(一)主观感觉

主观感觉包括一般感觉、运动心情、睡眠、食欲、排汗量等。人的一般感觉是人体功能状况的直接反映。科学地进行体育锻炼的人,总是精力充沛、心情愉快、睡眠正常、食欲良好。

1. 一般感觉

一是正常的感觉,主要表现为运动后疲劳消除快,功能恢复也较快,精神饱满,全身无不适的感觉;二是不良感觉,主要表现为运动后出现四肢无力、头痛、恶心、心前区和上腹部疼痛等症状,也是健康状况不良或运动量过大的表现。

2. 运动心情

健康者心情愉快,渴望训练,运动成绩也较好。如果健康状况不佳、过度训练或训练方法不当,运动时就会出现一些特殊心情,如"怕水""怕球""不想训练""厌烦训练""惧怕训练"[①]等。

3. 睡眠

睡眠情况往往可以反映训练或比赛的强度、运动量,以及赛前状态等。良好的睡眠应该是入睡快、睡得深,不做或很少做梦,睡醒后精神良好,全身有力;反之则入睡难、易醒、多梦、失眠,睡醒后仍感到疲劳而且嗜睡。

4. 食欲

健康者运动后食欲良好,进食量大。若运动后不思饮食、食量减少,并在一段时间内不能恢复正常饮食,则表明胃肠消化和吸收功能下降,可能与运动量安排不当或锻炼者身体功能和健康状况不良有关。但剧烈运动后立即进食或吃过多零食也会影响食欲,应加以区别。

5. 排汗量

由于运动时代谢水平较高,产热较多,所以排汗成为一种重要的散热方式。排汗量除了受运动量、训练程度和神经系统的功能状态等因素的影响外,还受饮水量、气、空气相对湿度和衣着等因素的影响。因此,在进行自我监督时应加以注意。在相同的外界条件下,每个人出汗的情况也不尽相同。随着训练水平的不断提高,等量运动后的排汗量应逐步减少。在条件相同的情况下,排汗量明显增加,特别是夜间睡觉大量出冷汗,表明身体极度疲劳,这也可能是身体机能紊乱的征兆,应加以注意。

(二)客观检查

客观检查包括生理指标、运动成绩和其他伤病情况。生理指标包括心率、体重和肺活量等。运动成绩包括身体素质和专项运动成绩等。

每个人在锻炼后所呈现出的各种生理反应和自我感觉都是不同的。因此,应根据自己表现出的不同状况,在综合分析的基础上,做出正确的判断,以便更科学地进行体育锻炼。

1. 心率

心率变化,特别是晨间心率的变化,对判断身体功能与健康水平有着重要的意义,而且简单易行,易于掌握。在测量过程中既要注意频率的变化,也要注意节律的变化。

健康人的心率正常值范围为 60～100 次/分钟。年龄越小,心率越快。14 岁左右的青少年,其心率为 70～80 次/分钟。在一般情况下,经常从事运动和训练水平较高的人,心率较缓。在锻炼过程中,若心率比过去减小或变化不明显,且节律齐,就表明练习者身体功能良好,有潜力。一般情况下,脉率和心率在数值上大致相同,故可用脉率估算心率。若晨脉比过去明显增大,且长期恢复不到原来的水平,就表明机体反应不良,可能是早期过度训练的表现。当晨脉每分钟增大 6 次时,20% 的人自我感觉不良;增大 12 次时,40% 的人自我感觉不良;增大 18 次时,60% 的人自我感觉不良。

如果发现脉搏跳动节律不齐或有间歇性的停跳现象,就应做具体分析。如果仅仅是间断或出现不规则的时快时慢,可能是呼吸性心律不齐的表现,是正常的生理现象。另外,还有一种期前收缩的现象,也可能发生在正常人之中。因此,当锻炼者出现这种症状时,虽不一定表示有心脏病,但应密切注意心脏功能变化。如果节律不齐,而且总不消失或反而增多,多数是功能不良的反应,应及时调整运动量,并采用检查心电图等方法查明原因,以防过度疲劳或疾病的发生。

---

①林文弨,黄治官.青少年生长发育与体育锻炼[M].北京:科学教育出版社,2020.

晨脉的测量应在早晨起床前进行,具体方法是仰卧测 30 秒的脉搏数再乘以 2,即为心率,这样误差较小。

2. 体重

在体育锻炼过程中,体重的变化有一定的规律。锻炼初期,由于体内储存的脂肪和多余的水分被消耗掉而引起体重下降。经过一个时期的锻炼后,体重开始恢复,并逐步增大,直到保持在相应的水平上。若在训练中体重出现"进行性下降"[①]的现象,则可能是由于过度疲劳、营养不良或不足,以及患慢性消耗性疾病(如肺结核、淋巴结核等)所致。在进行自我监督时,可定期(一周或半月)进行测定。每次测定一般应安排在每天的同一个时间,如早晨。

3. 肺活量

肺活量的变化在一定程度上可以说明呼吸功能的情况。呼吸功能良好时,肺活量增大或维持在较高水平。呼吸功能不良时,肺活量可能持续下降。

4. 运动成绩

科学的训练能使运动成绩逐步上升或处于较高水平。如果照常训练而成绩却停滞不前或者下降,动作也变得不协调,甚至连已经熟练掌握的动作也不能完成了,这很可能是身体功能状态不良或早期过度训练的表现。

在自我监督的客观检查中。除上述指标以外,还可酌情定期测握力、呼吸频率,以及其他生理指标。

自我医务监督可按表 4-1 进行。

表 4-1　　　　　　　　自我医务监督表

类别	内容	反应			备注
自觉状态	一般感觉	正常	一般	较差	
	运动心情	正常	一般	较差	
	睡眠	正常	一般	较差	
	食欲	正常	一般	较差	
	排汗情况	正常	较多	虚汗	
	尿便情况	正常		混稀	
生理指标	脉搏/(次·分$^{-1}$)	有规律/(次·分$^{-1}$)		不规律/(次·分$^{-1}$)	
	体重/千克	增大	保持	减轻	
	肺活量/毫升	增大	保持	减轻	
运动成绩	素质成绩	增加	保持	下降	
	专项成绩	增加	保持	下降	
其他	伤病情况	(记录伤病原因和程度)			

系班:　　　　　姓名:　　　　　日期:

第二节　运动中常见的生理反应及其处理

世界卫生组织指出,适量规律的体育锻炼有以下好处:强健筋骨、肌肉和关节;有效控制体

[①] 杨文轩,陈琦.体育概论[M].3 版.北京:高等教育出版社,2023.

重;减小患心脑血管病、高血压、直肠癌、2型糖尿病的概率;预防和减少骨质疏松的发生;促进心理健康,减少抑郁症、强迫症和孤独感的发生;帮助青少年预防和控制不良习惯,远离烟草、酒精、药品滥用及不健康的饮食习惯。

在体育锻炼过程中,人体的生理平衡会受到暂时性破坏,出现某些生理反应,这种反应被称为"运动生理反应"。以下简要介绍运动中常见的生理反应及其处理办法。

一、运动后延迟性肌肉酸痛

刚开始从事运动的人或是很长一段时间没有运动的人,一旦运动,常会有肌肉酸痛或紧绷的感觉。在运动后数小时内所产生的急性肌肉酸痛被认为与运动肌群缺乏血流量(氧含量)及肌肉疲劳有关。

另外,在运动后24小时出现的肌肉酸痛或肌肉僵硬的现象被称为延迟性肌肉酸痛(DOMS)。这种延迟性肌肉酸痛最常见于开始一个新的锻炼计划,或改变日常活动计划,或大幅度地增加持续时间和强度的运动。其特点是在运动后24～72小时酸痛达到顶点,5～7天后疼痛基本消失。延迟性肌肉酸痛是对平时肌肉不用力的一种正常反应,是一个适应的过程,将导致肌肉的恢复及肌纤维的增粗,会产生更强的耐力和力量。

(一)原因和症状

延迟性肌肉酸痛是由细小肌肉纤维撕裂导致的。撕裂的数量和疼痛取决于运动的强度、时间,以及运动类型。进行不熟悉的运动项目可能导致延迟性肌肉酸痛,肌肉在增大长度时的剧烈收缩也会导致肌肉酸痛。

引起肌肉强烈收缩的运动包括下楼跑、下坡跑、降低重心和下蹲的运动及俯卧撑。这些运动会导致小肌肉撕裂,撕裂部位与肌肉肿胀还会共同引起肌肉酸痛。

(二)处理

减轻和治疗延迟性肌肉酸痛的最好方法就是把预防放在第一位。

1. 运动恢复

有关研究表明,低强度的有氧运动可增加血液流量,减轻肌肉酸痛。在剧烈运动或比赛后,可采用低强度的有氧运动帮助肌肉放松。

在体育比赛或高强度运动后,完全休息是恢复的最好方法。然而,研究也发现了通过运动恢复的一些优势。运动恢复有两种形式:一是在剧烈运动后立即放松,二是在比赛和高强度运动后的第二天从事低强度运动。

2. 休息和恢复

在没有任何特殊处理的情况下,疼痛通常会在3～7天消失。运动后保证足够的休息是必要的,以便身体肌肉组织尽快恢复、重建和加强。恢复时间对于任何训练计划都很重要,因为这个时间是身体适应训练和产生真实训练效果的时间。

3. 按摩

按摩能够帮助减轻肌肉疼痛和肿胀,而且不会影响肌肉的功能。治疗型的按摩可治疗软组织疼痛和伤害。按摩有助于改善肌肉的灵活性,增大关节活动范围,减少肌肉僵硬,有助于改善按摩区的血液流动,提高肌肉温度。此外,按摩还有助于减少焦虑、改善情绪。

4. 使用RICE方法

RICE方法,即采用休息、冰敷、压迫和抬高伤肢的方法。如果运动中遭受扭伤、肌肉拉伤或撕裂等损伤,可采用RICE方法缓解疼痛、限制肿胀和保护受伤的软组织。

其他的治疗方法还有进行温和的拉伸练习、采用药物治疗、练习瑜伽等,但最重要的还是以预防为主。

(三)预防

1. 减慢过程

最重要的预防方法是逐渐增加运动的时间和强度。太快增加运动强度、时间是运动损伤的一个常见原因,健康专家建议新手和专业运动员采取"10%的原则"避免运动损伤和肌肉酸痛。这条指导原则说明增加的活动每周不应超过10%,包括锻炼的距离、强度、重量和时间,设置每周训练强度的增加量上限。例如,如果一个人每周跑20千米,他还想增加跑步的距离,那么在下周应遵循10%的原则,增加2千米的距离。如果一个人举重为50千克,想增加举重的重量,那么在下一周应遵循10%的原则,增加5千克的重量。一个开始运动的人,若觉得增加10%负荷量太大,则可以每周增加5%;对于其他人,10%可能太少,若不能确定能力,则只需相应地增加运动。

2. 热身活动

适当的热身活动可以增加流向运动的肌肉的血液量,从而减少肌肉僵硬,降低受伤的风险,提高运动表现。此外,热身活动还为机体的生理和心理方面做好了运动的准备。典型的热身活动还有专项准备活动。例如,对于跑步的人而言,慢跑一会,并做几个冲刺型的动作来动员所有的肌纤维。以缓慢平稳的方式添加非专项的动作,如健美操或柔韧性练习。球类项目运动员经常使用无球练习或球感练习作为他们的热身活动。

拉伸肌肉最好安排在增加血液流量的运动之后。增加血液流量可使肌肉温度提高,这样可避免受伤。天冷时拉伸肌肉会增加受伤的风险。因此,最好在拉伸之前做有氧运动。运动之后做些拉伸练习可以使肌肉变软。

3. 放松活动

运动后应以温和的伸展运动放松。伸展运动是提高体能和健康的基本方式。伸展运动可以促进循环,扩大运动范围,改善身体姿态,减少关节僵硬,减小肌肉张力,使机体放松。

在进行伸展练习时,应注意以下几点:①均匀地拉伸身体两侧的肌肉,不要只拉伸一边而不拉伸另一边;②避免过度伸展,不要有疼痛或不适感,以感到轻微的紧张感为佳;③慢慢地均匀地拉伸肌肉,保持姿势约15秒,同时也要慢慢地释放;④拉伸的时候不要反弹或猛拉,否则会因超出肌肉的能力而发生损伤,拉伸应该流畅和缓慢;⑤练习时应放松,深呼吸是放松的关键,在拉伸时不要屏住呼吸。

二、运动中腹痛

运动中腹痛泛指在运动过程中或运动结束时产生的腹部疼痛。

(一)病因

一般引起腹痛的原因,大体可分为两类:一类是由于腹内脏器病变所致,另一类是由于腹腔以外脏器或全身性病变所致。由腹内脏器病变引起腹痛者,又可分为器质性和功能性两种。

1. 胃肠痉挛

胃肠痉挛引起的腹痛,轻者为钝痛、胀痛,重者则可为阵发性绞痛。饭后过早参加运动,运动前吃得过饱、喝水过多、喝冷饮过多或空腹锻炼引起胃酸或冷空气对胃的刺激等,都会引起胃痉挛,其疼痛部位在上腹部。运动前吃了产气或不易消化的食物,如豆类、薯类、牛肉等,腹部受凉或蛔虫刺激等,均可引起肠痉挛,其疼痛部位多在肚脐周围。宿便刺激也可引起肠痉挛,其疼痛部位在左下腹部。

2. 肝脾瘀血

肝脾瘀血肿胀,增大肝脾被膜的张力,使被膜上的神经受到牵扯,因而产生疼痛。肝痛在右季肋部,脾痛在左季肋部,疼痛性质为胀痛或牵扯痛。发生肝脾瘀血的原因可能是准备活动不够或开始运动时速度过快。当内脏器官的功能还没提高到应有的活动水平,就加大运动强度,特别是心肌力量较弱时,心脏搏动无力,会影响静脉血的回流,致使下腔静脉压力上升,肝静脉回流受阻,从而引起肝脾瘀血肿胀。此外,剧烈运动时,会破坏均匀、有节奏的呼吸,引起呼吸肌疲劳或痉挛;膈肌疲劳后会减弱对肝的"按摩"作用,同时由于呼吸短浅,胸膜腔内压增大,会影响下腔静脉血的回流,这些都可使肝脾发生瘀血肿胀。

3. 腹直肌痉挛

夏季进行剧烈运动时,大量排汗,盐分缺失,会使水盐代谢发生紊乱,加上疲劳,可引起腹直肌痉挛。这种腹痛多发生在运动后期,疼痛部位比较表浅。

4. 髂腰肌血肿

在剧烈运动时,由于髂腰肌拉伤,会产生血肿而引起腹痛。

5. 腹部慢性疾病

慢性肝炎、溃疡病或慢性阑尾炎患者参加剧烈运动时,病变部位受到牵扯、震动等刺激,会产生疼痛。这种疼痛的部位同病变的部位一致。

(二)征象

运动中腹痛的部位一般与有关脏器的解剖部位有关。腹部可分为上、中、下三部分或左、中、右三部分。右上腹痛者,多为肝瘀血、胆囊炎、胆石症等;中上腹痛者,多为胃痉挛、十二指肠溃疡、急性胰腺炎等;左上腹痛者,多为脾瘀血;腹中部痛者,多为肠痉挛、肠套叠或蛔虫症等;右下腹痛者,多为阑尾炎、右髂腰肌血肿;左下腹痛者,多为由宿便刺激引起的肠痉挛或左髂腰肌血肿;腹直肌痉挛多在相应的部位疼痛,且比较表浅。但是,有的疾病在发病初期其疼痛部位并不一定与病变部位完全一致,如急性阑尾炎早期的疼痛部位多在上腹部或脐周围。也有些疾病虽然表现为急性腹痛,但病变部位却在腹外器官,如急性心肌梗死、大叶性肺炎等。

(三)处理

运动中发生腹痛时,一般只要降低跑速、加深呼吸以调整呼吸与运动的节奏,按压疼痛部位或弯着腰跑一段距离等,疼痛即可减轻或消失。如疼痛仍不减轻,甚至反而加重,就应停止运动,并做进一步的鉴别诊断和处理。若是由胃肠痉挛引起的腹痛,可用指掐、点、揉内关、足三里、大肠俞等穴位;若是腹直肌痉挛,则可进行局部按摩,或采用背伸动作拉长腹肌。如果上述措施均不见效,就应尽快就医进行诊断和处理。

(四)预防

合理安排膳食,运动前避免吃得过饱或饮水过多,饭后 1.5~2.0 小时才可进行剧烈运动,并在运动前做好充分的准备活动。运动时要坚持循序渐进的原则,并注意呼吸与动作之间的节奏配合。夏季运动要适当补充盐分。各种腹部脏器的慢性疾病应及早就医、彻底治疗,在疾病未愈之前暂停训练,或只参加一些力所能及的活动。

三、运动性贫血

贫血可由各种原因引起,它不是独立的疾病,而是一种症状。

(一)病因

运动员在训练过程中如果生理负担量过大,也会导致贫血,这种贫血称为运动性贫血。其类型多为缺铁性贫血,少数为溶血性贫血,个别为混合型贫血。从发生率看,女性高于男性,年龄小的运动员高于年龄大的运动员。血红蛋白是红细胞的主要成分,正常人血红蛋白的浓度和红细胞的数量密切相关。在一般情况下,血液中红细胞数量越多,血红蛋白浓度就越高。我国成年健康男性血红蛋白浓度为120~160克/升,成年健康女性为110~150克/升。成熟红细胞的寿命约120天,机体在正常情况下每天都有一定数量的红细胞在新生和衰亡,二者之间维持着动态平衡,使血液中红细胞与血红蛋白的数量保持在相对稳定的水平上。一旦这种平衡受到某些因素的破坏,即可引起贫血。由于血红蛋白减少,血液输送氧的功能不足,以致全身各器官、组织缺氧,从而引起各种临床症状。

(二)征象

运动性贫血发病缓慢,主要表现为头晕、乏力、易倦、记忆力下降、食欲变差等症状。运动时症状较明显,常伴有气喘、心悸等症状,主要的体征为皮肤和黏膜苍白,心率较快,心尖区可听到收缩期吹风样杂音等。症状的轻重程度与血红蛋白的数量多少及运动负荷的大小有密切关系。血液检查时,血红蛋白的含量减少,男性低于120克/升,女性低于110克/升,这是诊断本病的标准。

(三)处理

适当减少运动量,必要时应停止训练,改善营养,尤其是补充富有蛋白质和铁的食物。口服硫酸亚铁片剂,每日3次,每次0.3克,饭后服用,这对治疗缺铁性贫血有明显效果,并同时服用维生素C和胃蛋白酶合剂,以利于铁的吸收。也有人采用中西药结合的方法来治疗运动性贫血,也有较好的疗效。由其他原因引起的贫血则应及时查明原因,对症治疗。

(四)预防

合理安排运动量和运动强度,遵守循序渐进和个别对待的原则。多食含蛋白质丰富的食物,克服偏食习惯。对大运动量训练的运动员可进行预防性补铁,建立合理的膳食制度,使运动与进食之间有一定的间隔时间。

四、运动性昏厥

在运动中或运动后由于脑部一时性血供不足或血液中化学物质的变化引起突发性、短暂性意识丧失、肌张力消失并伴有跌倒的现象称为运动性昏厥。

(一)病因

运动性昏厥是由于供应给大脑的血液和氧减少引起的。昏厥是一种临时的意识丧失,通常持续不到1分钟。运动性昏厥有各种因素的影响,如严重的脱水、低血糖或高温。此外,在运动中晕倒也常常跟血液循环受到影响有关。

(二)症状

运动性昏厥多表现为头昏、眼花、面色苍白、全身乏力、出冷汗,进而出现意识丧失和瞳孔缩小。一般数秒内便可恢复,少数人在数小时后清醒,其他异常体征不明显。

(三)处理

病情较轻者,只要保持安静,取平卧位,注意保暖,并予以必要的对症处理,口服镇静剂,吃容易消化的食物等即可缓解;对心功能不全的患者,应保持安静,取端坐位,给患者吸氧及点掐内关、足三里穴;对昏厥者可加点人中、百会、涌泉等穴,并保持呼吸道通畅;若患者发生呼吸、心搏骤停,必须立即就地做人工呼吸和胸外心脏按压,同时速请医生做进一步处理。

(四)预防

预防昏厥,首先要加强体育锻炼,提高身体素质和机能水平。其次,在训练和比赛中,应结合身体实际情况量力而行。患病期间,可暂停训练,积极治疗并注意休息。伤病初愈者,要注意逐渐增加运动量。凡在重大比赛和大强度训练前均应做全面深入的体格检查。有高血压病史、心血管系统疾病史的患者或有家族病史的患者应禁止参加剧烈运动和比赛。此外,饭后要休息2~3小时再进行运动和比赛。

■ 五、肌肉痉挛

肌肉痉挛(俗称抽筋)是指肌肉不自主强直收缩。在体育运动中最易发生痉挛的肌肉是小腿腓肠肌,其次是足底的拇长屈肌和趾长屈肌。

(一)病因

1. 大量排汗

进行剧烈运动时(尤其是夏天),由于大量排汗,失水、失盐严重,体内电解质的平衡发生紊乱,体内氯化钠的含量过低,引起肌肉神经的兴奋性增高而发生肌肉痉挛。

2. 肌肉收缩失调

在运动中,由于肌肉快速地连续收缩,放松的时间太短,导致肌肉收缩与放松的协调交替关系发生破坏。特别是局部肌肉处于疲劳状态时,更易发生肌肉痉挛。

3. 寒冷的刺激

在寒冷的环境下进行体育活动时,若未做准备活动或准备活动不充分,肌肉受到寒冷的刺激常可引起肌肉痉挛。此外,局部肌肉疲劳或有微细损伤时,也可引起肌肉痉挛。

(二)征象

肌肉发生痉挛时,局部肌肉坚硬或隆起,剧烈疼痛,且一时不易缓解。

(三)处理

牵引痉挛的肌肉,几分钟即可缓解。例如,腓肠肌痉挛时,先让患者平坐或仰卧,伸直膝关节。牵引者双手握住患者足部并抵于牵引者的腹部,利用牵引者躯干前倾的适度力量,将患足缓慢地背伸;若拇长屈肌、趾长屈肌痉挛,用力将足和足趾背伸,但切忌使用暴力。此外,可配合局部按摩,如重推、点穴(承山、涌泉、委中等),以使痉挛得到缓解。

(四)预防

运动前应做好充分的准备活动。容易发生痉挛的肌肉可事先做适当按摩。冬季户外锻炼时要注意保暖,夏季进行剧烈运动时应注意补充盐分、水及维生素B等。游泳前要先用冷水淋湿全身,以提高机体对冷水刺激的适应能力。若水温较低,游泳的时间不宜太长,更不要在水中停止活动。若发生腓肠肌痉挛,切勿惊慌失措,可采用仰泳,一手划水,用患足对侧的手握住患侧足趾,用力将患肢的踝关节背伸;若无效或两侧腓肠肌同时痉挛,应立即呼救。

六、极点与第二次呼吸

在进行剧烈运动时,由于在运动开始阶段内脏器官的机能增强不能满足运动器官的需要,人体往往会有一种非常难受的感觉,此时会有呼吸困难、肌肉酸疼、动作迟缓、精神低落等感觉,在运动生理学中,这种现象被称为"极点"。例如,在中长跑时,能量消耗大,下肢回流血量减少,氧债不断积累到一定程度,就会出现呼吸急促、胸闷难忍、下肢沉重、动作不协调,甚至恶心的现象,这就出现了"极点"。

(一)极点

"极点"的产生主要是由于内脏器官的惰性造成的。因为人体从相对安静状态转到剧烈运动时,四肢肌肉能迅速适应,进入工作状态,而内脏器官,如呼吸、循环系统等却不能很快发挥其最高的机能水平,就会造成体内缺氧,大量的乳酸和二氧化碳积聚,使神经系统的协调遭到暂时破坏,表现为"极点"的产生。"极点"是一种正常的生理现象,与训练水平、运动前的准备活动有关。经常参加锻炼的人,"极点"出现得晚,持续时间短,身体反应也较轻;而很少运动者"极点"出现得早,且持续时间长,表现得也较重。

(二)第二次呼吸

当运动中出现"极点"现象时,千万不要因此而停止运动,应适当地减慢运动速度,保持冷静并有意识地进行深长的呼气,坚持下去,上述生理反应将逐渐缓解并消失,随后机能得到改善,氧供应增加,运动能力得到提高,动作变得协调有力。这种现象,标志着"极点"已经有所克服,生理过程出现新的平衡,运动生理学上称为第二次呼吸。第二次呼吸出现以后,循环机能将稳定在较高的水平上。

极点与第二次呼吸是长跑运动中常见的生理现象,无须疑虑和恐惧,只要坚持经常锻炼和处理得当,极点是可以延缓和减轻的。

七、运动中暑

在较高的温度下,长时间进行体育锻炼易引发中暑。尤其在温度高、通风不良的条件下,头部缺乏保护,被烈日直接照射会更容易中暑。

(一)征象

中暑早期会出现头晕、头痛、呕吐现象,后逐步发展为体温升高、皮肤干燥,严重者可出现精神失常、虚脱、抽搐、心律失常和血压下降,甚至昏迷。

(二)处理

降温消暑:将患者扶到阴凉通风处休息,使其平卧,头部抬高,解开衣领。如果患者神志清醒,并无恶心、呕吐症状,可饮用含盐的清凉饮料、茶水或绿豆汤等,并补充生理盐水或葡萄糖等,以起到降温和补充血容量的作用。

人工散热:可采用电风扇吹风等散热方法,但不能直接对着患者吹风,防止造成其感冒。

冰敷:可在头部、腋下或腹股沟等大血管处放置冰袋(用冰块、冰棍或冰激凌等放入塑料袋内,封严密即可),并可用冷水或30%酒精擦浴直到皮肤发红。每10~15分钟测量1次体温。

严重患者,经临时处理后,应迅速送医院治疗。

（三）预防

在高温炎热的季节进行锻炼时，应适当减少运动量和运动的时间，避免在烈日下长时间锻炼。夏天在室外锻炼时，应戴白色的凉帽，穿宽敞透气的衣服。在室内锻炼时，应保持良好的通风并备有低糖的饮料。

八、运动无法忍受度

运动中的运动量和运动强度应该保持在安全的范围内，可根据运动时的心率是否超出个人的目标范围来判断运动强度。体适能较差或高危人群，运动时如果超出了目标范围是不安全的。一些生理的信号可以告知是否超出功能上的极限，这就是运动无法忍受度。当出现运动无法忍受时，会出现心跳过速或不规则、呼吸困难、恶心、呕吐、头痛、晕眩、不正常的脸色发红或发白、极端疲惫、全身无力、发抖、肌肉酸痛、肌肉痉挛，以及胸部憋闷等症状。因此，运动时要学会观察身体的反应，一旦发现以上症状，应立刻停止运动。如果想继续运动，一定要检查后再决定是否继续运动。

恢复心跳数可作为过度劳累的指标。从某种程度上说，恢复心跳数与体适能水平有关。运动后5分钟，心率应低于120次/分钟，否则表示运动过度或有其他心脏方面的问题。若降低运动强度或缩短运动的持续时间，运动后5分钟的心率仍有过快的现象，则应及时就医。

第三节　常见运动损伤的预防与处理

在体育运动中所发生的损伤，统称为运动损伤。了解运动损伤的分类、发生原因及防治，有利于改善运动条件，使体育锻炼更好地起到促进身心健康的效果。

一、产生运动损伤的原因

造成运动损伤的原因是多方面的，它既与锻炼者的运动基础、体质水平有关，也与运动项目的特点、技术难度，以及运动环境等外部因素有关。主要原因有以下几方面：

第一，思想麻痹大意。这是所有运动损伤因素中最主要的因素。其中包括对预防损伤的意义认识不足，运动前不检查器械，预防措施不得力，争强好胜，常在盲目和冒失的运动中受伤。

第二，准备活动不充分。运动前不做准备活动或准备活动不充分，特别是缺乏有针对性的准备活动，使运动器官和内脏器官功能没有达到运动状态而造成损伤。

第三，缺乏运动经验与自我保护能力。部分学生在运动时，常出现犹豫、恐惧及过分紧张，进而造成损伤事故。更多学生是由于缺乏运动经验和自我保护能力而致伤。例如，摔倒时用肘部或直臂撑地，造成尺（或桡）骨或肘关节损伤。

第四，技术动作上的缺点和错误。技术动作违反人体生理解剖结构的特点和各器官系统功能活动的规律，以及运动时的力学原理，也易引起运动损伤的发生。例如，排球传球时，由于手形不正确引起手指扭挫伤。

第五，纪律松懈或组织不严密。个别学生纪律松懈，特别是在场地狭窄、人员拥挤的地方任意冲撞，造成伤害事故。有的则因组织方法不当致伤。

第六,运动环境不好。运动场地高低不平,器械安装不坚固或年久失修,又缺乏保护措施,运动时的服装和鞋袜不符合体育卫生要求,空气污浊、噪声过大、光线暗淡、气温过高或过低等,都能成为致伤的原因。

第七,身体状况不佳。在睡眠不足、休息不好、患病、带伤和伤病初愈阶段,以及疲劳和营养状况不良时,人的生理功能和运动能力相对下降。在这种情况下参加剧烈的运动,常常会因肌肉的力量较弱、反应较迟钝和身体协调能力较差等因素导致损伤的发生。

二、运动损伤的分类

运动损伤的分类方法较多,常用的有以下几种:

第一,按损伤组织的种类,可分为肌肉肌腱损伤、滑囊损伤、关节囊和韧带损伤、骨折、关节脱位、内脏损伤、脑震荡和神经损伤等。

第二,按有无伤口与外界相通,可分为开放性损伤和闭合性损伤。伤部皮肤或黏膜破裂,创口与外界相通,有组织液渗出或血液自伤口流出,称为开放性损伤,如擦伤和刺伤等。伤部皮肤或黏膜完整,无伤口与外界相通,损伤后的出血积聚在组织内,称为闭合性损伤,如肌肉拉伤和关节韧带损伤等。

第三,按发病的缓急,可分为急性损伤和慢性损伤。瞬间遭受直接或间接暴力而造成的损伤,称为急性损伤,其发病急,症状骤起,病程短。因局部长期负担过度,由反复微细损伤积累而成的损伤,称为慢性损伤,其发病缓慢,症状渐起,病程较长。此外,还可因急性损伤处理不当或过早运动而转变为慢性损伤。

三、如何预防运动损伤?

第一,加强运动安全教育。克服麻痹思想,提高预防损伤的意识。

第二,认真做好准备活动。对可能发生运动损伤的关节和易伤部位,要及时做好预防措施。

第三,合理安排运动量。做练习时防止局部运动器官负担过重。

第四,加强保护与帮助。在加强同伴间的相互保护与帮助的同时,特别要加强和提高自我保护能力。例如,摔倒时立即屈肘、低头、团身滚动,由高处跳下时用前脚掌着地,同时屈膝缓冲等。

第五,加强医务监督,提高自我保健意识。

四、常见运动损伤的处理方法

在运动过程中常出现运动损伤,常见的运动损伤处理方法如下:

(一)出血

出血是运动损伤中较常见的一种,可分为外出血和内出血两类。其中外出血分为动脉出血、静脉出血和毛细血管出血三种,可从出血的颜色和出血的情形做出判断。动脉出血呈喷射状,血色鲜红;静脉出血漫涌而出,血色暗红;毛细血管出血为缓慢渗出。

一般成人的血液总量为 4 000~5 000 mL。若急性大出血达到全身总血量的 20%,即可出现面色苍白、头晕乏力、口渴等急性贫血的症状;若出血量超过全身总血量的 30%,将危及生命。因此,对外出血的伤员,尤其是大动脉的出血,必须立即止血;对疑有内脏或颅内出血的伤员,应尽快送医院处理。

止血的方法一般有以下三种：

1. 冷敷法

常用于急性闭合性软组织损伤，最简便的方法是用冷水冲洗或用冷毛巾敷于伤处，有条件的可使用氯化烷喷射。

2. 抬高伤肢法

用于四肢出血，抬高伤肢，使伤处血压降低，血流量减少，以达到减少出血的目的。

3. 压迫法

压迫法包括指压法、绷带加压包扎法和止血带法。

（1）指压法

用手指指腹压在出血动脉近心端相应的骨面上，以阻断血液的流动来达到止血的效果。这种止血方法常用于动脉出血，操作简便，止血迅速，是一种临时性止血的好方法。

现将身体不同部位出血的动脉管压迫方法介绍如下：

①额部、颞部出血：一手扶住伤员的头并将其固定，用另一手的拇指在耳屏前上方一指宽处摸到颞浅动脉搏动后，将该动脉压迫在颞骨上，可止同侧额部、颞部出血。

②眼以下面部出血：在下颌角前约1.5 cm处摸到颌外动脉搏动后，用拇指将该动脉压迫在下颌骨上，可止同侧面部出血。

③肩部和上臂部出血：在锁骨上窝内1/3处摸到锁骨下动脉搏动后，用拇指把该血管压迫在第一肋骨上，可止同侧肩、腋部及上臂出血。

④前臂和手出血：将伤臂稍外展、外旋，在肱二头肌内缘中点处摸到肱动脉搏动后，用拇指或食、中、无名三指将该动脉压迫在肱骨上，可止同侧前臂和手部出血。

⑤大腿和小腿出血：使伤员仰卧，患腿稍外展、外旋，在腹股沟中点稍下方摸到股动脉搏动后，用双手拇指重叠（或掌根）把该动脉压迫在耻骨上，可止同侧下肢出血。

⑥足部出血：在踝关节背侧，于胫骨远端摸到胫前动脉搏动后，把该动脉压迫在胫骨上；在内踝后方，将胫后动脉压迫在胫骨上，可止足部出血。

（2）绷带加压包扎法

用数层无菌敷料覆盖伤口，再用绷带加压包扎，以压住出血的血管而达到止血的效果，同时抬高伤肢。适用于小动脉、小静脉和毛细血管的止血。

（3）止血带法

用胶管或用绳子之类（宽布条、三角巾和毛巾均可）绑扎在伤口的近心端。较大的肢体动脉出血，为运送伤员方便起见应上止血带。若上肢出血，止血带应结扎在上臂的上1/3处，禁止扎在中段，避免损伤桡神经；若下肢出血，止血带扎在大腿的中部。

需注意的是：上止血带前，先要将伤肢抬高，尽量使静脉血回流，并用软织敷料垫好局部，然后再扎止血带，以止血带远端肢体动脉刚刚摸不到为度。扎上止血带后，每隔0.5～1.0小时必须放松一次，放松3～5分钟后再扎上，以防组织长时间缺氧而坏死，放松止血带时可暂用指压法止血。

（二）软组织损伤

软组织是指人体的皮肤、皮下组织、肌肉、肌腱、韧带、关节囊、滑膜囊、神经和血管等。这些组织在受到外力作用下，发生机能或结构的异常，称为软组织损伤。软组织损伤分为开放性损伤和闭合性损伤两类。前者有擦伤和撕裂伤等，后者有挫伤和肌肉拉伤等。

1. 擦伤

擦伤是运动中最常发生的一种损伤,多发生于对抗性项目活动及摔倒等意外情况。

(1)主要症状

皮肤被擦破出血或有组织液渗出,有一定的伤口。

(2)处理方法

小面积轻度擦伤,伤口干净,只需涂抹一些红药水清洗伤口后,再覆盖消毒布,然后用纱布包扎即可。

2. 撕裂伤

在剧烈运动或受到突然强烈撞击时,会造成肌肉撕裂,常见有眉际撕裂等。

(1)主要症状

伤口周围多不整齐,常常伴有周围软组织的损伤。

(2)处理方法

轻度伤用红药水涂抹即可;裂口大时则需止血和缝合伤口,必要时注射破伤风抗毒血清,以防感染。

3. 挫伤

挫伤又称"撞伤",是由于皮肤受钝器打击或直接与硬物碰撞而引起的损伤。它分为单纯性挫伤和混合性挫伤。前者是指皮肤和皮下组织的挫伤;后者是指在皮肤和皮下组织挫伤的同时,还合并其他组织器官的损伤(如腹部挫伤可能会伴有内脏器官的破裂)。挫伤多发生在大腿、小腿、腹部及头部等部位。

(1)主要症状

单纯性挫伤表现为局部疼痛、肿胀、瘀血、压痛和运动功能障碍。内脏器官损伤时,则出现头昏、脸色苍白、心慌气短、出虚汗、四肢发凉、烦躁不安,甚至休克。

(2)处理方法

单纯性挫伤在 24 小时内冷敷或加压包扎,抬高患肢或外敷中药。24 小时后可进行热敷、按摩和理疗。进入恢复期可进行一些功能性锻炼。混合性挫伤并出现休克的伤员,经急救处理后,应尽快送医院检查和治疗。

4. 肌肉拉伤

肌肉主动强烈收缩或被动过度拉长所造成的肌肉微细损伤、肌肉部分撕裂或完全断裂,称为肌肉拉伤。这是最常见的运动损伤之一,在引体向上和仰卧起坐练习时容易发生。

(1)主要症状

肌肉拉伤后,伤处疼痛、肿胀、压痛,肌肉紧张或痉挛,触之发硬。肌肉严重拉伤时,患者可感到或听到断裂声,疼痛和肿胀明显,皮下瘀血显著,运动功能出现严重障碍,肌肉出现收缩畸形。肌纤维部分断裂时,伤处可摸到凹陷;肌腹中间完全断裂时,出现"双驼峰"畸形;一端完全断裂时,肌肉收缩成"球状"畸形。

(2)处理方法

轻者可即刻冷敷,局部加压包扎,抬高患肢。24 小时后可实施按摩或理疗。肌肉部分或完全断裂者,加压包扎后,立即送医院做手术缝合。

(三)关节韧带损伤

关节韧带损伤是指关节受外力异常扭转而造成的韧带损伤及关节附近其他软组织结构的损伤。在体育运动中以腰部关节、肩关节、髌骨和踝关节的损伤最为常见。例如,跳水时因两腿后摆过大,造成腰部关节扭伤;投掷、扣球和大力发球时,常出现肩关节扭伤;跳高、跳远时由于踏跳不合理或摔倒受到撞击,会导致髌骨损伤;由高处跳下时,失去平衡,会使踝关节过度内翻或外翻致使踝关节扭伤。

1. 主要症状

一般表现为压痛、疼痛,急性肿胀和皮下瘀血,关节功能发生障碍等。

2. 处理方法

一般性扭伤在 24 小时内可采用冷敷,必要时加压包扎,24 小时后采用理疗、按摩和针灸治疗,待疼痛减轻后可增加功能性练习。发生急性腰部损伤,如果出现剧烈疼痛,不可轻易扶动,应让患者平卧,并用担架送医院诊治。处理后,应卧硬板床(或在腰部下面垫一枕头),使肌肉韧带处于放松状态。

(四)关节脱位

在体育运动中,因受外力作用,使关节失去正常的连接关系,叫关节脱位,又称脱臼。关节脱位可分完全性脱位和半脱位(又称错位)两种,以肩、肘关节脱位较为常见。严重的关节脱位,伴有关节囊损伤。

1. 主要症状

常出现畸形,即刻发生剧烈疼痛和明显压痛,关节周围显著肿胀,严重时出现休克。

2. 处理办法

用夹板或三角巾固定伤肢,并尽快护送医院治疗。如没有整复技术和经验,切不可随意做复位动作,以免加重伤情。

(五)骨折

骨折是指骨的完整性和连续性在外力的作用下遭到破坏的一种损伤。常见的骨折有肱骨骨折、尺(桡)骨骨折、手指骨折、小腿骨折和肋骨骨折等。

运动中有身体某部位受到直接或间接的暴力打击时,可造成骨折。例如,摔倒时,手臂直接撑地,可引起尺骨或桡骨骨折等。

1. 主要症状

患处出现肿胀,疼痛难忍,肢体失去正常功能,肌肉产生痉挛,骨折部位可见到畸形。严重骨折伴有出血、神经损伤和发热,乃至发生休克等症状。

2. 处理办法

一旦出现骨折后,暂勿随意移动患肢,应先用夹板或其他代用品固定伤肢。如出现休克,应先施行人工呼吸。若伴有伤口出血,应同时施行止血,并及时护送医院治疗。

(六)脑震荡

脑震荡是指头部受到外力打击后,脑神经细胞和神经纤维普遍受到震荡后所引起的意识和功能的一般性障碍。脑震荡的常见原因是摔倒时头部着地、头部受到外力打击等。

1. 主要症状

伤后即刻发生意识丧失、呼吸表浅、脉搏缓慢、肌肉松弛,瞳孔稍放大但左右对称;清醒后,常伴有头晕、头痛、恶心或呕吐、失眠、耳鸣和记忆力减退等。

2. 处理方法

立即让患者平卧,不可坐起或立起,头部冷敷,注意保暖。对昏迷者可用手指点人中、内关等穴或嗅闻氨水。呼吸障碍者,可施行人工呼吸,并立即送医院诊治。患者在恢复期,要保持环境安静,卧床休息,直至头痛、头晕症状消失。切忌过早地参加体育运动和脑力劳动。

(七)溺水

溺水是指被水淹的人由于呼吸道遇水刺激发生痉挛,收缩梗阻,造成窒息和缺氧。如果时间稍长,就会因缺氧而危及生命。

1. 主要症状

窒息后,脸色苍白、眼睛充血、口鼻充满泡沫、四肢冰冷、神志昏迷、胃腹满水鼓起,直至呼吸、心跳停止。

2. 处理方法

将溺水者救上岸后,应立即清除并进行人工呼吸;清醒后立即送医院进一步治疗。在运送途中密切观察溺水者情况,必要时继续进行人工呼吸。

人工呼吸法有多种,其中以口对口人工呼吸法和心脏胸外挤压法最有效。必要时口对口呼吸法和心脏胸外挤压法同时进行。急救者之间应密切配合,两者以 1∶4 的频率进行。

(1)口对口人工呼吸法

松开衣领、裤带和胸腹部衣服,将溺水者仰卧,头部后仰,一手捏住鼻孔,一手托起下颌,并压住环状软骨(压迫食管)以防空气进入胃内。然后深吸一口气,缓缓吹入患者口中,吹气后将捏鼻子的手松开。如此反复并有节律地(每分钟吹 16~20 次)进行,直至患者自主恢复呼吸为止。

(2)心脏胸外挤压法

将患者仰卧在木板或平地上,急救者两手上下重叠,用掌根置于患者胸骨下段,肘关节伸直,借助于自身体重和肩臂部力量,适度用力下压(不能用力太猛,以防骨折),将胸骨下压 3~4 厘米为度,随即松手(手不离开胸骨)使胸骨复原,如此反复有节律地(每分钟 60~80 次)进行,直至心跳恢复为止。

第四节　运动处方

运动处方与普通的体育锻炼和一般的治疗方法不同,运动处方是有很强的针对性,有明确的目的,有选择、有控制的运动疗法。

一、运动处方的概念

运动处方是 20 世纪 50 年代由美国生理学家卡波维奇提出的概念。1969 年世界卫生组织(WHO)加以确认。关于运动处方的定义,专家学者表述不一,现列举几位中外专家的观点。

①运动处方是以获得个人期望的体力为目标,并以适应其体力现状所决定的运动的质和量。"运动的质"即耐力性运动中的运动种类,"运动的量"是指规定运动的强度、时间及频度。

②运动处方是指根据个人状况所制定的运动程序。

③对从事体育锻炼者或病人,根据医学检查资料(包括运动试验及体力测验),按其健康、体力及心血管功能状况,结合生活环境条件和运动爱好等个体特点,用处方的形式规定适当的

运动种类、时间及频率,并指出运动中的注意事项,以便有计划地进行经常性锻炼,达到健身或治病的目的,即为"运动处方"。

通俗地讲,运动处方类似医生给病人开的医疗处方,由医生或体育工作者给锻炼者按其年龄、性别、健康状况,身体锻炼经历和心肺或运动器官的机能水平等,用处方的形式,规定适当的运动内容、锻炼方法和运动量。

二、运动处方的分类

根据锻炼者的要求和锻炼目的、作用的不同,运动处方可分为以下几种:

第一,健身、健美运动处方,以提高身体素质、运动能力、健美为主要目的。

第二,治疗性运动处方,以治疗疾病、提高康复效果为主要目的。

第三,预防性运动处方,以增强体质、预防疾病、提高健康水平为主要目的。

第四,竞技训练运动处方,以提高专业运动成绩为目的。

三、运动处方的内容

运动处方的内容包括锻炼者的一般情况、运动目的、运动项目、运动量、运动强度、运动时间、注意事项等。

第一,一般情况,主要是指锻炼者的姓名、年龄、性别、健康状况等。

第二,运动目的,是指锻炼者希望通过运动达到的主要目的,如保持体力、预防疾病、减肥、健美等。

第三,运动项目,是给锻炼者建议的锻炼内容。健身运动尤其是中老年人的锻炼,一般采用的是有氧运动,即运动过程中能量的来源主要是有氧氧化。有氧运动的形式很多,如散步、慢跑、骑自行车、打太极拳、打门球等。

第四,运动量,是指一次运动机体所承受的负荷水平,如慢跑的距离等。运动量在运动处方中一般是按周逐渐递增的,增加的幅度要综合所选择的运动项目的难度、锻炼者的机能水平和运动基础来确定。

第五,运动强度,是单位时间的运动量,在健身运动中一般是用运动中所达到的最高心率来表示的。

第六,运动时间,包括一次运动的持续时间和每周运动的次数两个方面。

第七,注意事项,主要是告诉锻炼者在运动时要注意的问题,如出现何种情况要减少运动量或停止运动,出现何种症状要及时到医院进行必要的体格检查等。

四、运动处方的特征

运动处方与其他处方一样,具有其独有的特征,具体如下:

(一)以健康为目标和出发点

人人都希望自己体质强健。健身锻炼和竞技锻炼的目的在于通过肌肉活动不同程度地促进人体机能的提高。竞技锻炼是对人体某些特定机能极限的挑战,竞技运动的世界纪录代表了一定时期人们某种能力的上限。健身锻炼则是对人体达到理想健康状态的适应性训练。人们参加运动有各种不同的目的和需要,如为了健康身体、促进身体的发育、愉悦心境、开发智力等。但不论出于何种目的的运动,只要是身体运动,就必须涉及运动的强度、时间、类型、频度和持续的周期等。这些是构成运动处方的基本要素,而这些要素的实施,必须根据运动的目的和个人身体状况的不同，采取不同的运动种类。

（二）具有科学性和针对性

运动处方利用科学的理论和方法来合理地指导锻炼者增强体质，具有针对性和非随意性的特点。漫不经心地随意运动不利于增进健康，要想通过体育锻炼来健身，就必须按照有科学依据的运动处方来进行锻炼。运动处方很像医生为病人开的药方，一是选配锻炼的项目，二是给各个项目科学定量。要求选用简便可行、效率高的运动项目，根据每个锻炼者的特点确定自己的运动负荷量。

运动处方同时还有着很强的科学性。运动处方是随着体质研究的深入产生的。在这里还应该明确指出，体育学与医学对人类身体健康的关注侧重点不同。医学注重治疗，或以各种方法恢复人体健康；体育学的重点是采用运动锻炼加合理的饮食营养及良好的生活习惯的方法增强人体的体质，提高机体抗病能力，积极保护人的身体健康，预防疾病的发生。体育学是在医学的基础上对人类体质的进一步研究，因此我们论述的运动处方有一个适用范围，这个范围是根据健康与体质的统一体来制定的。通过体质测试，每个人都可以找到自己所在统一体的位置。如果所定的健身目标脱离了自己的体质基础，就会进入临界区，就需要接受医务监督和医生治疗。

五、如何制定运动处方？

（一）制定运动处方的步骤

运动处方的制定分为以下几步：

1. 确定锻炼目标

锻炼目标是具有不同身体状况和运动需要的个体进行处方锻炼的运动目的。它具有主观和客观的双重特点。主观性表现为对运动的意向、愿望和兴趣，是以情绪为核心的主观意愿需要。而客观性则更多的是由于健康状况、疾病程度等身体客观产生的需求，把运动作为满足机体健康需要的一种手段，对运动的需要是间接的，是以理性为主的、被动客观的。主观意愿需要是运动目的的直接动因。来自客观的需要是运动目的的定向因素，对运动起着定性、定向或选择作用。两者既相互影响、相互制约，又相互依存、相互促进。

在以增进健康、增强体质为目的的运动处方中，也存在着不同的情况，有的人为了提高全身耐力水平（有氧运动能力）而锻炼，有的人为了减肥而锻炼，还有的人为了治疗糖尿病、关节炎等疾病而锻炼，这些都属于确定身体锻炼目标的范畴。

对于一般大学生来说，在多个锻炼目标中，应以提高耐力水平（心血管机能）为主。确定目标时，要注意为了健身而进行运动锻炼，不可无止境地追求运动技术与运动能力的高水平。概括起来运动处方的运动目标有四类：健美、强身健体、保健、康复。

2. 选择运动项目

为了取得全面身体锻炼的效果，正确选择适应个体状况的运动项目是很重要的。根据不同的运动特征，可以将运动项目分为许多类型。现代运动处方应包括以下三种主要类型：①有氧耐力性运动；②抗阻力性力量运动；③伸展柔韧性运动。

根据运动目的和身体的具体情况，选择三种类型的比例应有不同的侧重。有氧耐力性运动主要是改善和提高人体的有氧工作能力，这类运动有步行（慢步、快步、定量步行及竞走）、慢跑（或健身跑）、走跑交替、自行车、活动平板运动、有氧舞蹈、健美操、不剧烈的球类运动等。

运动处方中的运动项目是为了增强体质而选用的。在健身运动中,要避免使用高难度、大负荷的竞技运动项目。运动并不是消除压力的最佳治疗剂,它只对一般压力下的人具有一定的治疗作用。

假如处在极度的情绪压力状态下,千万不要运动。所谓情绪压力,是指一个人遭逢重大变故,如亲人不幸死亡、工作被辞退等原因而情绪处于极度不安的状态。假如健康不佳,就不能做竞技性运动,充其量只能做中等强度的运动。这不是说,在恢复健康的过程中不能做任何竞技性运动,而是说应该分外谨慎,不要把较量技术水平高低的竞技运动与增强体质的健身运动混为一谈。

因此,要把选择运动项目与确定锻炼目标结合起来。个人喜欢但健身作用不大的运动,就应该在运动处方单上予以删除。

3. 确定运动强度、时间和额度

人体对运动会产生所谓的适应性反应。例如,一个人用60%的速度跑完1 000米后感到很累,锻炼一个月后再跑就感觉轻松了。这就是人体会产生的适应性反应,这种反应会因为运动方法的不同而产生不同的效果。比如说,反复进行强烈用力的运动,肌肉就会变粗,肌肉力量就会增强,而反复进行长跑训练,则可增强心肺等呼吸和循环系统的功能,可以摄入更多的氧气量。

为了长期都拥有好的锻炼效果,需要运用"超量负荷的原理"。人体在运动作用下会产生适应性,这个原理就是根据人体在运动中产生的适应性反应来不断调整运动量的。调整的标准是,使人在运动中的运动量引起人体生理反应的心率指标进入120~140次/分钟的范围(这个范围是健身锻炼中最佳的负荷量)。如果心率达不到这个指标,无论重复训练多少次,都不会引起身体产生良好的变化。

所以在制定运动处方的时候,运动项目、强度、时间和频率等方面如何进行搭配,怎样搭配才会产生最佳的效果,是一个很大的问题。此外,还应该考虑实际从事运动锻炼者的年龄、体力、性别,以及生活环境等个体之间的差异,要因人而异。

(二)如何确定运动强度?

在运动强度、时间和频率这三个因素中,以个人最大摄氧量为基准,可以算出耐力运动中所需氧量占最大摄氧量的百分比,由此即可确定运动强度。

1. 心率

心率可以体现运动时身体运动的程度,它可以通过脉搏测出。锻炼者按照自己的要求设计健身运动,无论男女老少,都可以采用心率来确定运动程度从而进行锻炼。从人体内部而非人体外部情况就可判断出锻炼效果的好与坏,最可靠的指标就是心率。例如,如果锻炼者始终都可以轻松地运动,那么心率将会比较低;如果进行激烈的运动,那么心率指标必定会上升;如果心率指标一直都很低,那么则表示人体长时间未参加过激烈的锻炼。要想提高心率,就要适当地增加运动量。经过研究和实践,科学家已得出了身体状况完好的人在各种心率下的运动持续时间,为确定健身运动负荷强度提供依据。

运动强度是运动处方中决定运动量的最主要因素之一。运动强度分为绝对强度和相对强度两大类。过去锻炼者的运动处方多使用前者,现在后者在运动中的使用变得越来越广泛。下面就这两种运动强度做简要介绍。

(1)绝对强度

在制定运动处方的时候,采用绝对强度作为强度设定的优点是简单易懂,而且利用它可以评价绝对体力指标。例如,以每分钟 60 米的速度步行 30 分钟,在这个运动处方里,一开始运动时的平均心率是 120 次/分钟,经过数月的锻炼后,运动时心率降低到 100 次/分钟,当初开始运动时喘不过气来的现象慢慢消失了。类似这样,在任何时候都可以进行评价。但是,采用绝对强度作为强度设定也要考虑个体的特点。同样是以每分钟 60 米的速度行走,其身体负担却是因人而异的。对于体力强的人,该强度的运动算低强度,而对于体力较弱的人来说,此强度也许已经过大,甚至有可能引起危险,因此,在这方面必须严格注意,并进行必要的控制。

(2)相对强度

相对强度是按照个体的体力来对运动强度进行设定的。相对强度常用个人的最大摄氧量百分比或者用最大心率的百分比来表示。但是在运动时测定最大摄氧量和心率都比较困难。在这种情况下,依靠主观的感觉,掌握运动中身体的主观运动强度来进行强度设定的方法比较简单。

运动时间是指每次运动持续的时间,是组成运动量的重要因素。在持续的周期性运动中,运动时间乘以运动强度就是运动量。因此,运动时间依运动强度的变化而变化。即使对运动量相同的运动处方,由于运动的种类不同,强度和时间在处方上也是不同的。

一般来说,耐力运动(有氧训练)可自 15 分钟到 1 个小时,其中达到适宜心率的时间必须在 5 分钟以上。医疗体操持续的时间应该视具体情况而定。运动中应常有短暂的休息。计算运动量时要注意运动的密度,并同时要把运动休息的时间扣除掉。

2. 运动频率

运动频率即为每日或每周运动的次数。体育锻炼的效果是在每次运动对人体产生的良好作用的逐渐积累中显示出来的,所以要经常锻炼,或根据不同的运动目标来实施一定周期的运动计划,不能只凭一时的兴趣。

一般每日或隔日运动一次,但应视运动量的大小而定。运动量较大时,休息间隔时间应稍长些。当运动量较小时,休息的时间间隔应短些。

3. 运动次数

有人研究观察到:当每周锻炼多于 3 次时,最大摄氧量的增加逐渐趋于平坦;当锻炼次数增加到 5 次以上时,最大摄氧量的提高就很小,而每周锻炼少于 2 次时,通常不引起改变。因此,每周锻炼 3~4 次是最适宜的频率。但由于运动效应和蓄积的作用,时间不宜超过 3 天。作为一般的健身保健方法,坚持每天锻炼当然也很好。

第五章 足 球

足球运动是一项古老的体育活动,源远流长。现代足球运动起源于英国,从英国走向欧洲,从欧洲走向世界,并已经成为世界上最受欢迎的体育项目之一。

第一节 足球运动概述

足球运动体现了运动中力量和速度的完美结合。它就像是自然界中的猎豹,奔跑的速度、节奏、动感、力量,以及舒展的线条都给人一种美的享受。这种美是力量之美、速度之美、灵性之美。因为是运动,也就被赋予了一种精神——竞技精神:公平公正,勇敢拼搏,积极进取,荣誉至上,争当胜者。这种足球精神应是足球魅力最核心的部分之一。在它的感召下,我们看到激情和技术随心所欲地挥洒,看到球迷为之癫狂、为之忘我的沉醉状态。

一、足球运动的起源与发展

足球运动起源于中国。据史料记载,我国早在两千五百多年前的战国时代,就出现了足球游戏,当时被称为"蹴鞠"。所谓"蹴",是指踢,所谓"鞠",是指球[①]。

现代足球运动诞生于英国。1863年10月26日,英国人在伦敦成立了世界上第一个足球组织。这一天被称为英国现代足球的诞生日。

1900年,足球运动被列为奥运会正式比赛项目。1904年5月21日,国际足球联合会(FIFA)在伦敦成立,是目前会员最多的国际单项体育组织。1930年,国际足联开始举办世界足球冠军杯——雷米特杯(现称国际足联世界杯),后每四年举办一届。足球运动历经了一百多年的发展与变革,吸引着全球数以亿计的足球爱好者,被誉为"世界第一运动"。

中华人民共和国成立后,我国的足球运动不断地发展和提高。2002年,中国男子足球队首次打入世界杯决赛圈,成为中国足球史上的一大突破。2004年,中国足球超级联赛开始,这是中国职业足球的顶级赛事,推动着我国足球运动不断向前发展。

---

①尹军,袁守龙,武文强.大学体育与健康[M].北京:中国工信出版集团,2022.

二、足球运动的特点

足球运动的特点具体如下：

（一）易行性

足球运动受场地和器材的限制较小，对于一般足球爱好者的技战术要求不高，是较易开展的群众性体育活动。一般性足球比赛的参赛人数和比赛时间等可根据实际情况灵活变化；正式的足球比赛，规则简单明了，易于大众观赏。

（二）整体性

在足球比赛中，参赛队员只有思想统一、协同合作、攻则全动、守则全防，形成整体的攻守阵势，才能更好地进行战术配合，以争取比赛的主动权，进而取得较佳的比赛成绩。

（三）对抗性

足球比赛以接、抢、断，以及战术配合等方式争夺对球的控制权，目的是将球攻入对方球门，并防止对方的进攻。由此形成了比赛双方的攻守对抗。

（四）多变性

在足球比赛中技战术的运用需根据场上形势随时调整，场上队员要在奔跑中完成接、控、传、抢、顶和射等技术动作，并要随时与队友进行战术的调整和配合。由此使得比赛形势变化多端，比赛结果悬念迭起。

三、常用术语

足球运动的常用术语如下：

（一）任意球

任意球是足球比赛规则中罚球的一种。若一方队员犯规，则由对方队员在犯规地点踢任意球。任意球分为直接任意球和间接任意球。其中，直接任意球可直接射门得分；间接任意球必须在足球踢出并触及其他队员后进入球门，才能得分。

（二）界外球

界外球是指一方队员最后触球后，球体越出赛场边线的球。当出现界外球时，需由对方队员在球越出边线处，将球掷入场内，重新开始比赛。

（三）球门球

球门球是指进攻方队员最后触球后，球体越出防守方球门线的球（非进球得分时）。当出现球门球时，应由防守方球员在本方球门区内，直接将球踢入场内，重新开始比赛。

（四）角球

角球是指防守方队员最后触球后，球体越出本方球门线的球（非进球得分时）。当出现角球时，应由进攻方队员在距离球出界处最近的角球弧内，将球踢入场内，重新开始比赛。

（五）点球

点球是指在罚球点上踢出的球。点球可分为罚球点球和踢球点球。

罚球点球：比赛进行过程中，一方队员在本方罚球区内违反可判为直接任意球的十条规则之一，即被判罚点球。

踢球点球：淘汰赛中双方加时赛之后依然是平局，将踢点球决定胜负。

（六）定位球

定位球是指在一定位置上踢出的球。任意球、球门球、角球和点球等都属于定位球。

第二节　足球基本技术

足球技术是指运动员在足球比赛规则条件下，运用身体有效部位合理完成各种动作的总称。常用的足球技术包括踢球、接球、头顶球、运球和抢截球等。

一、踢球

踢球是指运动员有目的地用脚的相应部位将球踢向预定目标的技术动作。它主要用于传球和射门。

踢球可按击球时脚触球的部位分为脚内侧踢球、脚背正面踢球、脚背内侧踢球和脚背外侧踢球等。踢球时可按球的状态分为定位球、地滚球、反弹球和空中球等。在此仅以踢定位球为例介绍部分动作要领。

（一）脚内侧踢球

脚内侧踢球是用脚内侧的跖趾关节、舟骨和跟骨所构成的三角部位接触球的一种踢球方法。其特点是触球面积大，可控性强，出球平稳准确，出球力量较小。它适用于短距离传球和射门[①]。

动作要领：直线助跑，支撑脚踏在球侧约 15 厘米处，膝微屈，脚尖指向出球方向。支撑脚落地同时，踢球腿以髋关节为轴由后向前摆动，膝、踝外展，脚跟前送，脚尖稍翘，脚掌与地面平行。小腿加速前摆，脚形固定，用脚内侧部位击球的后中部，击球后，踢球腿随球前摆，如图 5-1 所示。

图 5-1　脚内侧踢球

（二）脚背正面踢球

脚背正面踢球是用脚背正面的楔骨和趾骨末端部位触球的一种踢球方法。其特点是踢摆幅度大、摆速快，便于发力，但出球路线缺乏变化。它适用于远距离的传球和大力射门。

动作要领：直线助跑，支撑脚踏在球侧约 15 厘米处，膝微屈，脚尖指向出球方向，踢球腿自

[①] 侯德红. 大学体育与健康[M]. 4 版. 北京：高等教育出版社，2022.

然后摆,小腿后屈。支撑脚落地同时,踢球腿以髋关节为轴带动小腿前摆。膝关节接近球体上方时,小腿加速前摆,脚背绷直,脚趾扣紧,以脚背正面击球的后中部,击球后,踢球腿顺势前摆,如图 5-2 所示。

图 5-2　脚背正面踢球

(三)脚背内侧踢球

脚背内侧踢球是用脚背内侧的几个楔骨和趾骨末端部位接触球的一种踢球方法。其特点是摆幅度大,摆速快,踢球力量大,助跑方向和支撑脚站位灵活,出球的方向变化较多。它适用于中、远距离传球和射门。

动作要领:沿出球方向 45°斜线助跑,支撑脚踏在球体侧后方 20~25 厘米处,膝微屈,脚尖指向出球方向,身体稍倾向支撑脚一侧,踢球腿自然后摆。支撑脚落地同时,踢球腿以髋关节为轴带动小腿前摆。膝关节接近球体上方时,小腿加速前摆,脚尖外转,脚面绷直,脚趾扣紧,以脚背内侧击球的后中部,击球后,踢球腿顺势前摆,如图 5-3 所示。

图 5-3　脚背内侧踢球

二、接球

接球也称停球,是指运动员有目的地运用身体的有效部位触球,将运行中的球接控在所需要范围内的技术动作。较为简单的接球方法有脚内侧接球和脚底接球等。

(一)脚内侧接球

脚内侧接球的特点是触球面积大,接球平稳,便于改变球的方向。它适用于接地滚球和反弹球。

动作要领:

①接地滚球时,身体正对来球,支撑腿微屈,接球腿屈膝外转前迎,脚内侧对准来球,脚内侧触球瞬间自然后撤,将球控制在所需要的位置上,如图 5-4 所示。

②接反弹球时,支撑脚踏在落球点的侧前方,膝微屈,上体稍前倾,并向停球方向微转。接球腿屈膝上提,膝、踝外转,脚内侧对准球的反弹路线,当球落下反弹刚离地时,用脚内侧触压球的中上部,如图 5-5 所示。

图5-4　脚内侧接地滚球

(二)脚底接球

脚底接球的特点是动作简单,控球稳定。它适用于接地滚球和反弹球。

动作要领:身体正对来球,支撑腿踏在球的侧后方,膝微屈,接球腿自然屈膝上提,脚尖翘起,用前脚掌触压球的中上部,如图5-6所示。

图5-5　脚内侧接反弹球　　　　图5-6　脚底接球

三、头顶球

头顶球是指运动员有目的地用额部将球击向预定目标的技术动作。头顶球包括前额正面顶球和前额侧面顶球。

(一)前额正面顶球

特点:触球部位平坦,发力顺畅,易于控制出球方向,出球平稳有力。

动作要领:身体正对来球,两腿前后开立,膝微屈,上体后仰,重心置于后脚,两臂自然张开。当球运行到身体垂直部位前的瞬间,后腿用力蹬地,重心前移,迅速向前摆体,微收下额,用前额正面击球的后中部,如图5-7所示。

图5-7　前额正面顶球

（二）前额侧面顶球

特点：动作突然、能变换出球方向，但触球面积小，出球力量较小。

动作要领：两脚前后开立，与来球方向的同侧脚在前，两膝微屈，重心置于后脚。上体和头部向出球的相反方向倾斜，两臂自然张开。当球运行到体前上方时，后脚用力蹬地，上体迅速向出球方向扭摆，屈体甩头，用前额侧面击球的后中部，如图5-8所示。

图5-8 前额侧面顶球

四、运球

运球是指运动员在跑动过程中用脚连续推拨球，使球处于自己控制范围之内的技术动作。常用的运球方法有脚内侧运球、脚背正面运球和脚背外侧运球等。

（一）脚内侧运球

脚内侧运球的特点是易于控球，但运球速度慢，适用于掩护性运球。

动作要领：运球时，支撑脚踏于球的侧前方，膝微屈，重心移至支撑脚，身体略转向运球方向，运球腿屈膝上提，脚尖外转，在向前迈步过程中用脚内侧推球前进，如图5-9所示。

图5-9 脚内侧运球

（二）脚背正面运球

脚背正面运球的特点是直线推拨，速度快，但运球路线单一。它多在快速运球前进或前方纵深距离较大时使用。

动作要领：运球时，身体自然放松，两臂自然摆动，上体稍前倾，步幅不宜过大，运球脚提起时，膝微屈，脚跟提起，脚尖下指，在向前迈步过程中用脚背正面推球前进，如图5-10所示。

图5-10 脚背正面运球

（三）脚背外侧运球

脚背外侧运球的特点是具有较强的灵活性和可变性，易于控制运球方向和提高运球速度。它多在快速奔跑和向外改变运球方向时使用。

动作要领：其动作要领与脚背正面运球相似，只是在摆脚时，脚尖稍向内转，用脚背外侧推球前进，如图 5-11 所示。

图 5-11　脚背外侧运球

五、抢截球

抢截球是指在比赛规则允许的范围内，运动员有目的地运用身体的某一部位，将对方控制下或传递中的球夺过来、踢出去或破坏掉的技术动作。常用的抢截球方法有正面抢球和侧面抢球等。

（一）正面抢球

动作要领：两脚前后开立，两膝微屈，身体重心下移，落于两脚。在控球队员运球脚触球后即将着地或刚刚着地时，抢球队员支撑脚用力蹬地，抢球脚以脚内侧对球，并屈膝向球跨出将球堵截。身体重心随即移至抢球脚，支撑脚前跨将球控制住，如图 5-12 所示。

图 5-12　正面抢球

（二）侧面抢球

动作要领：当与对方控球队员成平行跑动时，重心稍下移，靠近对手一侧的手臂紧贴身体。当对方靠近自己一侧的脚离地时，用肘关节以上部位冲撞对方相应部位，使其失去平衡，趁机将球控制在自己脚下，如图 5-13 所示。

第三节　足球基本战术

足球的基本战术

足球战术是指在足球比赛中，为了战胜对方，根据主客观情况所采取的个人行动和集体配合的方法。足球战术可分为比赛阵型、进攻战术和防守战术三

图 5-13　侧面抢球

大部分。攻守战术中又各自包括个人战术、局部战术和整体战术。

■ 一、比赛阵型

足球比赛阵型是指为了适应攻守战术的需要,队员在场上的位置排列和职责分工的基本形式。各阵型的名称按队员排列的形状而定。阵型的序列由后向前依次为守门员、后卫、前卫和前锋。由于守门员的职责是固定的,所以守门员一般不列入比赛阵型。较为常见的比赛阵型有 4-4-2\、4-2-4\、4-3-3。4-4-2 阵型为 4 名后卫、4 名前卫和 2 名前锋。

■ 二、进攻战术

一般而言,足球基本战术中的进攻战术如下:

(一)个人进攻战术

个人进攻战术包括采取有效措施,摆脱对方防守队员;跑动到有利位置,接应队友传球;运球突破对方防线,寻求射门机会等。其目的是进球得分。

(二)局部进攻战术

局部进攻中常用"二过一"战术配合。"二过一"战术配合是指在局部地区两名进攻队员通过连续传球和跑位,突破一名防守队员的配合。

1. 斜传直插二过一

斜传直插二过一是指当对方防守队员逼近正在运球的进攻队员时,进攻队员将球传给队友,然后直插到对方防守队员身后的空当,接应队友传球的一种战术配合,如图 5-14 所示。

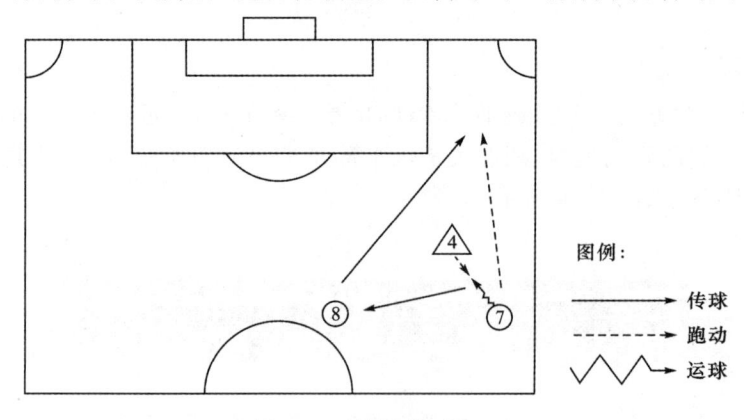

图 5-14　斜传直插二过一

图例：
→ 传球
--→ 跑动
∼∼→ 运球

2. 直传斜插二过一

直传斜插二过一是进攻队员将球直传给队友,当对方防守队员逼近控球队友时,队友将球传至对方防守队员身后的空当,进攻队员立即斜插入空当,接应队友传球的一种战术配合,如图 5-15 所示。

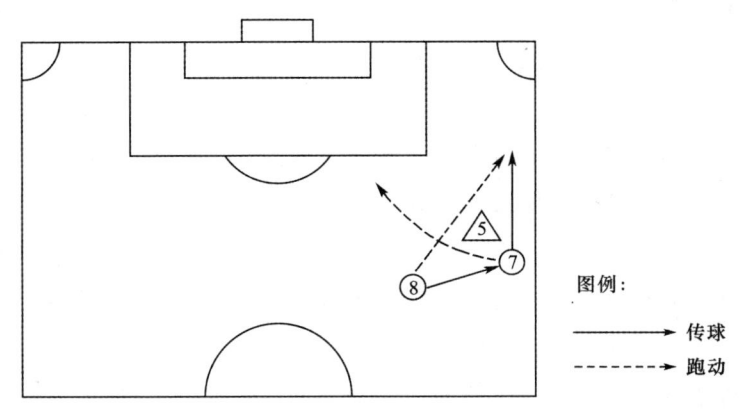

图 5-15　直传斜插二过一

3. 跳墙式二过一

跳墙式二过一是指当防守队员逼近正在运球进攻的队员时,进攻队员将球传给队友,队友接球后直接将球传至对方防守队员身后的空当,进攻队员快速切入空当,接应队友的传球的一种战术配合,如图 5-16 所示。

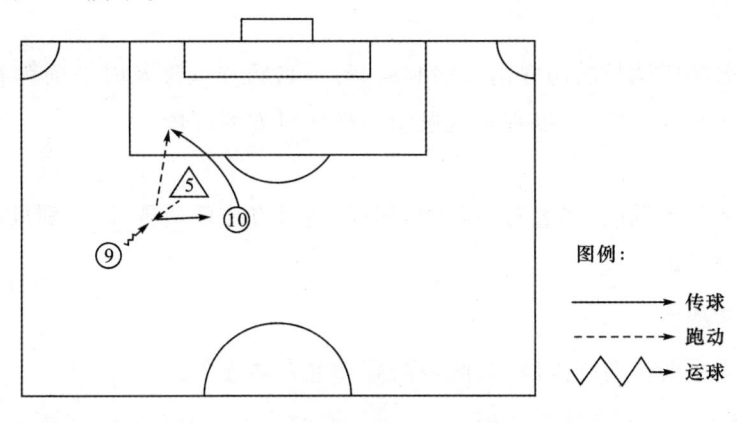

图 5-16　跳墙式二过一

(三)整体进攻战术

整体进攻战术主要包括边路进攻和中路进攻。

1. 边路进攻

边路进攻是指在对方半场两侧地区发起的进攻。边路进攻可充分利用场地的宽度,拉开对方的防线,使对方边路场区的防守队员分散、防守变得薄弱,以便进攻队员利用对方边路的空当突破防线,再通过传中等方式,创造射门机会。

2. 中路进攻

中路进攻是指在对方半场中部发起的进攻。中路进攻的特点是进攻人数多,配合点多,破门机会多,但由于对方中路防守严密,突破难度较大。

三、防守战术

防守战术如下:

(一)个人防守战术

个人防守战术中运用较多的是选位和盯人。

1. 选位

选位是指防守队员根据位置职责和临场情况,选择适当的防守位置。防守队员选位的点,一般应在本队球门中心与被防守队员所构成的直线上。

2. 盯人

盯人是指防守队员对进入本方防守区域内的对方队员实施监控,并及时封堵对方队员接球或传球。

(二)局部防守战术

常用的局部防守战术有保护、补位和围抢等。

1. 保护

保护是指一名防守队员在防守对方球员持球进攻时,另一名防守队员在其身后选择适当位置进行协助防守的战术配合。

2. 补位

补位是指一名防守队员的防守出现漏洞时,另一名防守队员及时上前弥补漏洞的战术配合。通过队友间的相互补位,可以有效地遏制和破坏对方的进攻。

3. 围抢

围抢是指在局部区域内,多名防守队员同时围堵对方控球队员,以达到抢截或破坏对方进攻目的的战术配合。

(三)整体防守战术

整体防守战术主要包括盯人防守、区域防守和混合防守等。

1. 盯人防守

盯人防守是指每个防守队员都有各自明确的防守对象,对手移动到哪里就要紧跟盯防到哪里。每个队员负责自己的防守区域,并在该区域内盯人防守。

2. 区域防守

比赛中,每一队员根据其所处位置划分一定的防守区域,在这一区域内,只站住而不紧逼盯人。这一防守战术比较被动,当同一区域内有两名以上队员进攻时就会露出空档,并且对方队员比较容易传接球。

3. 混合防守

混合防守是盯人防守与区域防守相结合的防守方法。一般情况下,对于对方中场组织队员和持球进攻队员采用盯人防守;对于其他队员采用区域防守。

第四节 足球竞赛规则

随着足球运动发展,《足球竞赛规则》不断进行着修订和补充,其目的是保护参与比赛人员进行比赛;遏制比赛中的非体育行为;促进足球技、战术发展,鼓励进攻、进球,提高比赛的观赏性;吸引更多人关注足球,使足球运动更具有生命力并健康发展。

一、足球场地

比赛可以在天然或人造草坪(必须是绿色)上进行,球场必须是长方形,长度为90~120米,宽度为45~90米。国际比赛场地的要求是长度100~110米,宽度64~75米。世界杯场地的要求是长度105米,宽度68米。场地内所有线的宽度都应一致,不得超过12厘米,这些线作为场内各个区域的边界线都包含在各个区域之内。比赛进行中或比赛成死球时未经裁判允许,包括场上队员在内的任何人不得擅自离开或进入比赛场地。足球场地由四线、三区、二点、一圈、一弧、一门构成,以下选取部分进行介绍。

(一)界线

球场各分界处必须画清晰的界线,地面平齐,不得做成V型槽或高出地面的凸线。场地各线的宽度不超过12厘米(一般以12厘米为宜)。

(二)边线与球门线

第一,边线与球门线构成了足球场的面积,比赛开始未经裁判员允许,队员不得擅自出场或进场。两条较长的边界线叫边线。

作用:比赛进行中,当球的整体不论在空中或地面全部越过该线时比赛成死球,由掷界外球恢复比赛。

第二,当球的整体从地面或空中越过边线或球门线时即为球出界成死球,分别由掷界外球、踢球门球或角球恢复比赛。两条较短的边界线叫球门线。

作用:比赛进行中,当球的整体不论在空中或地面全部越过该线时比赛成死球,是判别何方踢球门球或角球的标志线。

(三)中线

把比赛场地划分为两个相等半场的线叫中线,其作用是:

第一,把全场划分为两个相等的半场,中线的宽度属于双方本半场面积的组成部分。

第二,开球对队员必须站在本方半场内,在裁判员鸣哨后,当球被踢并向前移动时,比赛即为开始,队员方可进入对方半场。

第三,队员在本方半场无越位犯规。

(四)球门区

在比赛场地两端距球门柱内侧5.5米处的球门线上,向场内各画一条长5.5米与球门线垂直的线,一端与球门线相接,另一端画一条连接线与球门线平行,这三条线与球门线范围内的区域叫球门区。

(五)罚球区

在距球门两内沿各16.5米的球门线外沿向场内各画一条16.5米的垂线,两端相连构成罚球区。该区在比赛中起影响、制约队员的多种作用。

(六)角球区

以边线和球门线外沿交点为圆心,1 米为半径,向场内各面一段 1/4 的圆弧,这个弧内区域叫角球区。

(七)罚球点

在两球门线中点垂直向场内量 11 米处各做一个清晰的标记,叫罚球点。罚点球时,球必须放在罚球点上。当罚球点模糊不清时,由裁判员确定罚球点的位置。

(八)球门

球门应设在球门线的中央,为内沿相距 7.32 米并与角旗点等距离的直立门柱,以及一根下沿离地面 2.44 米的水平横木连接组成。无论是固定或可移动球门都必须稳定地固定在场地上。门柱及横木的宽度、厚度与球门线,均应对称相等,球门应为白色。不准运动员在横木上做悬垂动作,违者应予警告。

二、参与比赛的队员和装备

正式比赛每场比赛前,各队应提交给裁判员本队参与本场比赛的 18 名队员名单。比赛开始后名单不得更改。每队的上场队员不得超过 11 人和少于 7 人,其中 1 人必须是守门员。正式比赛队员的基本装备:有袖的运动上衣、短裤、护袜、护腿板、足球鞋。基本装备上不能有任何涉及政治、宗教或个人的言论。两队服装颜色必须有别于对方,守门员的服装必须有别于其他队员。队长必须佩戴袖标。

三、比赛时间

比赛分为上、下两个半场,每个半场 45 分钟,中场休息不得超过 15 分钟(竞赛规程可以另定)。在每个半场比赛中,裁判员应补足由替换队员、队员受伤移出场地、拖延时间或其他原因所损耗的时间。如果执行罚球、点球,每半场比赛应延长至罚球、点球结束。

四、越位

在足球比赛中,当进攻队员在对方半场内较球和最后第二名对方队员更接近对方球门线,即为处于越位位置。处于越位位置时,当同队队员踢或触及球的一瞬间,裁判员认为该队员以如下方式参与了实际比赛,则应判为越位:

①干扰比赛。
②干扰对方。
③企图从越位位置获得利益。

第六章 篮球

篮球运动是一项由跑、跳、投等动作组成的技术巧妙、战术多变的综合性运动项目,篮球运动之所以在全世界得到如此广泛的发展,是因为它具有较高的锻炼价值,不但能够促进人体发育,增进身心健康,磨炼意志品质,而且可以培养团结协作的集体主义精神。经常从事篮球运动,能促进学生速度、灵敏、力量、耐力、柔韧等身体素质的发展,提高中枢神经系统的灵活性,增强心血管、呼吸、消化系统的机能,促进肌肉和骨骼的生长发育,使身体得到全面的发展。

第一节 篮球运动概述

篮球运动是全世界无数人热爱的运动。篮球运动充满活力,不仅能提高参与者的身体素质、锻炼意志,还能培养团队精神、增强使命感和荣誉意识。

一、篮球运动的起源与发展

篮球运动于1891年由美国的詹姆斯·奈史密斯博士发明,最初只是一种活动性游戏。詹姆斯·奈史密斯将两个桃篮挂于墙上作为篮筐,用足球作为比赛工具,以投足球入对方篮筐次数多的一方为胜方。因为游戏中使用了篮筐和足球,所以起名为篮球[①]。

最初的篮球比赛,对场地大小没有限制,只需双方参加比赛的人数相等即可。1892年,詹姆斯·奈史密斯制定了13条篮球比赛规则,目的是使篮球比赛在公平对等的条件下进行,同时不允许粗野动作发生。

1908年,美国制定了全国统一的篮球比赛规则,该规则被翻译成多种语言出版。从此,篮球运动在美洲、欧洲和亚洲逐渐发展起来,成为一项世界性的运动项目。

1936年,第11届奥运会将男子篮球比赛列为正式比赛项目;1976年,第21届奥运会又增加了女子篮球比赛,从此篮球运动全面登上了国际体育竞技舞台。随着篮球运动的发展,比赛规则也不断地被增删和完善,现行的篮球比赛规则有61条和57个手势图。

1895年,篮球运动传入天津,并且在我国各大城市的大学、中学校逐渐开展起来。至

---

① 罗红,夏青,王玮.大学体育教程[M].北京:高等教育出版社,2021.

20世纪50年代末,我国篮球运动水平已接近世界先进水平。

目前,篮球运动正朝着高速度、高空优势、高超技巧和顽强对抗的方向发展。随着国际交往和学习研究的加强,篮球运动的发展必将会被推向新的高潮。

二、篮球运动的特点

篮球运动的特点主要有以下几个:

(一)广泛性

篮球运动容易开展,活动量可大可小,参加者不受年龄、性别等限制。

(二)集体性

篮球运动的活动形式是以两队相互协同的形式展开的,竞赛过程中需要团队成员的配合,才能取得最佳的效果。

(三)对抗性

在狭小的场地限制与反限制,通过进攻与防守向对方篮筐投篮或防止对方向我方篮筐投篮。因此,篮球运动具有很强的对抗性。

(四)时空性

篮球比赛是在一定的时间内围绕空间的球和篮展开的攻守对抗。比赛中,参与者要以智慧运用各种技术和战术,争取有限的时间去争夺空间优势,这也是篮球运动的特点。

三、篮球场、篮球架和篮球

下面分别介绍篮球场、篮球架和篮球的知识。

(一)篮球场

标准篮球场是一块长 28 m、宽 15 m 的长方形平地。球场必须有明显的界线,如图 6-1 所示。界线距观众、广告牌或其他障碍物至少 2 m。篮球场长边的界线叫边线,短边的界线叫端线。

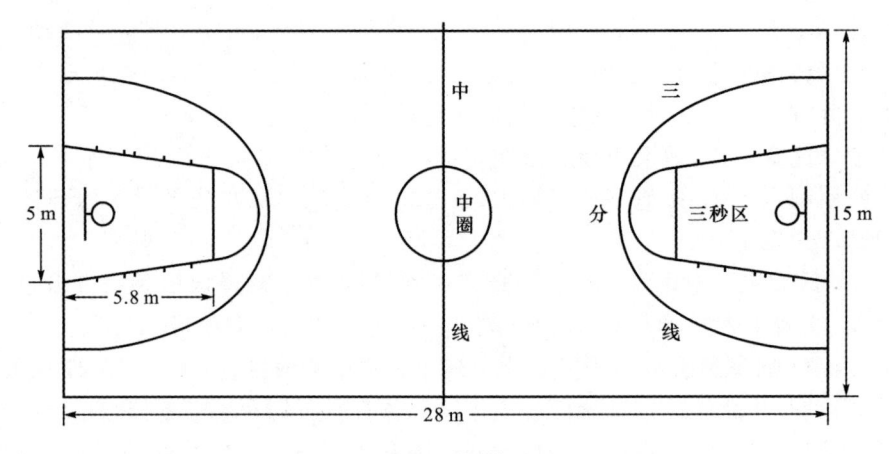

图 6-1 篮球场

(二)篮球架

篮球架包括篮板、篮筐(由篮圈和篮网组成)、篮板支架。

(1)篮板用坚硬木材或透明材料制成,厚 3 cm,高 1.05 m,长 1.8 m。篮板下沿距地面 2.9 m。

(2)篮圈由实心铁条制成,内径为 45 cm,距地面的高度为 3.05 m;篮网用白色的细绳结成,悬挂于篮圈上,网长不得短于 0.40 m,不得长于 0.45 m。

(3)篮板支架高度小于 2.75 m,表面要包扎,包扎物的最小厚度为 15 cm。

(三)篮球

篮球应是正圆球体,颜色一般为橙色或者暗橙色,外皮必须用皮、橡胶或合成物质等材质制成。篮球的圆周尺寸不得小于 74.9 cm,不得大于 78.0 cm。篮球的质量不得少于 567 g,不得多于 650 g。充气后,篮球从距地面(从球底部量起)1.8 m 的高度落到比赛场地上时,其反弹高度(从球的顶部量起)不得低于 1.2 m,不得高于 1.4 m。

四、篮球运动常用术语

为了便于描述篮球技术与战术,我们首先来学习一些常用的篮球运动术语。

第一,卡位:进攻者运用脚步动作把防守者挡在自己身后的一种步法。

第二,持球突破:持球者运球超越防守者的行为。

第三,扣篮:运动员单手或双手持球跳起,在空中自上而下将球扣进篮圈的动作。

第四,补篮:队员投篮不中时,同伴跳起在空中将球补进篮内的行为。

第五,一传:持球队员由防守转为进攻的第一次传球。

第二节 篮球基本技术

篮球技术是在篮球比赛中,队员为了达到攻守目的所运用的各种专门动作的总称。篮球技术包括进攻(包括脚步移动、传接球、运球、投篮和持球突破等)和防守(包括防无球队员和防有球队员)两大技术体系,其中脚步移动、传接球、运球、投篮四种基本技术较为常用。

一、脚步移动

脚步移动是在篮球比赛中队员为了争取时间和空间上的主动优势所采用的各种脚步动作的总称,是学习篮球技术和使用机动灵活战术的基础。脚步移动主要包括基本站立姿势、起动、跑、急停、滑步和转身等。下面对这六种技术进行简要介绍。

(一)基本站立姿势

基本站立姿势是脚步移动的准备姿势,以便于各种技术动作的开始和运用。

动作要领:两脚前后或左右开立,与肩同宽,两膝微屈,重心落于两脚间,上体稍前倾,两臂自然弯曲于体侧,两眼注视全场情况。

(二)起动

起动是队员在球场上由静止状态变为运动状态的一种起始动作,一般用于攻守中抢占有利位置的行动中。起动包括向前和向侧起动两种方式。

动作要领:从基本站立姿势开始,向左侧起动时,重心左移,上体迅速左转,左脚不动,右脚前脚掌用力蹬地,并向左跨出,两臂自然摆动;向前或向右起动与向左起动的动作要领相仿,只是方向不同而已。

(三)跑

跑是最基本的移动技术,包括侧身跑、变速跑、变向跑、后退跑等技术。下面简要介绍侧身跑和变速跑。

1. 侧身跑

侧身跑是队员在跑动中为了抢位、摆脱防守、接侧向或侧后方的传球而采用的一种跑动方法。

动作要领:跑动过程中,两脚尖正对跑动方向,头和上体转向球的方向。

2. 变速跑

变速跑是队员在跑动过程中改变跑的速度(加速或减速)的一种方法。

动作要领:跑动过程中,加速时,同时迅速摆臂;减速时,上体直起,加大步幅,用前脚掌抵地,缓冲减速。

(四)急停

急停是进攻队员在快速跑动过程中,突然制动并呈静止状态的一种方法。常用的急停包括跨步急停和跳步急停两种。

1. 跨步急停

动作要领:停步时,一只脚向前跨出一大步,从脚跟着地过渡到全脚掌抵地,同时迅速屈膝,上体后仰。另一只脚紧随着地时,脚尖内旋,身体顺势侧转,前脚掌内侧蹬地。两臂屈肘张开,保持身体平衡。

2. 跳步急停

动作要领:停步时,双脚起跳,上体稍后仰,两臂自然摆动,两脚同时平行落地,屈膝降重心,两臂屈肘张开,保持身体平衡。

(五)滑步

滑步是队员防守时移动的主要步法。常用的滑步包括侧滑步、前滑步和后滑步三种。

1. 侧滑步

动作要领:开始滑步前,两脚左右开立,微屈膝,两臂侧张开。向左侧滑步时,身体重心左移,左脚向左跨出一步,落地的同时,右脚迅速滑行跟进,完成一步侧滑,然后重复以上动作,如图 6-2 所示。向右侧滑步时,动作相反。

图 6-2 向左侧滑步

2. 前滑步和后滑步

动作要领:开始滑步前,两脚前后开立,微屈膝,两臂前后张开。向前滑步时,身体重心前移,前脚向前跨一步,落地的同时,后脚迅速滑行跟进,完成向前滑一步,然后重复以上动作。

向后滑步时,动作相反。

(六)转身

转身是队员以一脚做轴(中枢脚),另一只脚蹬地向前或向后跨出,身体顺势转动,以改变身体方向的一种方法。转身包括前转身和后转身两种方式。

1. 前转身

动作要领:转身时(以左脚为中枢脚),右脚前脚掌向外蹬地,同时身体重心左移,右脚由体前向左跨一步,同时中枢脚以前脚掌为轴(脚跟提起)用力碾地旋转,身体顺势左转,如图6-3所示。

图 6-3　前转身

2. 后转身

后转身和前转身的动作要领相仿,不同的是后转身时移动的脚向自己身后跨步使身体改变方向。

■ 二、传接球

传接球是篮球比赛中队员之间有目的地转移球,以更好地配合全队进攻的有效手段。因此,传接球是组织全队进攻配合的纽带,也是提高进攻质量的重要环节。下面对传接球方法进行简要介绍。

(一)传球

传球包括双手胸前传球、双手低手传球、双手头上传球、单手肩上传球、单手胸前传球、单手低手传球、单手背后传球、单手体侧传球和勾手传球等方法。下面对双手胸前传球和单手肩上传球进行简要的介绍。

1. 双手胸前传球

双手胸前传球是最基本、最常用的传球方法之一,适用于不同方向、不同距离的传球,其特点是准确性高,便于控制球。

动作要领:双手持球时,两脚开立,两膝微屈,重心落于两脚间,双手十指自然分开,两拇指相对呈"八"字形,指根以上部位持球两侧,掌心空出,持球于胸腹之间;传球时,两臂迅速向传球方向前伸,当手臂将要伸直时,急促抖腕,同时两拇指用力下压,食指、中指用力拨球,将球传出,如图6-4所示。

2. 单手肩上传球

单手肩上传球是一种常用于中、远距离传球的方法,其特点是传球力量大,利于抢到后场篮板后发动长传快攻。

图 6-4　双手胸前传球

动作要领(以右手传球为例)：引球至右肩上方,左手离球,左肩对着传球方向,重心落于右脚上。右脚内侧蹬地转身,同时迅速向前挥臂,手腕前屈,通过食、中指拨球,将球传出,如图 6-5 所示。

图 6-5　右手肩上传球

(二)接球

接球是队员获得球的动作,是抢篮板球和断球的基础。接球包括双手接球和单手接球两种方法。

1. 双手接球

双手接球包括双手接胸部高度的球、双手接头部高度的球、双手接低于腰部的球、双手接反弹球、双手接地滚球等方法。下面介绍双手接胸部高度的球(双手胸前接球)。

双手胸前接球动作要领：两眼注视来球方向,两臂向来球方向伸出,十指自然分开。当双手触及球时,手臂顺势引球,将球持于胸腹之间,如图 6-6 所示。

图 6-6　双手胸前接球

2. 单手接球

动作要领（以右手接球为例）：两眼注视来球方向，右臂微屈，伸向来球方向，手掌成勺形，五指自然分开。当手指触及球时，右臂顺势引球，左手立即帮助右手，双手持球于身前，如图6-7所示。

图6-7　单手接球

三、运球

运球是持球队员用手连续按、拍从地面反弹起来的球的动作。运球不仅是比赛中个人进攻的有力手段，也是组织全队进攻和同伴间战术配合的桥梁。

运球包括高运球、低运球、体前变向换手运球、后转身运球、运球急停急起、胯下运球等方法。下面对高运球、低运球、体前变向换手运球和胯下运球进行简要介绍。

（一）高运球

高运球是球反弹的高度在腰、胸之间的运球方法，一般用于无防守的快速运球。

动作要领（以右手运球为例）：运球时，微屈膝，上体稍前倾，目平视，以肘关节为轴，前臂自然伸屈，用右手按拍球的后上方，控制球的落点在身体右前方，球的反弹高度在胸腹之间。

（二）低运球

当持球队员接近防守队员或防守队员来抢球时，持球队员为保护球或摆脱防守，常采用低运球方法。

动作要领：运球时，抬头、目视前方，深屈膝，上体前倾，用上体、腿和另一只手臂保护球。同时，用手短促地按拍球，控制球的反弹高度在膝关节以下。

（三）体前变向换手运球

当防守队员堵截运球队员的进攻路线或运球队员运球接近防守队员时，运球队员可运用体前变向换手运球摆脱和突破对手。

动作要领（以运球队员左手运球突破对手左侧为例）：运球队员左手运球，当对手向左侧移动堵截时，运球队员应向左侧加速运球吸引对手偏离正常防守位置，接着突然变向，用左手按拍球的左后上方，向右侧送拍球，左脚迅速向右前方跨出，上体左转并前倾探肩，右手按拍球的后上方，加速运球突破对手，如图6-8所示。

（四）胯下运球

动作要领（以右手胯下运球为例）：运球跨步急停后，两脚前后开立，左脚在前，重心落于两脚间，右手按拍球的右上方，使球从两腿之间穿过，换左手运球，右脚向左前跨出，完成一次胯下运球，如图6-9所示。

图 6-8　体前变向换手运球

图 6-9　胯下运球

四、投篮

投篮是球员运用各种专业、合理的动作将球从篮筐上面投入球篮的方法,是比赛得分的唯一手段。投篮包括原地投篮、行进间投篮、跳起投篮、补篮和扣篮等方法,其中原地投篮、行进间投篮、跳起投篮是三种最常用的投篮手段。

(一)原地投篮

原地投篮可分为双手头上投篮、双手胸前投篮、单手头上投篮和单手肩上投篮四种方法。下面介绍原地单手肩上投篮的动作要领。

原地单手肩上投篮动作要领(以右手投篮为例):从双手持球的基本站立姿势开始,左手扶球左侧,右手持球,右臂屈肘,置球于右肩上。投篮时,两脚掌蹬地,左手离球,右臂向前上方伸直时,手腕前屈,食、中指拨球,将球投出,如图 6-10 所示。

(二)行进间投篮

行进间投篮是篮球比赛中广泛应用的一种投篮方法,包括行进间单手肩上投篮、行进间单手低手投篮、行进间双手低手投篮、行进间反手投篮和行进间勾手投篮等方法。下面介绍行进间单手低手投篮和行进间单手肩上投篮的动作要领。

图 6-10　原地单手肩上投篮

1. 行进间单手低手投篮

动作要领(以右手投篮为例)：运球队员结束运球变为双手持球的同时，右脚跨出第一步；左脚跨出第二步落地时，前脚掌用力蹬地向前上方起跳，右腿屈膝自然上提，右手将球引至右肩侧上方；腾空到最高点时，左手离球，右手托球，右臂向前上方伸展；接近球篮时，手腕、手指上挑，将球投出，如图 6-11 所示。

图 6-11　行进间单手低手投篮

2. 行进间单手肩上投篮

行进间单手肩上投篮，又称行进间高手投篮，与行进间单手低手投篮动作相仿，只不过最后的投篮动作由低手投篮变为高手投篮而已，如图 6-12 所示。

图 6-12　行进间单手肩上投篮

(三)跳起投篮

跳起投篮的特点是突然性强、出手点高和不易防守。跳起投篮主要包括原地跳起投篮(单手肩上投篮和单手头上投篮等)和急停跳起投篮(接球急停跳起投篮、运球急停跳起投篮和跳起转身投篮)两种形式。无论哪种形式，最后的投篮出手都与原地单手肩上投篮的动作相同。

原地跳起单手肩上投篮是跳起和投篮构成的组合动作，下面介绍其动作要领。

原地跳起单手肩上投篮动作要领:从基本姿势开始,双脚蹬地,同时双手持球快速上摆并举球至额头前上方,待身体达到制高点时,在空中完成原地单手肩上投篮,投篮后自然落地。

第三节　篮球基本战术

篮球的进攻基本战术

篮球战术是篮球比赛中队员所运用的攻守方法的总称,主要分为进攻和防守两种战术。其中,进攻战术包括传切配合、掩护配合和突分配合等战术;防守战术包括换防配合、补防配合和关门配合等战术。

一、传切配合

传切配合包括一传一切和空切两种配合。一传一切是指持球队员传球给同伴后自己立即切向篮下,接同伴回传的球进行投篮的方法;空切是指无球队员根据球的转移情况,从不同的方向迎球或侧向插入篮下接球的配合方法[1]。

练习提示:切入队员要善于把握切入的时机和方向。

二、掩护配合

掩护配合是指队员用自己的身体挡住同伴的防守队员,使同伴摆脱防守的配合方法。掩护配合包括前掩护(掩护队员站在被防守队员前面)、侧掩护(掩护队员站在被防守队员侧面)和后掩护(掩护队员站在被防守队员后面)三种形式。

练习提示:运用时应注意掩护队员占位的合法性。

三、突分配合

突分配合是指持球队员突破防守时将球传给同伴,使同伴获得进攻机会的配合方法。

练习提示:突破队员的动作要突然、快速;突破队员在突破过程中要随时观察场上情况,以及时分球或投篮。

四、换防配合

换防配合是指防守队员为了破坏进攻队员的掩护配合,彼此之间及时呼应并交换防守对手的一种配合方法。换防配合是破坏掩护配合的一种方法。

练习提示:防守队员要及早呼应,迅速换防并抢占有利的防守位置。

五、补防配合

补防配合是指当防守队员被对手突破或绕过时,临近的其他防守队员主动放弃自己防守的对手,去补防突破队员的配合方法。

练习提示:补防时,要正确应用技术,避免犯规;被对手突破的防守队员应积极追防,以补防同伴的对手。

---

[1] 艾丽,张平.新时代大学体育运动与健康教程[M].北京:清华大学出版社,2023.

六、关门配合

关门配合是指两个防守队员协同防守一个进攻队员的配合方法。
练习提示：两名防守队员动作要迅速，配合要默契，两人要靠紧，不留空隙。

第四节　篮球竞赛规则

下面简要介绍一下篮球运动的竞赛规则，供大家在进行篮球运动时参考。

一、比赛方法

一队五人，其中一人为队长，候补球员最多七人，但也可应主办单位要求而增加人数。比赛分4节，每节各10分钟，各节之间休息2分钟，中场休息10分钟。若比赛结束后两队积分相同，则进行5分钟加时赛；若5分钟加时赛后积分仍相同，则再次进行5分钟加时赛，直至比出胜负为止。

二、得分种类

球投入对方篮筐，经裁判认可后便得分。三分线内投中得2分，三分线以外投中得3分，罚球投中得1分。

三、进行方式

两队各推选一名球员到中央跳球区（中圈内）准备跳球；主裁判员持球步入中圈执行跳球，比赛正式开始；到下半场的时候，双方要交换场地。

四、选手的替换

每次替换选手都要在20秒内完成，替换次数不限定。替换选手时，裁判可暂时中止球赛的计时。

五、违例

违例是指球员在比赛过程中，不慎侵犯了比赛中的一些基本规定，如带球走、两次运球等。一般来说，违例是无意中发生的，不存在侵犯对方身体的行为。罚则是指对违反比赛规则行为的处罚。以下介绍几种常见的违例和对其进行的罚则。

（一）时间方面的违例

时间方面的违例如下：

1. 3秒违例

控球队员在对方的限制区内持续停留超过3秒。

2. 5秒违例

队员持球后，5秒内没有传球、投球或者运球。

3. 8秒违例

球队从后场控制球开始，8秒内没有使球进入前场（对方的半场）。

4. 24 秒违例

当一次进攻开始的时候,进攻球员从后场一得到球,没有在 24 秒内投篮一次。

(二)带球走

带球走是指在比赛过程中,持球队员一只脚向任意方向踏出一次或多次时,另一只脚(中枢脚)离开了地面。

要想判断持球队员是否带球走,关键是确定持球队员的哪一只脚是中枢脚。确定中枢脚的方法:如果队员双脚着地或双脚离地时接到球,可以用任意一只脚作为中枢脚。双脚着地时或着地后,一只脚抬起的一刹那,另一只脚为中枢脚;如果队员在移动中接到球,接到球后哪只脚先着地哪只脚为中枢脚。

(三)两次运球

两次运球是指球员在单手运球过程中,双手持球后未传球或投篮,仍继续单手运球。

(四)脚踢球

脚踢球是指运动员故意用膝或者膝以下任何部位去击球、阻拦球。

(五)跳球违例

(1)非跳球球员进入中央跳球区。
(2)裁判还没有扔球,跳球球员就提前起跳。
(3)球在上升的过程中没有上升到最高点,跳球球员就跳起拨球。
(4)球未碰到非跳球球员或地面之前,跳球球员就抓住球或拍打球超过两次。
(5)球未被合法拍击前,非跳球球员跳起。

罚则:在比赛过程中出现时间方面的违例、带球走、两次运球、脚踢球和跳球违例等均判对方在违例地点附近的边线或底线发界外球。

■ 六、犯规

犯规是指球员在比赛过程中,采用不正当的方式来获得得分,或者在防守时侵犯了进攻队员的身体,如打手、推人和带球撞人等行为。一般来说,犯规是故意发生的,包含了与对方队员的身体接触或违反体育道德的举止。

(一)侵人犯规

侵人犯规是指比赛过程中,队员与对方队员的接触犯规。例如,队员通过伸展他的手、臂、肘、肩、髋、腿、膝或脚来拉、阻挡、推、撞、绊、阻止对方队员行进;队员将自己的身体弯曲成超出自身的圆柱体;队员对对方队员有任何粗暴的动作,都属于侵人犯规。

罚则:给犯规队员记一次侵人犯规,以及判给对方球权或罚球。

当判给对方球权或罚球时,按如下规定执行:

第一,对没有做投篮动作的对方队员进行了侵人犯规,由对方队员在靠近犯规地点的界线外掷界外球。

第二,对正在做投篮动作的对方队员进行了侵人犯规,如果对方队员投篮成功应计得分并判给其 1 次罚球;如果对方队员投篮未中,在二分区(或三分区)投篮,则判给其 2 次(或 3 次)罚球。

(二)双方犯规

双方犯规是指防守队员和进攻队员大约同时相互发生侵人犯规的情况。

罚则:给每一名犯规队员都记一次侵人犯规,不判给任何一方罚球。

(三)**违反体育道德的犯规**

违反体育道德的犯规(又称故意犯规)是指队员不是运用技术和战术合理对抗,故意对对方队员发生的侵人犯规。

罚则:给犯规队员记一次违反体育道德犯规,由被犯规队员罚球,随后由被犯规队员从中场边线外发界外球。

罚球次数如下:

(1)如果对没有做投篮动作的队员发生犯规,应判给被犯规队员2次罚球。

(2)如果对正在做投篮动作的队员发生犯规,被犯规队员投球中篮应记得分并加判给其1次罚球。

(3)如果对正在做投篮动作的队员发生犯规,被犯规队员投球未中,应判给其2次或3次罚球。

第七章 排球

排球运动是我国较为普遍的运动项目之一，排球场地设备简单，比赛规则容易掌握，既可在球场上比赛和训练，也可以在一般空地上活动，运动量可大可小，适合于不同年龄、不同性别、不同体质、不同训练程度的人。排球一般分为硬式排球和软式排球，硬式排球为比赛专用，较为激烈。软式排球具有重量轻、体积大、制造材料柔软、不伤手指等特点，适合娱乐游戏时使用。排球运动量适中，又极富趣味性，是老少皆宜的运动，深受广大体育爱好者欢迎。

第一节 排球运动概述

排球运动是由两支人数相等的球队，在被球网隔开的两个均等的场区内，根据规则以身体任何部位，将球从网上击入对方场区，而不使其在本方场区内落地的、集体的、攻防对抗的体育项目。

一、排球运动的起源与发展

排球运动于1895年由美国的威廉姆·G.摩根（Williams. G. Morgan）发明。他在体育馆内挂上网球网，用篮球胆在球网上空来回打，规定9局决胜负（连胜3分为1局）。威廉姆·G.摩根给这种运动形式取名为"mintonette（小网子）"。

1896年，在美国马萨诸塞州斯普林菲尔德基督教青年会体育指导大会上，举行了历史上最早的"小网子"表演，得到了人们的热烈欢迎。大会期间，"mintonette"被改名为"volleyball（排球）"，并一直沿用到现在。

最初的排球比赛规则非常简单，双方上场人数不限，但需对等。1897年，美国首次公布了10条排球比赛规则。1947年，国际排联成立时颁布了第一部国际排球比赛规则。从此，排球运动在世界范围内广泛传播。

国际排联于1949年在布拉格举办了第一届世界男子排球锦标赛，1952年在莫斯科举办了第一届女子排球锦标赛。1964年东京奥运会上，排球比赛被接纳为奥运会项目。1965年在华沙举办了第一届男子世界杯排球赛，1973年在乌拉圭举办了第一届女子世界杯排球赛。至此形成了世界排球锦标赛、世界杯排球赛和奥运会排球赛三项健全的世界大赛制度。各项赛事每隔四年举办一次。

排球运动于1905年传入中国,并在华南、华北和华东的各大城市开展起来。1953年,中国排球协会成立。1954年,国际排球联合会承认并接纳中国排球协会为正式会员。从此,中国男、女排球队登上了世界排球比赛的舞台。

排球运动发展到今天,已成为遍及世界五大洲的体育运动项目之一,深受各国人民的喜爱。

二、排球运动的特点

排球运动的特点主要有以下几个:

(1)广泛性:排球场地、设备简单,比赛规则易掌握,运动量可大可小,适于不同年龄、不同性别和不同体质的人参与。

(2)技巧性:排球比赛中,队员击球时间短暂,击球空间多变,决定了排球运动的高度技巧性。

(3)对抗性:在一场排球比赛中,队员夺取一分往往需要六七个回合的交锋,因此,排球运动具有很强的竞争性和对抗性。

(4)集体性:排球比赛过程中,除了发球外,其他环节都需要集体配合才能进行。没有集体配合,再好的战术也不能发挥作用。

三、排球场、排球网和排球

(一)排球场

排球场包括比赛区域和无障碍区两部分:比赛区域为 18 m×9 m 的长方形,如图 7-1 所示。比赛场地边线外的无障碍区至少宽 5 m,端线外的无障碍区至少宽 8 m,比赛区域上空的无障碍空间至少高 12.5 m(从地面量起)。

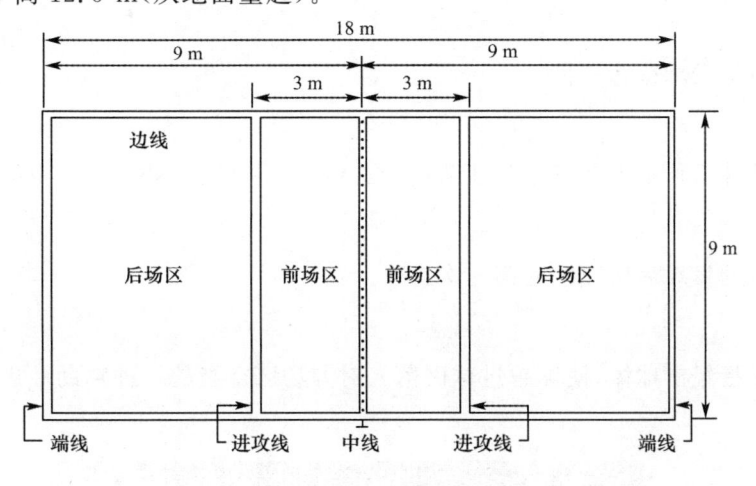

图 7-1 排球场

(二)排球网

排球网包括球网、标志带、标志杆和网柱四部分。

(1)球网为黑色,宽 1 m,长 9.5~10.0 m,网孔 10 cm 见方。球网架设在中线上空,成年男子网高为 2.43 m,女子为 2.24 m;少年男子为 2.24~2.35 m,女子为 2.00~2.15 m。

(2)标志带是两条宽 5 cm、长 1 m 的白色带子,分别系在球网的两端,垂直于边线。

(3)标志杆是有韧性的两根杆子,长 1.8 m,直径 1 cm,由玻璃纤维或类似材料制成,分别设置在标志带外缘球网两侧。

(4)网柱高 2.55 m,两个网柱应垂直固定在两条边线以外 0.5~1.0 m 的中线延长线上。

(三)排球

排球比赛所使用的球包括外壳(由柔软的皮革或合成革制成)和球胆(由橡皮或类似材料制成)两部分。球的圆周为 65~67 cm,重量为 260~280 g,气压为 0.40~0.45 kg/cm^2。

四、排球运动常用术语

排球运动常用术语如下:

(一)"M"站位

"M"站位也称"一二一二"站位,如图 7-2 所示。前面 2 名队员接前区球,中间队员负责中区的球,后面 2 名队员接后区球。

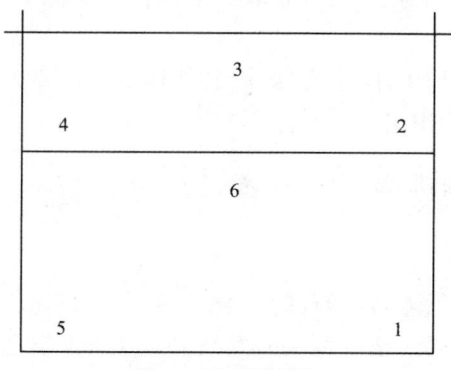

图 7-2 "M"形站位

(二)一传

本方接对方的发球称为一传。

(三)二传

一传队员接球后传给本队场上其他队员为二传。二传队员不能扣球,只能拦网和传球。

(四)一攻

在接起对方的发球后所组织的第一次进攻。

(五)吊球

队员利用手指轻击球体,使球越过球网落入对方场区空当的一种辅助性进攻手段。

第二节 排球基本技术

排球技术是在比赛规则允许的条件下,队员所运用的各种合理击球动作和配合动作的总称,主要包括准备姿势与移动、发球、传球、垫球、扣球和拦网等技术[1]。

---

[1] 中国排球协会.排球竞赛规则(2021—2024)[M].北京:人民体育出版社,2023.

一、准备姿势与移动

准备姿势与移动是排球运动中运用最多的两项基本技术,它是完成传球、垫球、扣球、发球和拦网各项技术的前提和基础,并且对各项技术动作的运用起着串联作用。

(一)准备姿势

按照重心的高低,准备姿势可分为稍蹲、半蹲和低蹲三种。下面介绍半蹲准备姿势的动作要领。

半蹲准备姿势动作要领:两脚左右或前后开立(根据场上情况,可以左脚在前或右脚在前),稍比肩宽,脚跟提起,膝微屈,脚尖和膝稍微内扣;上体前倾,重心前移,肩超膝,膝超脚尖;两臂自然弯曲,置于腹前,目视来球。

(二)移动

移动的目的主要是及时接近球,保持好人和球的位置关系。移动的基本步法包括并步与滑步、交叉步等。

1. 并步与滑步

并步与滑步常用于来球距身体一步左右远时的移动。

动作要领(以向前移动为例):从两脚前后开立的准备姿势开始,后脚用力蹬地,前脚向来球方向跨出一步,后脚迅速跟上,呈准备姿势。连续并步移动称为滑步。

2. 交叉步

交叉步常用于来球距身体 3 m 远时的二传、拦网和防守,其特点是步子大,动作快,便于制动。

动作要领:从准备姿势开始,向右移动时,上体稍向右转,左脚从右脚前面向右交叉跨一步,然后右脚再向右跨一大步,同时身体转向来球方向,呈准备姿势。

二、发球

发球是比赛的开始,也是进攻的开始,是得分、破坏对方一传和进攻的重要手段。发球过程分为准备姿势、抛球和击球三个环节。发球技术包括正面上手发球、上手飘球、勾手飘球、正面下手发球、侧面下手发球和高吊球等。下面对正面上手发球和侧面下手发球进行简要介绍:

(一)正面上手发球

正面上手发球的特点是力量大、速度快、弧度平、旋转强、落点易于控制。

1. 准备姿势

面对球网站立,两脚前后自然开立,左脚在前,两膝微屈,上体前倾,左手持球于胸前。

2. 抛球

左手将球垂直平稳地抛向右肩的前上方,置于头上三个球左右高。同时右臂抬肘约与肩平,前臂后引,手掌置于头后上方,上体略向后移,挺胸、展腹、身体重心后移至右脚。

3. 击球

身体重心前移,收腹,同时带动右臂迅速向肩前上方挥动,在最高点伸直手臂,用手掌击球的后中部。在触球的刹那,手腕适当地向前推压,如图 7-3 所示。

(二)侧面下手发球

侧面下手发球的特点是发球动作较简单,容易掌握,稳定性较大,但攻击性较小。

图 7-3　正面上手发球

1. 准备姿势

右肩对网站立,两脚左右开立,与肩同宽,上体稍前倾,重心落于两脚间或稍偏右脚,左手置球于腹前。

2. 抛球

左手将球抛至胸前,距身体约一臂远,同时右臂摆至身体右侧后下方,上体稍右转。

3. 击球

右脚内侧蹬地,身体左转,带动右臂向前摆动,在腹前用全掌击球下部,将球击出。击球时手臂要伸直,眼睛要看着球。

三、传球

传球是排球运动中一项最基本的技术,是进行比赛和组织战术的基础。传球的种类多种多样,下面对正面双手传球(简称正传)和背传进行简要介绍。

(一)正传

正传是传球中最基本的方法,是掌握和运用其他各种传球技术的基础。

1. 动作要领

传球前采用稍蹲姿势,身体站稳,上体挺直看球,双手自然抬起,置于身前;当球至距额前上方一个球左右的位置时,开始双脚蹬地、伸膝、伸双臂,张开双手,从脸前向前上方击球,将球传出,如图 7-4 所示。

图 7-4　正传

2. 传球手型

当手触球时,两手自然张开呈半球状,手腕稍后仰,以拇指、食指和中指托住球的后下部,两拇指相对,接近"一"字形,两手间要有一定的距离(不超过球的直径),如图 7-5 所示。

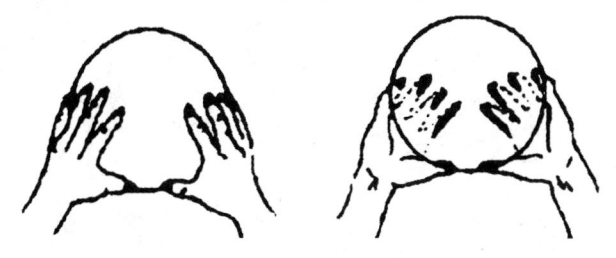

图 7-5　正传手型

3. 传球的用力

传球时主要是利用蹬地、伸膝、向上展体和伸臂协调动作,配合手指和手腕的弹力将球传出。

(二)背传

背传是二传队员背对传球目标的传球。背传主要用于组织进攻。下面介绍背传的动作要领。

动作要领:传球时,上体保持正直或稍后仰,两膝半屈,重心落于两脚间,双手自然抬起,置于脸前,目视来球方向;迎球时,微仰头挺胸,下肢蹬地,同时上体向上方伸展;触球时,手腕后翻,掌心向上击球底部(手型与正传的手型相同),同时下肢蹬地、展腹、抬臂、伸肘,通过手指和手腕的弹力把球向后上方传出,如图 7-6 所示。

图 7-6　背传

四、垫球

垫球主要用于接发球、接扣球和接拦网球等,有时也用来组织进攻。它包括正面双手垫球、体侧垫球、跨步垫球和挡球等方法。下面对正面双手垫球和跨步垫球进行简要介绍。

(一)正面双手垫球

正面双手垫球是双手在腹前垫击来球的一种垫球方法,是各项垫球技术的基础。只有掌握这项技术,才能进一步学习和运用其他垫球技术。

1. 动作要领

垫球前,判断球的落点后迅速移动到落点,身体正对来球方向,呈准备姿势站好;当球接近腹前时,两臂夹紧前伸,含胸收肩,收腕抬臂将球准确地垫在小臂上,如图 7-7 所示。

图 7-7　正面双手垫球

2. 手型

两手手指上下相叠,掌根紧靠。两拇指平行相靠,紧压在上层手指的第二节上,两臂伸直相夹,如图 7-8 所示。

3. 击球点与垫球部位

击球点应保持在腹前约一臂处。垫球部位为前臂腕关节以上 10cm 左右桡骨内侧平面为宜,如图 7-9 所示。

图 7-8　垫球手型 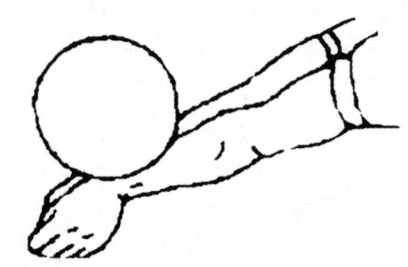　　　　图 7-9　垫球部位

(二)跨步垫球

跨步垫球是当球距身体一步左右,但速度很快或位置较低,队员来不及移动正对时,迅速向前或向侧跨出一步垫球的动作。跨步垫球在接发球和防守中被广泛应用,也是学习其他高难度垫球动作的基础。

动作要领:垫球前,首先判断来球的落点,然后迅速向来球方向跨出一步,屈膝制动,重心移至跨出的脚上。两臂夹紧伸直插入球下,用两前臂击球的后下部,将球平稳地向目标方向垫出。

五、扣球

扣球是排球基本技术中攻击性最强的一项,是得分和取得发球权的主要手段,其特点是击球点高、球速快、力量大、变化多。扣球技术包括正面扣球、自我掩护扣球和勾手扣球等方法。下面对正面扣球进行简要介绍。

正面扣球的动作要点如下(以两步助跑右手扣球为例):

(一)准备姿势

采用稍蹲姿势,两臂自然下垂,观察来球,做好向各个方向助跑起跳的准备。

(二)助跑

助跑时,先向前迈一小步(便于寻找和对正方向),接着右脚迅速跨出一大步,同时两臂绕体侧向后引。左脚及时跟上右脚,踏在右脚之前,两脚尖稍向右转,屈膝制动同时两臂自后积极向前摆动。

(三)起跳

助跑制动之后,两臂用力向上摆,同时两脚猛力蹬地向上起跳。

(四)空中击球

起跳后,挺胸展腹,上体稍向右转,右臂向后上方抬起,身体呈反弓形;挥臂时,身体左转,收腹,带动肩、肘、腕各部分关节呈甩鞭动作向前上方挥动;击球时,五指微张呈勺形,以掌心击球的后中部,同时屈腕、屈指向前推压,将球扣出。

(五)落地

落地时,前脚掌先着地,然后过渡到全脚掌着地,顺势屈膝收腹,以缓冲下落的力量。

具体动作如图 7-10 所示。

图 7-10　正面扣球

六、拦网

拦网是排球的基本技术之一,是防守的第一道防线,也是得分的重要手段之一。拦网分单人拦网和集体拦网两种,两者的个人动作要领相同,只不过后者更注重相互间的协调与配合。下面主要讲解单人拦网的动作要点。

(一)准备姿势

面对球网,两脚左右开立,与肩同宽,两膝微屈,两臂在胸前屈肘距网 30~40 cm。

(二)移动

为了及时对正对方的进攻点,拦网队员需要及时移动。常用的移动步法有并步与滑步、交叉步等。

(三)起跳

原地起跳时,两膝弯曲(弯曲程度因人而异,以发挥最高弹跳力为原则),重心降低,双脚用力蹬地,同时两臂在体侧划小弧用力上摆,带动身体垂直起跳。

(四)空中击球

起跳过程中,两手经额前并平行球网向网上沿的前上方伸出,两臂平行伸直,前臂靠近网,两肩尽量上提;拦网时,两臂尽力过网伸向对方上空,两手自然张开,屈指屈腕呈勺形,以便包住球；手触球时，两手要突然紧张，手腕下压盖住球的前上方。

（五）落地

落地时，面对对方，屈膝缓冲，同时屈肘向下收臂。

具体动作如图 7-11 所示。

图 7-11 拦网

第三节 排球基本战术

排球战术是指运动员在比赛中根据比赛规则、排球运动规律、双方具体情况和临场的发展变化，有意识地合理运用技术和相互配合，采取的各种有针对性的个人或集体的配合行动的总称。排球基本战术主要包括阵容配置、进攻战术和防守战术等。

一、阵容配置

阵容配置是指根据场上 6 名队员的技术水平和战术思想，合理地组合队员和安排阵型的一种配备，目的是充分发挥场上每个队员的特长和作用。阵容配备主要有"四二"阵容配备和"五一"阵容配备。

（一）"四二"阵容配备

"四二"阵容配备是上场队员中有 4 个进攻队员和 2 个二传队员。4 个进攻队员中有 2 个主攻队员和 2 个副攻队员。主（副）攻队员站在对角的位置上。这种配备方法主要适用于初学者和一般水平的球队。

（二）"五一"阵容配备

"五一"阵容配备是上场队员中有 5 个扣球手和 1 个二传手，通常二传队员在对角位置上，配备一名有进攻能力的扣球手接应二传队员。这种配备方法适用于水平较高的球队。

二、进攻战术

进攻战术如下：

（一）"中一二"进攻战术

"中一二"进攻战术的阵型：二传手站位于 3 号，5 号垫球至 3 号，3 号传球给 2 号或 4 号扣球进攻,如图 7-12 所示(实线为传球路线,虚线为队员移动路线)。

它的特点是分工明确,战术简单,易于掌握,但是战术掩护变化少,容易被对方识破。

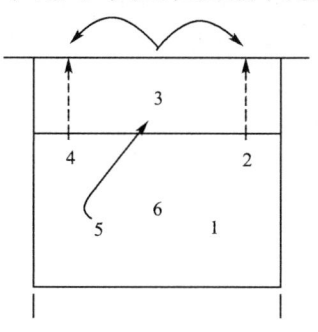

图 7-12 "中一二"进攻战术

(二)"边一二"进攻战术

"边一二"进攻战术的阵型:二传站位于 2 号,6 号垫球至 2 号,2 号传球给 3 号或 4 号扣球进攻,如图 7-13 所示(实线为传球路线,虚线为队员移动路线)。

它的特点是战术变化较多,两个攻击手位置相邻,便于掩护配合。

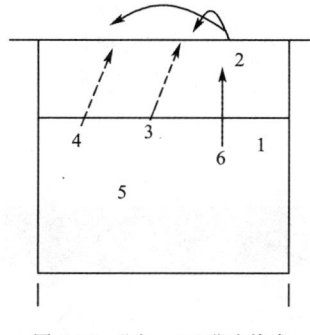

图 7-13 "边一二"进攻战术

三、防守战术

防守战术是组织进攻或反攻战术的基础,主要包括接发球防守,接扣球防守和接传、垫球防守等。

(一)接发球防守

在排球比赛中,发球是比赛的开始,接好对方的发球是组织进攻的前提。因此,接发球防守技术在排球比赛中占有重要位置。下面简要介绍 5 人和 4 人接发球防守战术。

1. 5 人接发球防守战术

5 人接发球防守战术是比赛中最基本、最常用的接发球方法,它的阵型是除前排 1 名二传手或后排准备插上的二传手外,其余 5 名队员都参与接发球。5 人接发球时,球员的位置应根据本方一攻战术来确定。

2. 4 人接发球防守战术

4 人接发球防守战术的阵型是除前排 1 名二传手和后排准备插上的二传选手外,其余 4 名队员都要参与接发球。它的特点是可以缩短插上和扣快球队员跑动的距离,有利于提高进攻的速度。

(二)接扣球防守

接扣球防守战术由拦网和后排防守两部分组成。根据前排参与拦网人数的多少,可把接扣球防守战术分为无人拦网、单人拦网、双人拦网和三人拦网四种。下面简要介绍一下双人拦网防守战术。

双人拦网防守战术适用于当对手的扣球力量较大、线路变化多时,其方法有"边跟进"防守和"心跟进"防守。

1."边跟进"防守

"边跟进"防守的阵型是队员呈"M"形站位时,2号和3号网前拦网,4号后退至攻防线后参与后场防守,1号或5号跟进保护和防守对方吊球。它适用于对方进攻力量强、扣球多、吊球少时,其优点是加强了拦网,缺点是边上的队员既要防直线,又要跟进防前区,比较困难。

2."心跟进"防守

"心跟进"防守的阵型是队员呈"M"形站位时,2号和3号网前拦网,4号后退至攻防线后参与后场防守,6号队员专职跟进、保护拦网和防吊球。它适用于对方经常打吊结合时,其优点是加强了前区的防守能力,缺点是后排防守队员之间的空当较大。

(三)接传、垫球防守

排球比赛中,当对方无法组织进攻,被迫用传、垫球将球击入本方时,我方的防守便称为接传、垫球防守。由于来球的攻击性小,我方的防守阵型为除二传队员外,其他的队员在各自的位置上准备接球后组织进攻。

第四节 排球竞赛规则

排球竞赛有其相应的规则,具体如下:

一、比赛方法

每队12名队员,其中一人为自由防守队员;每队各派6名队员(比赛开始时的上场队员为主力队员,其余为候补队员)在场地上进行比赛。

比赛采用五局三胜制:第1局~第4局,先得25分并领先对手2分的队胜一局;第5局,先得15分并领先对手2分的队胜一局;比分为24平或14平时,继续比赛直到领先对手2分为胜一局。第1局~第4局间休息3分钟,第五局前休息5分钟[①]。

二、得分种类

一方成功地使球落在对方场区内或对方犯规,经裁判认可得一分。

三、进行方式

第一裁判主持抽签,决定发球权和双方场区;鸣哨后,两队在各自场区站好,发球方发球,比赛开始;比赛进行到第5局时要重新决定发球权和场区。

---

① 杨娅男.排球教学与训练[M].厦门:厦门大学出版社,2018.

四、选手替换

每一局每队有 6 次换人机会,可以换一人或同时多人;主力队员在同一局中可以退出比赛和再次上场一次,但是只能回到首发阵容时的位置;替补队员只能上场一次,可以替换任何一个主力队员,但只能由被他替换下场的主力队员替换。

五、犯规

排球竞赛犯规的内容如下:

(一)发球犯规

发球时,遇到下列任何一种情况,均判为发球犯规:

(1)发球队员未依照上场阵容单的顺序轮流发球。
(2)发球队员在击球时或击球跳起落下时,踏及场区(包括端线)或发球区以外地面。
(3)发球队员在第一裁判员鸣哨后 8 秒内没有将球击出。
(4)发球队员双手击球或单手将球抛出、推出。
(5)球发出后触及发球队其他队员。
(6)发球出界。

(二)击球犯规

(1)排球比赛中,一名队员(拦网队员除外)连续两次击球或球连续两次触及身体的不同部位。
(2)比赛过程中,击球队员将球接住或抛出。
(3)后场队员在前场区完成击球,并且击球时球的整体高于球网上沿。
(4)队员对处于前场区内高于球网上沿的对方发球击球。
(5)击球出界。

(三)拦网犯规

(1)拦对方的发球。
(2)拦网出界。
(3)队员从标志杆以外伸入对方空间拦网。
(4)后排队员或自由防守队员参与拦网。

(四)球网附近的犯规

(1)队员的双脚或单脚全部越过中线并落在对方场区内。
(2)队员网下穿越进入对方空间妨碍对方比赛。

罚则:无论哪种犯规,若一队犯规,另一队得 1 分并得到发球权。

第八章 乒乓球

乒乓球是一项老少皆宜的运动项目。乒乓球最早起源于英国。乒乓球因其打击时发出的声音而得名。

第一节　乒乓球运动概述

乒乓球并不陌生,无论是在体育场馆还是在家中,我们都曾陶醉于这项优美的运动。现在,让我们一起来了解一下乒乓球运动。

一、乒乓球运动的起源与发展

乒乓球运动于19世纪末起源于英国,最初只是一种活动性游戏。球是用轻而富有弹性的材料制成的,拍子是雪茄烟盒盖之类的木质板,像打网球一样在桌上打,故称之为"桌上网球"。1900年左右,由于轻工业的发展,球才改成用硝酸纤维素塑料制成的空心球。此后,乒乓球运动便逐步发展起来。第一次大型乒乓球比赛于1900年12月在英国伦敦举行,参加比赛的有三百多人[1]。

1959年,容国团获得了第二十五届世界乒乓球锦标赛男子单打冠军后,中国运动员开始登上了国际乒坛,逐渐形成了以"快、准、狠、变"为技术风格的直拍近台快攻打法。

中国近台快攻的优点是站位近,速度快,动作灵活,正反手运用自如,比远台长抽打法又大大前进了一步。这是乒乓球运动水平的第二次大提高。

20世纪70年代以来,由于国际交往和学习研究的加强,各种打法互取长短,使乒乓球技术得到了更快的发展和提高。比如,我国近台快攻、直拍快攻结合弧圈球、横拍快攻结合弧圈球等打法和技术均有所发展和创新,在国际比赛中取得了优良的成绩。

现在,乒乓球已发展成为各国人民喜爱的运动项目之一。由国际乒联和各大洲乒联举办的世界锦标赛、世界杯赛、洲际比赛及各种规模和形式的国际比赛不胜枚举。1988年,国际奥委会把乒乓球列为奥运会正式比赛项目。

---

[1] 戚一峰,李荣芝.乒乓球教程[M].上海:上海交通大学出版社,2021.

二、乒乓球运动的特点

乒乓球运动的特点如下：

第一，乒乓球运动设备简单，容易开展，运动量可大可小，参加者不受年龄、性别等限制。

第二，乒乓球小而轻、速度快、变化多，击球时需要比较高的准确性、灵敏性和技巧性。

第三，乒乓球运动具有很强的竞争性，可以培养人的心理素质。

三、乒乓球台、球与球拍

标准的乒乓球台（图8-1）由两块组成，每块长137 cm，总长274 cm，台面宽76 cm，台面四边涂上2 cm宽的白线（分别称端线和边线），台面中间有一条0.3 cm宽、与球台长边平行的中线。台面颜色可为海蓝色或墨绿色。中间球网的网长是183 cm，网高是15.25 cm。

图8-1 乒乓球台

乒乓球的直径为38 mm，质量为2.5 g，呈白色、黄色或橙色，且无光泽。

乒乓球拍由底板、胶皮和海绵三部分组成，三者的合理搭配决定了一块球拍的质量。

乒乓球与拍如图8-2所示。

图8-2 乒乓球与拍

此外，乒乓球拍有直拍和横拍之分，其中，直拍的拍柄会短一点，横拍会长一点。横拍比较适合身材高大、移动范围较大、偏力量型的选手，直拍比较适合反应快、变化多、身体灵活的选手。

乒乓球拍的底板通常为复合板，胶皮则有正胶、反胶和长胶之分。其中，正胶颗粒朝外，其特点是击球较稳且速度快，也能造成一定的旋转，而且不易吃转，适合近台快攻型打法；反胶颗粒朝内，光面朝外，黏性较大，摩擦大，容易造成较强的旋转，适合打弧圈球和削球的选手，也是目前最为常用的一种胶皮；长胶也是颗粒朝外，不过它的颗粒较长而且柔软，旋转变化怪异。

四、乒乓球运动的常用术语

为了便于描述乒乓球技术与战术,我们首先来学习一些常用的乒乓球运动术语。

(一)台面区域划分

台面区域按左右方式可分为左半区和右半区;如果按前后方式划分,可分为底线区、中区和近网区,如图8-3所示。

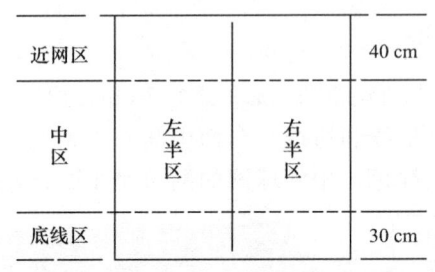

图 8-3 台面区域划分

(1)左、右半区,又称1/2区,其方向是对击球者本身而言的。
(2)近网区,指距球网40 cm以内的区域。
(3)底线区,指距端线30 cm以内的区域。
(4)中区,指介于近网区和底线区之间的区域。

(二)台面外区域划分

台面外区域可划分近台区、中近台区、中远台区和远台区,如图8-4所示。

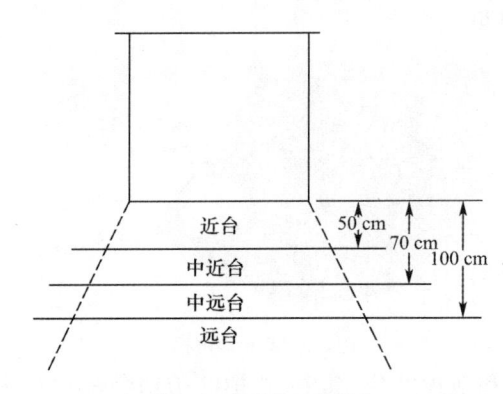

图 8-4 台面外区域划分

(三)球拍拍形

球拍拍形包括拍面角度和拍面方向。其中,拍面角度是指拍面与台面所形成的角度,如图8-5所示;拍面方向是指球拍左右偏转时,与球台端线所形成的角度。

(四)击球部位与击球点

击球部位是指击球时球触球拍的具体位置,具体可分为上部、中上部、中部、中下部和下部。击球点是指球与球拍接触时的空间位置。

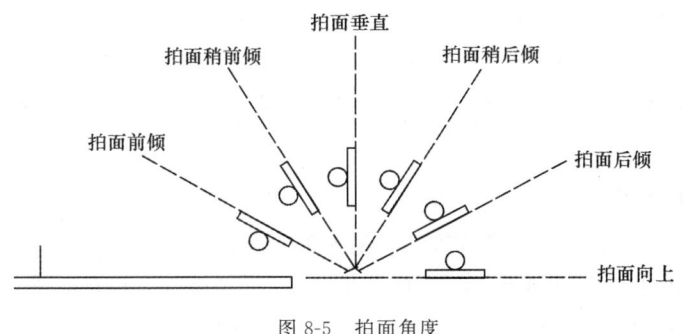

图 8-5 拍面角度

(五)击球时间

击球时间是指来球在本方着台后弹起至回落的那段时间,它大致可分为上升前期、上升后期、高点期、下降前期和下降后期,如图 8-6 所示。

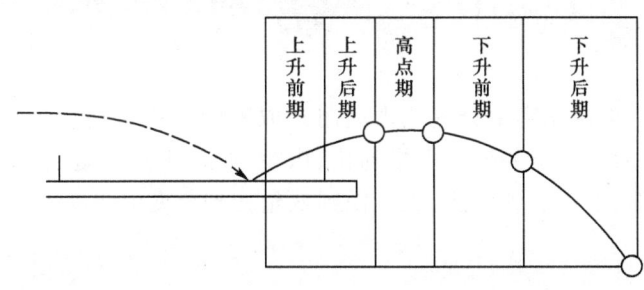

图 8-6 击球时间

(六)击球路线

击球路线是指从击球点到落台点之间形成的投影线。以击球者为基准,五条基本击球路线分别为:右方斜线、右方直线、左方斜线、左方直线和中路直线,如图 8-7 所示。

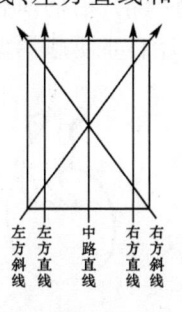

图 8-7 击球路线

(七)短球、长球和追身球

1. 短球

短球指落点在近网区内,且反弹跳起后第二落点不超过球台端线的球。

2. 长球

落点在底线区内的球。

3. 追身球

根据对手的身体位置,将落点控制于对手身体中间部位的球。

(八)击球前的准备姿势和站位位置

击球前,两脚平行站立,略比肩宽,两膝微屈,前脚掌内侧着地,上体略前倾;两眼注视来球,执拍手臂自然弯曲,执拍于腹前偏右(右手执拍),离身体 20～30 cm。

此外,根据打法类型,选手可选择不同的站位位置。快攻型选手一般站在近台中间或中间偏左位置,弧圈型选手一般站在中台偏左位置,削攻型选手一般站在中台或中远台中间位置。

(九)击球的基本环节

判断来球、选位移动、挥拍击球和迅速还原是击球的四个基本环节。其中,通过对方击球点位置、挥拍姿势、来球方向和速度,以及球着台后的运动轨迹,可大致确定球的落点及其性质,然后可据此确定移动步法、移动位置,以及击球点、击球时间、击球部位和发力方向。此外,每次击球后都应努力使身体姿势和站位位置还原,以保证下次击球。

第二节 乒乓球基本技术

有了高超的技术,再在比赛中合理地去运用是取胜的关键。初学者掌握乒乓球的运动技术动作是有规律可循的。一定要做到由慢到快、由少到多、由近到远、由简到繁、由小到大、由下到上、由整体到局部、由步法到手法,逐步做到从量变到质变的飞跃。

一、握拍方法

握拍方法是指手持球拍的方法。如前所述,乒乓球拍有直拍和横拍两种,对应地,握拍方法也有直握拍和横握拍两种。两种握拍方法各有千秋,具体选用哪种应因人而异。

(一)直握拍方法

正面拇指第一指节和食指第二指节握拍,拍柄压住虎口,背面中指、无名指和小指自然弯曲斜形重叠,中指第一指节顶住球拍的后上部使球拍保持平稳,如图 8-8 所示。

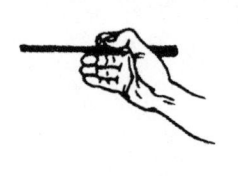

图 8-8　直握拍方法

直握拍的优点:出手快,正手攻球快速有力,攻斜、直线球时拍面变化不大,对手难于判断,且易于控制台内球。

直握拍的缺点:反手的攻击性不如横握拍。

(二)横握拍方法

中指、无名指和小指自然地握住拍柄,拇指在球拍正面,轻贴在中指的旁边,食指自然伸直斜放于球拍的背面,虎口轻微贴拍,击球时拇指和食指帮助手腕调节拍形和加力挥拍。正手攻球时食指向上移动,反手攻球时拇指向球拍中部移动,帮助手腕下压,加大击球力量,如图 8-9 所示。

横握拍的特点:正、反手攻球力量大,攻削球时握法变化小,反手攻球容易发力,也便于拉

图 8-9　横握拍方法

乒乓球的基本技术
——攻球、搓球、
削球技术

弧圈;但正、反手交替击球时,需变换击球拍面,攻斜、直线时调节拍形的幅度大,易被对方识破;在手腕灵活性上比直握拍稍差,台内球的处理不及直握拍。

(三)握拍的注意事项

第一,无论哪种握法,握拍都不应过紧或过松。过紧会使手腕僵硬,影响发力时的手腕动作,过松则影响击球力量和击球的准确性。

第二,握拍不宜太浅。直握时,食指和拇指构成的钳形不能过大或过小,以免影响手腕动作的灵活性。

第三,在变换击球的拍面和调节拍面角度时要充分利用手指。

第四,握拍的手法不宜经常变换,否则会影响打法类型及风格的形成。

二、发球方法

发球在比赛中对于扬己之长、攻彼之短有着重要的技术和战术意义。发球、接发球、发球抢攻被称为乒乓球的前三板技术,是我国乒乓球的技术强项。下面简要介绍几种基本的发球技术。

(一)正手平击发球

正手平击发球的特点:用力不大,球速不快,一般不带旋转。它是初学者最基本的发球方法,也是掌握其他复杂发球方法的基础。

正手平击发球的要点(图 8-10)如下:

首先,发球时左脚在前,身体稍向右转。

其次,将球置于掌心,手掌伸平,然后将球抛起。

最后,拍面稍前倾,当球下降稍高于球网时,手臂向左前方发力,挥拍击球中上部。击球后的第一落点应落在球台中区。

图 8-10　正手平击发球

(二)发下旋球

下旋球分为加转与不加转两种,且正、反手均可运用。

正手发球时,左脚在前,身体略向左偏斜站立,左手向上抛球,右上臂稍外展,前臂内旋并向身体后上方引拍。以前臂和手腕的发力为主。

发加转下旋球时,执拍手的上臂带动内。拍面后仰较大,击球的中下部后向底部摩擦,如图 8-11 所示。

图 8-11 发加转下旋球

发不加转下旋球与发加转下旋球的动作基本相同,主要区别是前臂旋内稍慢,拍面后仰角度较小,球拍触球的中下部或中部后有一个向前推送的动作,使挥拍的作用力线接近球心,以减小旋转。

(三)反手发轻短球

特点:力量轻,落点靠近球网,使对方难于发挥技术优势。

动作要领:手臂先向后上方引拍。当球下降至比网稍高时,前臂向前下方轻微用力送出,拍面后仰,触球中下部并向底部摩擦。球离拍后,要在本方台面中区弹起,才能越网落到对方近网的地方,如图 8-12 所示。

图 8-12 反手发轻短球

(四)高抛发球

发球者先将球抛至高度为 2～3 m 空中,待下落到一定高度时击球。挥拍时上臂外展的幅度较大,要借助转腰和蹬地的力量。由于抛球高度大幅度提高,球体下落时的重力加速度骤增,因此,高抛球具有球速快、旋转强、时间差明显等特点。

高抛发球有侧身正手左侧上(下)旋球、侧身正手上旋长球、反手右侧上(下)旋球等之分。

三、接发球方法

接发球指回接对方发球时使用的各种方法。接发球时,首先,应根据对方发球时的位置调整自己的站位,一般采用的是斜角对立的方法;其次,应根据对方发球时的挥臂方向、幅度和拍面角度,以及球的飞行弧线、速度判断其旋转和落点,尤其要看清对方球拍触球瞬间的触球部位和挥拍方向等情况,然后运用有针对性的技术加以回击。

接发球的主要战术如下:

(1)以搓球和削球削弱对方的攻势。

(2)用快搓、摆短球遏制对方的发力抢攻。

(3)以快拨、推挡和提拉等技术回接,争取形成对攻局面。

(4)力争抢拉、抢攻在先,以免陷入被动挨打的困境。

四、击球时的基本步法

步法是指乒乓球运动员为选择合适的击球位置所采用的移动方法,它是一名优秀运动员必须掌握的基本技能,是衔接各项技术动作的枢纽,也是执行各项战术的有力保证。因此,从初学乒乓球技术开始,就应该重视步法的训练。

(一)步法的基本要求

在练习步法时,必须注意以下几点:

首先,移动过程中尽量保持身体重心平稳,不妨碍下次击球。否则,即使跟跟跄跄跑过去接到了球,但失去了重心,势必会影响下一次击球。

其次,两脚蹬地要有力。

最后,重心交换是步法的灵魂,在重心交换中,腰的灵活性具有极其重要的作用。

(二)基本步法

1. 单步

以一脚的前脚掌为轴,另一脚向前、后、左、右某个方向移动一步。

单步的特点是移动范围较小,重心较为稳定。多在来球离身体不远的情况下使用,如上步接近网短球、让步接追身球等。

2. 跨步

以一脚向来球方向跨出一大步,另一脚跟着移动。多在来球急、角度大的情况下使用,如"打回头"、削接左右大角度的来球等。

跨步的特点是移动范围较大,身体重心起伏也大,一般适用于打借力球。

3. 滑步

两脚几乎同时向来球方向蹬地,然后离来球远的脚先落地,离来球近的脚后落地。多在来球角度较大、球速快时采用,如连续攻(拉)等。

滑步的特点是移动范围较大,身体重心平稳,便于发力。

4. 交叉步

离球远的脚朝来球方向跨出一大步,并从前面超过另一脚形成交叉状,另一脚再向来球方向移出一步。多在来球远离身体的情况下采用,如侧身后从球台左方移至右方大角击球等。

交叉步的特点是移动范围最大,便于发力进攻,需要上下肢、腰和髋等部位协调配合。

■ 五、常用击球方法

常用击球方法如下:

(一)推挡球

推挡球是以球拍推击球的一种技术,其特点是站位近、变化多、速度快、动作小,在相持或防御时使用能起到调动对方和助攻的作用。

推挡球包括挡球、快推、快拨、加力推、减力挡、推下旋、挤推、拱推等多种方法,下面介绍其中常用的几种。

1. 挡球

特点:力量轻,球速慢,动作简单易掌握。

动作要领:击球前,前臂与台面平行伸向来球。球拍触球时,前臂和手腕稍向前移动,借助来球的反弹力将球挡回。拍面接近垂直,并在来球的上升期击球的中部,如图8-13所示。

2. 快推

特点:出手快,动作灵活。若结合落点变化,能起到调动、控制对方的作用。

图 8-13 挡球

动作要领:两脚平行站立,身体靠近球台。引拍时肘关节靠近身体右侧,前臂与台面平行。将球拍后引至左腹前,拍面垂直。击球时,前臂和手腕迅速前伸。食指用力,拇指放松使拍面稍前倾,在上升期击球的中上部,如图 8-14 所示。

图 8-14 快推

3. 加力推

特点:动作幅度较大,力量重,球速快。若结合落点变化,能增强一定的攻击力。

动作要领:引拍时,前臂向后上方屈收的幅度较大,使球拍的位置稍高一些,并根据来球的高度调整好球拍角度。击球时以手臂发力为主,借助右脚蹬地和转腰的力量。在来球的上升后期或高点期击球的中上部,如图 8-15 所示。

图 8-15 加力推

4. 减力挡

特点:力量轻,落点短,节奏变化快,能起到干扰和调动对方的作用。

动作要领:在触球瞬间,球拍前移的动作骤然停止,也可将球拍稍微后移,以减弱来球的反弹力。根据来球力量和上旋强度的大小,调节好拍面角度,控制好触球瞬间球拍后移的幅度,如图 8-16 所示。

(二)搓球

搓球是近台还击下旋球的一种技术,特点是动作小,弧线低,落点活,旋转变化多等,可以

图 8-16 减力挡

牵制对方的攻势,并为抢攻或抢拉创造机会。搓球在左半台使用较多。

搓球种类较多,根据击球时间、落点和旋转的不同,分为快搓、慢搓、转与不转搓球、侧旋搓球等。

动作要领:球拍在体前,击球时上臂前伸,拍面稍后仰,利用上臂前伸和旋外力量,将球拍向前下方送出,在来球的下降期摩擦球的中下部,如图 8-17 所示。

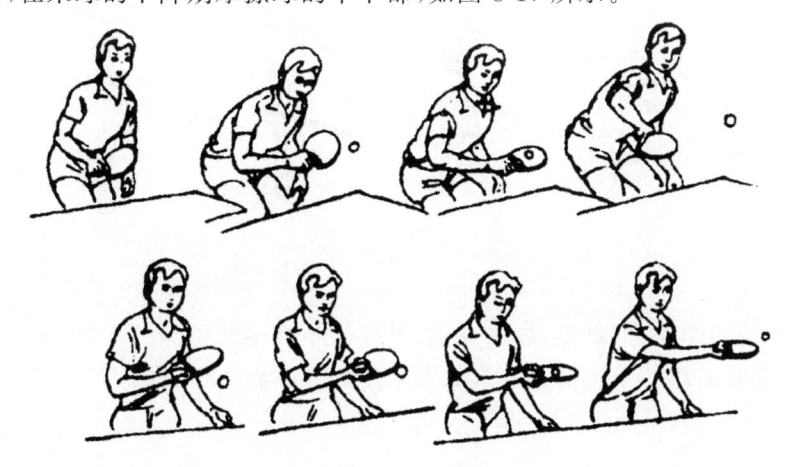

图 8-17 搓球

(三)攻球

攻球是比赛中争取主动和得分的重要手段,其特点是种类多、球速快、力量大。

如果按身体方位划分,攻球有正手攻球、反手攻球、直拍反面攻球和侧身攻球等;如果按接站位划分,攻球有近台快攻、中台快攻和远台快攻等;如果按动作划分,攻球有快抽、提拉、扫抽和扣杀等。

1. 正手攻球

正手攻球又称近台快抽,其特点是站位近,动作小,球速快。若配合落点变化,可创造更好的扣杀机会。

动作要领:击球前,左脚稍前站立,身体离台约 50 cm。当来球将落至台面时前臂外展,将球拍后引至身体右侧稍后。当来球从台面弹起时,上臂带动前臂向左前上方快速挥动,并配合前臂内旋动作将拍体前倾,在上升期击球的中上部。击球过程中,身体重心从右脚移至左脚,击球后球拍继续挥至头部高度,然后迅速还原成击球前的准备姿势,如图 8-18 所示。

2. 提拉球

提拉球是攻球运动员对付下旋球时常用的技术之一。特点是落点活,球路稳健,并带有一

图 8-18　正手攻球

定的主旋力。比赛中,双方处于相持阶段时用此过渡,常能为扣杀创造机会。

动作要领:击球时,球拍从右下方朝左前立方加速挥动,拍面接近垂直,在来球的下降期击球的中部或中下部,如图 8-19 所示。

图 8-19　提拉球

3. 扣杀

扣杀的特点是动作大,力量重,攻击力强,是还击半高球时得分的重点,前臂和手腕同时下压,等球弹到高点时击球的中上部。要求最大限度地发挥整个手臂的力量,并配合转腰和蹬地的力量。

(四)弧圈球

弧圈球是将速度与旋转相结合的一种进攻技术。弧圈球的弧线曲度大,落台后前冲力大,攻击力强,是乒乓球比赛中得分的主要手段[1]。

拉弧圈球时,要求运动员使用反胶海绵球拍。击球时球拍前倾,击球的中部或中上部,依靠腿部、腰部和手臂等部位的协调发力完成动作。

如果按击球方法划分,弧圈球包括正手弧圈球、反手弧圈球和侧身弧圈球;如果按旋转特点划分,弧圈球包括加转弧圈球、前冲弧圈球、侧旋弧圈球和不转弧圈球(假弧圈)。

下面简要介绍一下正手拉弧圈球的特点和动作要领。

特点:站位稍远,动作大,速度稍慢,弧线曲度大,落台后前冲并向下滑落,一般用于拉下旋球。

动作要领:

(1)两脚左右开立,稍大于攻球时距离,右脚在后,身体重心放低。

(2)执拍手沉肩垂臂,引拍至身体后下方,拍面稍前倾,身体重心移至右脚。

(3)大臂带动前臂向前上方挥拍,逐渐加快挥拍速度。此外,还应根据来球旋转程度控制

---

[1]中国乒乓球协会.乒乓球竞赛规则(2022)[M].北京:北京体育大学出版社,2022.

好拍形角度并找准击球时间。

(4) 身体重心向左脚移动。拍触球时,右脚蹬地转体向左侧转动,迅速收缩前臂,发力要以腰、手为主,在来球下降期击球的中部或中上部。

(5) 拉球后,球拍随势挥至头部高度,身体重心移至左脚。

第三节　乒乓球基本战术

只有熟悉与学习乒乓球基本战术,才能够更好地掌握乒乓球运动的技能。

一、乒乓球战术的四个基本因素

乒乓球有各种各样不同打法,还有多种战术。不管是什么打法,战术如何变化多端,乒乓球战术离不开四个基本因素,那就是力量、速度、旋转和落点。

第一,力量作用于球,是通过球的前进速度和旋转强度表现出来的。要想在进攻当中猛力扣杀,使对方接不好,你就要打得有力量。

第二,为了尽量减少对方的准备时间,必须抓紧时间,争取在最短的时间内把球回击到对方的台面上,使对方措手不及。

第三,为了增加对方还击的难度,还可以制造各种旋转球,迫使对方回球失误后出机会球,这就是旋转。

第四,如果你是在加强旋转的强度,那么无论是制造上旋还是下旋,一定要用力摩擦球。

二、乒乓球比赛时常用的一些战术

下面就来简单介绍一些乒乓球比赛时常用的战术,具体内容如下:

(1) 推攻战术。主要运用正手攻球和反手推挡的速度和力量,并结合落点变化和节奏变化来压制和调动对方,以争取主动或得分。有反手推挡能力的两面攻运动员、攻削结合运动员等常使用它。

(2) 两面攻战术。主要利用正、反手攻球技术的速度和力量压制对方,争取主动和创造扣杀机会。两面攻技术是两面攻打法对付攻击型打法的主要战术。

(3) 拉攻战术。连续运用正手快拉创造进攻机会,然后采用突击和扣杀来作为得分手段。拉攻战术是快攻打法对付削球类打法的主要战术。

(4) 拉、扣、吊结合战术。由拉攻与放短球相结合而成,是快攻型打法对付削球打法的常用战术。

(5) 搓攻战术。主要运用"转、低、快、变"的搓球控制对方,以寻找战机,然后采用低突、快点或拉攻等技术展开攻势并进入连续进攻;在搓球中遇到机会球时进行扣杀,常常带有突然性,往往可以直接得分。搓攻战术是乒乓球各种打法不可缺少的辅助战术。

(6) 削中反攻战术。由削球和攻球结合而成,常以逼角加转削球为主,伺机反攻;或以"转、低、稳、变"的削球,迫使对手在走动中拉攻,以从中寻找机会,予以反攻。这种战术有"逼、变、凶、攻"的特点,是攻、削结合打法的主要战术。

(7) 发球抢攻战术。发球抢攻战术是以旋转、线路、落点,以及速度不同的发球来增加对方回击的难度,使其出现机会球,或降低回球质量,然后抢先进攻,以争取主动或直接得分。这是乒乓球所有打法特别是进攻型打法的主要战术和得分手段。

(8)接发球抢攻战术。由某一单项攻球技术形成,进攻性强,可变接发球的不利地位为主动地位,也可直接得分,是乒乓球运动中各种打法特别是进攻型打法的主要战术。

第四节 乒乓球竞赛规则

下面简要介绍一下乒乓球运动的竞赛规则,供大家在进行乒乓球运动时参考。

一、发球

(1)发球开始时,球自然地置于不持拍手的手掌上,手掌张开。

(2)发球时,发球员须用手将球几乎垂直地向上抛起,不得使球旋转,并使球在离开不执拍手的手掌之后上升不少于16 cm。

(3)当球从抛起的最高点下降时,发球员方可击球,使球首先触及本方台区,然后越过或绕过球网装置,再触及接发球员的台区。双打中,球应先后触及发球员和接发球员的右半区。

(4)从发球开始,到球被击出,球要始终在台面以上和发球员的端线以外,而且不能被发球员或其双打同伴的身体或衣服的任何部分挡住。

二、击球

对方发球或还击后,本方运动员必须击球,使球直接越过或绕过球网装置,或触及球网装置后,再触及对方台区。

三、失分

(1)击球后,该球没有触及对方台区而越过对方端线。
(2)球未过网或出现连击。
(3)运动员使球台移动,或触及球网装置。
(4)不执拍手触及比赛台面。
(5)双打运动员击球次序错误。

四、一局比赛和一场比赛

在一局比赛中,先得11分的一方为胜方;10平后,先多得2分的一方为胜方。

在一场比赛中,单打淘汰赛采用七局四胜制,双打淘汰赛和团体赛采用五局三胜制。

五、次序和方位

(1)在获得2分后,接发球方变为发球方,依此类推,直到该局比赛结束,或直至双方比分为10平,或采用轮换发球法时,发球和接发球次序不变,但每人只轮发1分球。

(2)在双打中,每次换发球时,前面的接发球员应成为发球员,前面的发球员的同伴应成为接发球员。

（3）在一局比赛中首先发球的一方，在该场比赛的下一局中应首先接发球。在双打比赛的决胜局中，当一方先得5分后，接发球一方必须交换接发球次序。

（4）一局中，在某一方位比赛的一方，在该场比赛的下一局应换到另一方位。在决胜局中，一方先得5分时，双方应交换方位。

六、间歇

（1）在局与局之间，有不超过1分钟的休息时间。

（2）在一场比赛中，双方各有一次不超过1分钟的暂停。

第九章 羽毛球

羽毛球运动是一项能够让人眼明手快、全身得到锻炼的体育项目。这种说法非常贴切。无论是进行有规则的羽毛球比赛还是作为一般性的健身活动，都要在场地上不停地进行脚步移动、跳跃、转体、挥拍，合理地运用各种击球技术和步法将球在场上往返对击，从而增大了上肢、下肢和腰部肌肉的力量，加快了锻炼者全身血液循环，增强了心血管系统和呼吸系统的功能。运动中锻炼者需要运用手腕和手臂的力量握拍和挥拍，还要充分活动踝关节、膝关节、髋关节等部位，做出滑步、踮步和弓箭步等各种步态，所以对于全身肌肉和关节的锻炼也是很充分的。在捡球、接球的过程中，不断地进行弯腰、抬头等动作，使腰部、腹部的肌肉也能得到充分锻炼。

第一节 羽毛球运动概述

羽毛球运动适合于男女老少，运动量可根据个人年龄、体质、运动水平和场地环境的特点而定。青少年可作为促进生长发育、提高身体机能的有效手段进行锻炼，运动量宜为中强度，活动时间以 40~50 分钟为宜。适量的羽毛球运动能促进青少年身高增长，能培养青少年自信、勇敢、果断等优良的心理素质。老年人和体弱者可作为保健康复的方法进行锻炼，运动量宜较小，活动时间以 20~30 分钟为宜，达到出出汗、弯弯腰、舒展关节的目的，从而增强心血管和神经系统的功能，预防和治疗老年心血管和神经系统方面的疾病。儿童可作为活动性游戏来进行锻炼，在阳光下奔跑跳跃，并要求能击到球，以此培养不畏困难、不怕吃苦、不甘落后的品质。

一、羽毛球运动的起源与发展

1800 年，现代羽毛球运动诞生于英国，由网球派生而来。1870 年，出现了用羽毛、栓皮做的球和穿弦的球拍。1873 年，英国公爵鲍弗特在格拉斯哥郡伯明顿镇的庄园里进行了一次羽毛球游戏表演，从此，羽毛球运动便逐渐开展起来，"伯明顿"成了羽毛球的名字，英文的写法是

"Badminton"。那时的活动场地是葫芦形,两头宽中间窄,窄处挂网,直至1901年才改作长方形①。

1875年,世界上第一部羽毛球比赛规则出现于印度的普那。三年后,英国又制定了更趋完善和统一的规则,并且这些规则大多沿用至今;1893年,世界上最早的羽毛球协会——英国羽毛球协会成立,并于1899年举办了全英羽毛球锦标赛;1934年,由加拿大、丹麦、英国、法国、爱尔兰、荷兰、新西兰、苏格兰和威尔士等国发起成立了国际羽毛球联合会,总部设在伦敦。从此,羽毛球国际比赛日渐增多。1978年2月,世界羽毛球联合会于中国香港成立;1981年5月,国际羽毛球联合会和世界羽毛球联合会正式合并。目前,国际羽联已拥有一百多个会员。

世界羽毛球赛事分为七个等级,四年一度的奥运会(包括男单、女单、男双、女双和男女混合5个单项)、两年一度的汤姆斯杯赛(世界男子团体锦标赛)、尤伯杯赛(世界女子团体锦标赛)、苏迪曼杯赛(世界混合团体锦标赛)和世界羽毛球锦标赛(个人单项)均为七星级的赛事。

另外,由于羽毛球源于英国,尽管全英羽毛球公开赛只是四星级,但所有羽毛球高手基本"全勤"参赛。

二、羽毛球运动的特点

羽毛球运动简单易学,设备简单,适合男女老少,并且运动量可根据个人年龄、体质、运动水平和场地环境而定。

进行羽毛球运动时,要不停地进行脚步移动、跳跃、转体、挥拍,因此,经常从事羽毛球运动可增强锻炼者上肢、下肢和腰部肌肉的力量,加快锻炼者全身血液循环,以增强体能。

第二节　羽毛球基本技术

羽毛球运动具有竞技性、游戏性、健身性、娱乐性等特点,通过规则、裁判法、羽毛球技、战术等课程学习,学生可以了解并掌握羽毛球的技术、战术、规则、裁判法等知识,掌握锻炼身体和自我评价的方法,具备组织或参加简单的体育竞赛的能力。羽毛球的基本技术分为六大项:握拍、发接球、步法、网前技术、后场技术和中场技术。以下对握拍法和发球进行简单介绍:

一、握拍法(以右手为例)

正确的握拍法是掌握合理、准确、全面击球技术的前提条件,因此,要充分重视学会正确的握拍方法,就是已达到一定水平的也应在实践中不断改进和完善自己的握拍方法。

(一)正手握拍法

虎口对着拍柄窄面的小棱边,拇指和食指贴在拍柄的两个宽面上,食指和中指稍分开,中指、无名指和小指并握住拍柄,掌心不要紧贴,拍面基本与地面垂直,如图9-1所示。正手发球一般都采用这种握拍法。

(二)反手握拍法

在正手握拍的基础上,拇指和食指将拍柄稍向外转,拇指顶点在拍柄内侧的宽面上或者内

---

① 金尧.羽毛球教程[M].上海:上海交通大学出版社,2020.

羽毛球的基本技术

图 9-1　正手握拍法

侧棱上，中指、无名指和小指并拢握住拍柄，柄靠近小指根部，使掌心留有空隙。球拍倾斜向身体左侧，拍面稍后仰。击身体左侧的来球，大都先转体（背对网），然后用反手握拍法击球，如图 9-2 所示。

图 9-2　反手握拍法

二、发球

高质量的发球，会给接发球造成困难，迫使对方只能做防守性的回击，甚至会造成接发球失误。所以发球质量的优劣，会直接影响到比赛的主动或被动，在双打比赛中尤其如此。规则规定只有发球胜球才能得分，因此这就要求我们要重视发球权，把发球作为组织进攻的开始。

（一）发球的基本姿势

1. 正手发球

准备发射时，右手握拍向后侧举起，肘部微曲，左手拇指、食指和中指夹住球，举在腹部右前方，然后放开球，挥拍击球，如图 9-3 所示。

图 9-3　正手发球

发高远球时，左手放开球使之下落时，右手转拍由上臂带动前臂，自右后方沿身体向前左上方挥动，紧握球拍，并利用手腕屈收的力量向前上方发力击球，然后顺势往左上方挥动缓冲。

发平高球时，动作过程大致与发高远球相同，只是在击球的一刹那，前臂加速带动手腕向前上方挥动，拍面要向前上方倾斜，以向前用力为主。注意发出球的弧线以对方拍击不着球的高度为宜,并应落到对方场区底线。

发平快球时,要充分利用前臂带动屈腕的爆发力向前方用力击球。使球直接从对方肩稍上高度越过落到后场。关键是出手(击球)动作要小而快。

发网前球时,握拍要放松,上臂动作要小,主要靠前臂带动手腕向前切送,球的弧线要贴网而过,落点在前发球区附近。注意手腕不能有上挑动作。

2. 反手发球

右手臂屈时,用反手握拍将球拍横举在腰间,拍面在身体左侧腰下。左拇指与食指捏住球的两三根羽毛,球托朝下,球体或球托在球拍前对准面。击球时,前臂带动手腕朝前横切推送,使球的飞行弧线略高于网顶,下落到对方发球线附近,如图9-4所示。

反手发平快球时要突然发力,拍面要有反压动作。

图9-4 反手发球

(二)发各种飞行弧线的球

发球按发出的球在空中飞行的弧线不同,可分为发高远球、发平高球、发平快球和发网前球,如图9-5所示。

拍面与地面形成的仰角一般在120°左右,在不"过腰""过手"的限度内尽可能提高击球点,使球过网时的弧线尽可能低一些。

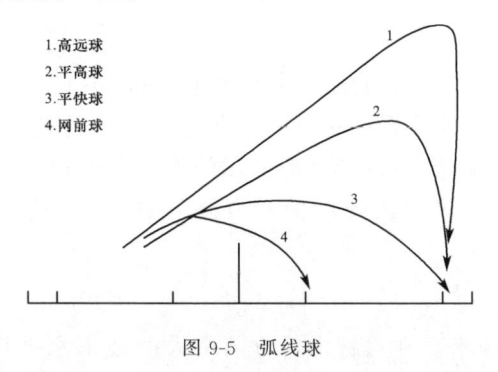

1. 高远球
2. 平高球
3. 平快球
4. 网前球

图9-5 弧线球

第三节 羽毛球基本战术

从战术原则上讲,就是要充分发挥自己的特长技术去攻击对方的虚弱阵线。同时,也要尽量回避自己的短处被对手盯住,在打法上应坚持快、准、狠、活的技术风格,做到积极主动,以"我"为主。

一、单打战术

具体而言,分为以下几个内容:

(一)发球抢攻战术

要善于根据不同的对手采用不同的发球方法,发出不同性能的球,以取得主动权。其目的就是利用发球的威力使对方被动出现机会球,然后组织进攻。

(二)进攻后场战术

这种战术主要是在对方后场的还击力量差、后退步伐较慢、后场反击力差或急于上网的情况下,连连压住对方的后场,使之处于被动后伺机突击。

(三)打四方球战术

这是以快速、准确的落点来攻击对方四个角落的战术。发现对方反应较慢、步法迟缓的缺点后,运用这个战术可使其向四角奔波而来不及回到中心位置,待出现机会球时,抓住时机大力扣杀。此战术对于灵活性差、转体慢的对手,以打对角线为主较为有效。

(四)打对角战术

这种战术的目的很明确,不论是进攻还是防守,都以打对角线为主。在判断对方身体灵活性差、转体慢的弱点后,用这种战术反复让对方的弱点暴露出来,使对方疲于奔跑,进而由于重心不稳而造成被动,从而抓住时机进行攻击。

二、双打战术

双打是两人协同作战,在思想上要团结一致,在技术上需能攻善守。关键性的技术如发球、接发球、平抽快打、连续扣杀等方面要高人一等;在身体素质上要求速度快、力量大、灵敏、协调、耐力强;在战术的配合上要行动一致、配合默契。

(一)发球、接发球战术

发球是争夺主动权的关键。双打的发球线比单打短,不宜发高球,以防止对方的大力扣杀,一般以发网前球为主。发球要根据对方的情况选择好自己的站位,充分发挥球路、力量的变化,力求争得主动权。接发球时,首先要把来球的性能判断准确,起动要快,动作要敏捷、迅速,有较好的击球手法,往往可以用扑球使对方陷入被动,或是以搓、推获得主动和攻击的机会[1]。

(二)攻入战术

攻入战术也称二打一战术。在双打中对方两个人的技术水平往往是不平稳的,要集中力量攻击对方的弱点或弱区。具体方法是先通过下压球路取得进攻机会,当对方不得不采用分边防守时,就集中力量攻其弱者。若对方有意保护弱者,那就两个人轮番攻对方的强者,消耗其体力,削弱其进攻威力,伺机突击空当。

(三)攻中路战术

这是攻击对方配合能力的战术。方法是当对方分边站位时,把球击到两人之间的空隙区;若对方前后站位时可将球击到两人之间的边线位置,目的是造成都要争夺回击或都不回击,即

---

[1] 青少年羽毛球入门教程[M].北京:人民邮电出版社,2022.

使回击也犹豫不决,导致漏接或失误。

(四)攻后场战术

这是一种先牵制后攻杀的战术。方法是用平高球、平推球,接杀挑底线把对方一个人紧紧地拴在底线而两角移动。当对方被动还击时,即可以大力扣杀;当对方同伴后退支援时,可立即攻击其网前空当,或向正在后退者攻打追身球。这种战术常用来对付返场扣杀能力差的对手。

(五)杀后前封战术

这是连续攻击的一种战术。当争得主动进攻的机会时,站位在后边的队员要强攻杀直线,而站位于前者要立即移动到对方回直线球的位置,准备立即封网扑杀。

(六)防守反攻战术

这是在防守中积极寻找或制造反攻机会的战术,是摆脱被动争取主动的打法。不管对方进攻哪一点,都要把球挑到进攻者的另一侧。如对方后场攻直线,就挑对角线;如攻对角线,就挑直线。目的是摆脱干扰,破坏对方的进攻,使对方在应变过程中出现失误,抓住时机大力反攻。

(七)双打的合作方法

1. 轮转合作法

在防守时每人各站在场内的一边,这样就使防守范围小了,也便于还击对方扣杀过来的高远球、网前球;进攻时则采用一前一后的站位方法,以求加强攻势。

2. 前后固定法

在两个选手中,善于打网前球的站在前场,而扣杀能力强、防守技术好的站在后场,使两个人的优势都充分发挥出来,起到扬长避短的作用。

第四节 羽毛球竞赛规则

球类竞赛一直都是人们喜爱的运动项目之一。竞赛规则是为保证运动竞赛正常进行、维护良好的竞赛秩序而制定的统一规范和准则。羽毛球竞赛有其独特的规则和技巧。

一、比赛项目

羽毛球的比赛项目包括男子单打、女子单打、男子双打、女子双打、混合双打、男子团体和女子团体。单项比赛以三局两胜定胜负,团体赛多采用五盘三胜制。

二、接发球选择和场区选择

开始时,双方应掷挑边器,赢的一方可以选择先发球或先接发球,以及场地中的哪一区。

在局中,若接发球方出现违例或触及本方地面而成死球,则发球方得1分;反之,若发球方出现违例或触及本方地面而成死球,则换发球,接发球方得1分。下一局开始时,由上一局的胜方先发球。

第一局比赛结束时,双方应交换场地。若局数为1比1时,在第三局比赛开始前,双方应交换场地。在第三局比赛中,领先一方比分达到 11 分时,双方应交换场地。

三、计分方法

羽毛球比赛采用 21 分得分制。

先得 21 分的一方胜一局。如果比分打成 20 平,获胜一方须超过对手 2 分才算取胜;若打成 29 平,则先得到第 30 分的一方取胜。

四、发球

发球员和接发球员都必须站在斜对角发球区内发球和接发球,脚不能触及发球区的界线。

(一)单打

单打比赛中,发球员的分数为 0 或双数时,双方运动员均应在各自的右发球区发球或接发球;发球员的分数为单数时,双方运动员均应在各自的左发球区发球或接发球。

(二)双打

双打比赛时,一局比赛开始和每次获得发球权的一方,都应从右发球区发球,并且只有接发球员才能接发球,若他的同伴去接球或被球触及,则为违例,发球方得 1 分。

自发球被回击后,由发球方的任何一人击球,然后由接发球方的任何接发球方违例或因球触及本方场区内地面而成死球时,发球方得 1 分,原发球员继续发球,但发球方两人左右换位,接发球方队员的位置不变;发球方违例或球触及本方场区地面而成死球,原发球员即失去发球权,接发球方得 1 分。

五、发球错误、违例、重发球和死球

发球错误主要包括:从错误的发球区发球、发球顺序错误等。

违例主要包括:发球不合法,发球员发球时未击中球,发球时球过网后挂在网上或停在网顶,球落在球场界线外,球从网孔或网下穿过或球不过网,球触及运动员的身体或衣服等。

除发球外,球过网后挂在网上或停在网顶,或者发球员在接发球员未做好准备时发球,都应重发球。

死球包括:球撞网并挂在网上,或停在网顶;球撞网或网柱后开始在击球者这一方落向地面;球触及地面。

第十章 台球

作为一项绅士运动,台球的行为、礼仪无不体现着儒雅之风。打台球可以培养一个人的气质,优雅推杆之间风采尽显。台球会让人克服心浮气躁的缺点,慢慢变得沉着冷静,控制情绪起伏,养成良好的习惯。

第一节 台球运动概述

台球是一种用球杆在台上击球,依靠计算得分确定比赛胜负的室内体育项目。台球运动是在国际上广泛流行的高雅室内体育运动,也叫桌球、撞球。在我们的生活中,台球室随处可见。这项运动已经没有了年龄的限制,上到八十岁的老人,下到七八岁的儿童,都可以进行。这是一项完全没有身体接触的高雅运动,已经成为当代人闲暇时光必不可少的体育运动。

一、台球运动的起源

台球运动至今已有五六百年历史。据说台球活动一开始是在户外地面上挖洞,把球用木棒打进洞内的一种玩法,后来才从室外改在室内桌子上。台球起源于欧洲,14世纪,在英国维多利亚女王时代,台球活动深受人们的重视。在一些富豪家庭里,不仅有豪华讲究的台球间,在进行打球活动时,还有严格的活动礼节,有的规定至今仍在沿用。如在打球时,有客人来,必须轻轻开门入室,不得高声谈话和喧叫,以免影响打球人的沉静思考。又如在打球时,可以要求对方不要正面对着自己或靠近自己站立,不允许随便挥舞球杆等。台球是一种高雅的运动,台球厅、室,也都有类似的不许高声喧哗和吸烟的明文规定。

1510年,台球出现在法国。法国国王路易十四的御医建议国王餐后做台球活动,有利于健身,因此,台球得到法国国王的喜爱和关心。路易十四在凡尔赛宫玩的台球是"单个球"(Single Pool),在桌上放一个用象牙做的拱门(Port)和一根叫"王"(King)的象牙立柱,用勺形棒来打球,把球打进门或碰到王便可得分。17世纪,台球在法国逐渐风行起来,这可能就是台球起源于法国的根据。

在台球的长期流传中,经过人们的不断改进丰富,现已达到了比较完善的水平。从前在室内桌子上玩球时,在桌子中心开了一个圆洞,后来又在桌子四角开了四个洞,洞的增加同时也激发了人们的玩球兴趣。直到在桌子开了六个圆洞,才演变成了今天落袋式台球球台的雏形。在球台的发展过程中还有过八角形球桌,一盘球可以多容纳几个人来参加。

到了19世纪初期,台球运动的发展开始走向成熟。在技术提高的同时,设备用具也随之发展,许多大大小小的改进和发明创造不断涌现。21世纪初,各类台球在中国又流行起来,由街头台球向健康、娱乐型运动迅速发展;中国顶尖球手在世界顶级比赛中也取得越来越好的成绩;中国制造的台球产品走向世界,逐渐成为世界顶级赛事的指定用品。台球的创新发明也不断涌现,其中最突出的是中式斯诺克台球,将当时较为主流的美式台球、英式台球及花式九球各自的优势特点融为一体,将台球的八大元素等进行全面改进。由于结合了世界各国台球的特点,并对结构进行创新且在规则中引入博弈理念,精彩路线较多且持续刺激程度较强,其很快就迅速发展并风靡流行起来。

二、台球的特点

台球的特点很多,具体而言如下:

(一)儒雅

台球是四大绅士运动(网球、高尔夫球和保龄球)之一。台球运动的环境、装束、行为、礼仪无不表现着儒雅之风。

(二)安全方便

台球是室内运动,不受季节气候影响,无安全顾虑。能摆乒乓球台的地方就能摆下一张桌球台,且架杆不比挥拍,实际需要的空间比乒乓球还要小。一个人可以练习,三五个人也可共同参与。

(三)运动寿命长

台球活动无剧烈的身体运动,对人的身体素质没有特别的要求,只要能够站立、持杆,无论力量大小、水平高低,都能参与,不受年龄、性别限制,运动寿命长于其他项目。

(四)健身、健脑

台球运动是力与智的结合,台球融入了数学和力学的知识,加上不同的杆法、战术、谋略,既是一种身体的运动,更是一种思维的训练,真正融艺术、技术和体力于一体。台球运动量可以自己掌握。作为一种轻松愉快的休闲方式,这种运动不会使人大量出汗。但这不是说台球活动没有运动量。打一小时台球平均要走三千步,打一场标准的斯诺克比赛,选手们要围绕球台走十千米,这还不包括每次击球过程中的弯腰动作。台球运动属于慢速有氧运动,也是减肥的最佳运动方式之一。

(五)防治多种疾病

长期伏案工作的职员,最易受腰、颈、肩周疾病之扰。台球运动需要不停地俯身、抬头、转腰、提肩,对腰、颈、肩周疾病有很好的防治作用。台球运动需要沉稳静心、不急不躁、情绪平和、心态淡定,这也是防治高血压和心脑疾病的最佳情绪疗法。台球桌面的绿色呢绒配上柔和的灯光,时近时远的目光扫描,不同距离的聚焦瞄准,这一切对于放松眼部肌肉、缓解视疲劳、防治假性近视来说是一种很好的眼睛保健方式。台球实为修身养性、陶冶情操的良好运动项目之一。

（六）低碳绿色

除了球台、球杆的初始投入之外，台球的后续活动无须大的消耗投入，是一种低碳环保的运动方式。

三、台球的主要作用

第一，练习台球带来的不仅仅是身体局部的运动和锻炼，而是全身协调能力的提高。每击打一个球，眼睛、颈椎和肩部都需要与上肢、腰部及下肢良好地协调与配合。经常参与这项运动，不但能提高眼力，还能改善自身的协调性和对身体各关节的控制能力。

第二，感受美。打球的标准姿势不仅让身体曲线看上去挺直优雅，一举一动都给人美的享受，还能对腰部、臀部，以及手臂形成锻炼，让这三部分更趋完美，算得上是塑造形体的一个好选择。

第二节 台球基本技术

参与台球项目的活动，需完成不同的动作，即需要学习和掌握台球基本技术。合理的、正确的基本技术须符合项目运动规则的要求，有利于参与者的生理、心理能力得到充分的发挥，有助于参与者取得好的竞技效果。

一、后手握杆姿势

握杆时，用后手的拇指和食指捏在一起，做成一个圆圈，把球杆套在圈里面，其余三个手指虚握。然后调整球杆直至平衡为止，套在球杆上的手指位置就是这支球杆的重心。再从这个重心向杆尾移动 20～30 cm，这个部位一般是握杆的合适位置，如图 10-1 所示。若有特殊打法需要，可以调整握杆位置。

图 10-1 后手握杆姿势

二、前手架杆姿势

打法不同，球所处的位置不同，架杆的姿势也会随之调整。这里介绍两种最基本的架杆方式，即平背式和凤眼式，如图 10-2 所示。

（一）平背式

将前手手心向下平放在球台上，把除拇指以外的其余四指分开，然后手背稍微拱起，拇指

(a) 平背式　　　　　　　　　　　　(b) 凤眼式

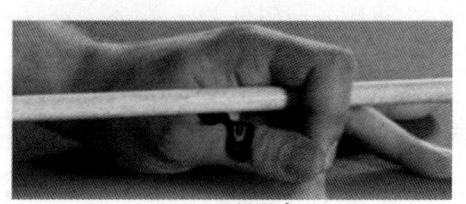

图 10-2　前手架杆姿势

跷起和食指的背峰呈一个夹角,球杆就架在这个夹角里。落袋式打法一般采用平背式架杆姿势。

(二)凤眼式

将前手五指轻轻分开平放在球台上,然后食指弯曲,食指指尖按在中指第二关节的侧面,拇指轻轻接触食指指尖,形成一个空当。打贴库球一般采用凤眼式架杆姿势。

三、击球姿势

站位和身体的姿势决定了击球的方向,保持正确、稳定的身体姿势有助于完成正确的击球动作。

身体位置确定后,左脚向左前方迈出一小步,两脚距离与肩同宽。左腿稍微弯曲,右腿保持自然直立。脚的位置确定后,左臂伸向台面,身体前俯,下颌接近球杆,双眼顺球方向平视。确定击打主球的部位后,后手手臂进行运杆,以获得击球的准确性。运杆节奏要均匀,3～4次为宜。击球时,果断利落地送出球杆,注意力集中,不可有杂念。击球后,进行自然协调的跟进动作。

四、击球方法

关于台球的击球方法,一般而言,分为以下几个:

(一)推进球

运用小臂的力量击打主球中心击点,注意用力要适度,不宜过重。主球与目标球相撞后,目标球前进,主球缓慢跟进,前进距离不大。

(二)跟进球

运用小臂的力量击打主球中上部击点,主球和目标球相撞后,目标球被撞前进,主球同时也紧跟在后面,前进距离较远。

(三)定位球

运用手腕的爆发力击打主球的中心稍微偏下的击点,主球与目标球相撞后,目标球前进,主球停在原位不动。目标球在袋口附近,且主球、目标球和袋口成一条直线时,使用定位球,可避免主球入袋犯规。

(四)拉杆球

运用手腕的爆发力击打主球的中下部击点,主球与目标球相撞后,目标球被撞前进,主球则借相撞的反力向后旋转退回。

第三节　台球基本技术实战应用

经过反复认真练习台球的基本技术后，提高了主球控制能力，这时练习者应有意识地将所学到的基本技术组合起来，根据比赛中的实际情况，组织比赛战术[①]。

以下介绍常见的台球技术实战应用，供初学者参考，以进一步提高台球技艺。

一、斯诺克台球基本战术及运用

斯诺克台球基本战术包括开球策略、进攻点的建立方法、攻防战术的运用、防守战术的运用四方面。

（一）开球策略

斯诺克台球开球，一般情况下很难将红色目标球击入袋中，所以在开球时，一般的常用方法是用主球薄击红色目标球三角形中底部的某一个球，使主球碰台边后，返回到开球线后面，以限制对手进攻的机会。

具体方法如下：

(1)将主球放置在2分球和4分球之间，偏2分球一侧。用中高杆杆法轻击，使主球薄击红色目标球三角形底部右侧最后一个球。主球经两次台边反弹后，回到开球线后面，如图10-3所示。

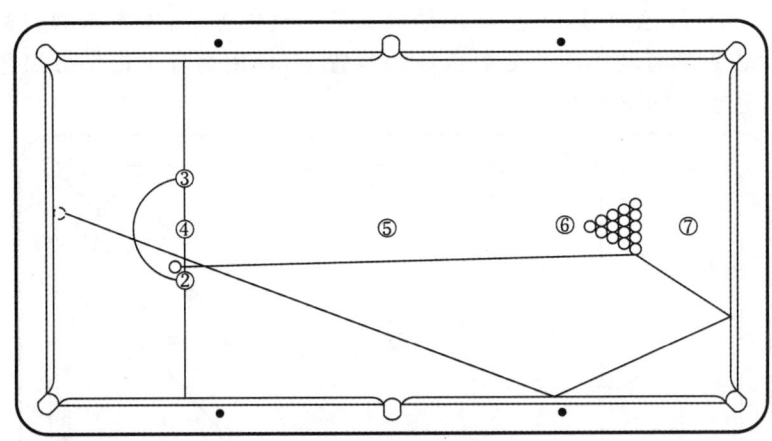

图10-3　开球策略(1)

(2)将主球放置在2分球和4分球位置之间，偏4分球一侧，主球击右侧旋球，薄击红色球三角形右侧底部倒数第二个球，主球碰3~4次台边并停在开球线后，如图10-4所示。

（二）进攻点的建立方法

斯诺克台球比赛中，进攻点的建立是取胜的关键。比赛双方无论采用什么策略，其目的都是创造、制造或者等待这种机会的出现。在比赛中常见的进攻点建立有如下两大类：

1.红黑色球进攻点的建立（红色球和黑色球之间进攻点的建立）

这是高水平选手在比赛中常用的得分手段，它是一杆能打出高分的最佳选择。在红黑色

---

①庞卫国.台球进阶技巧图解[M].北京：化学工业出版社，2020.

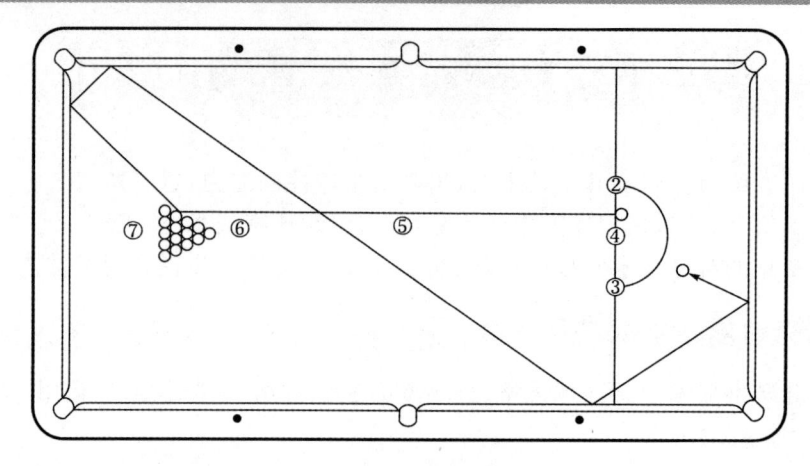

图 10-4 开球策略(2)

球进攻点建立中,有以下两个因素必须注意:

第一,一旦有可能性,必须清除占在 7 分点上的和在 7 分黑色球进球线路上的任何球,以保证红黑色球进攻点的建立。

第二,注意主球走位与所击目标球形成必要的角度,以保证主球每一次击球时,都有一个较理想的走位线路和停球点。

红黑色球进攻点的建立有以下几种方法:

(1)在图 10-5 中,红色球 A、B 都可以击球。但红色球 A 的位置影响 7 分黑色球以后的进袋线路,所以在选择打红色球时,红色球 A 理应先打。具体方法:击主球的右侧点,撞击红色球 A 入袋后碰台边走到有利于击 7 分黑色球的位置上,再用高杆推击 7 分黑色球入袋,主球走到有利于击红色球 C 的位置上。

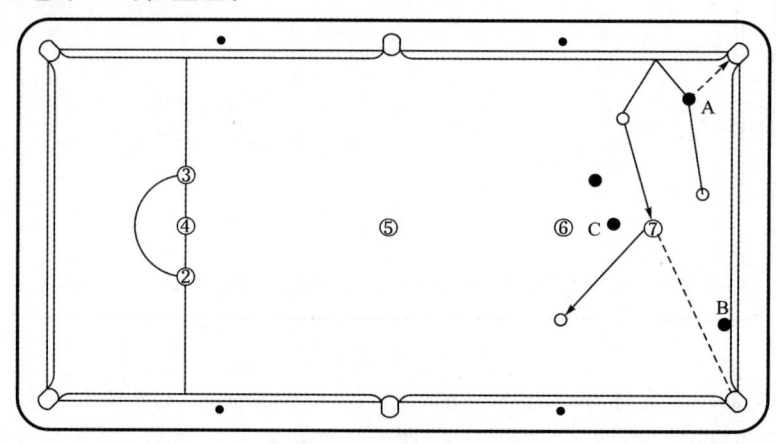

图 10-5 红黑色球进攻点(1)

(2)在图 10-6 中,主球有两个红色目标球可以选择。选择红色球 A 时,如果用中杆偏高一点推击主球碰击红色球 A 后,可用低杆杆法击 7 分黑色球入袋,这时主球可走到 1、2、3 号位上。相比较而言,最佳走位是 1 点。7 分黑色球入袋后再摆回原位,主球可用低杆杆法轻击红色球 C 入袋,主球向后方右侧走位,便于走到易于击 7 分球的位置上。其次是主球走到 3 号位上,可用中杆杆法打红色球 D 入袋,主球碰顶岸走到有利于打 7 分球的位置上。主球走到 2 号位上,是最不理想的球位。如果打红色球 C,可能碰开 7 分黑色球。如果为了避免这种情况发生,而采用低杆击球时,主球碰台边后可能会冲到红色球 H、F、G 球堆中;如果用左低杆击球,可以避免主球走到红色球堆中,但杆法的调整本身亦增加了击球的难度。如果不打红色球C,而改打红色球D,也是一种选择,但这样便失去了红黑色球进攻点的建立,主球必须通过粉色球或蓝色球进行过渡,才能重新回到红黑色球进攻点的建立上来。

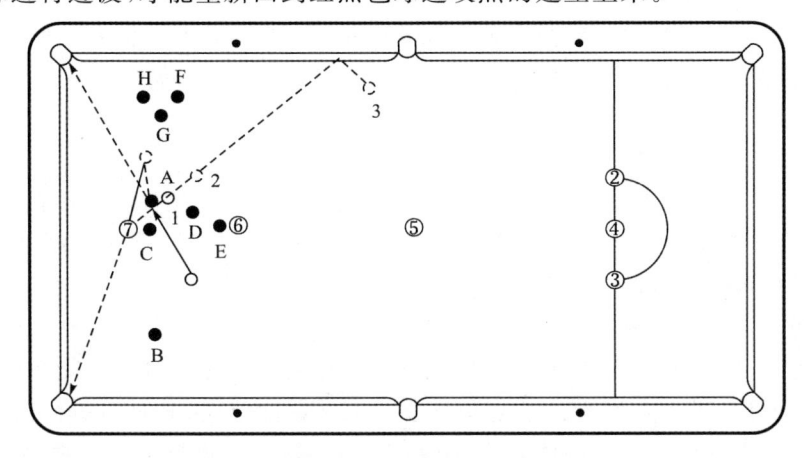

图 10-6 红黑色球进攻点(2)

另外,我们也可以选择从先打红色球 B 开始建立红黑色球进攻点,如图 10-7 所示。

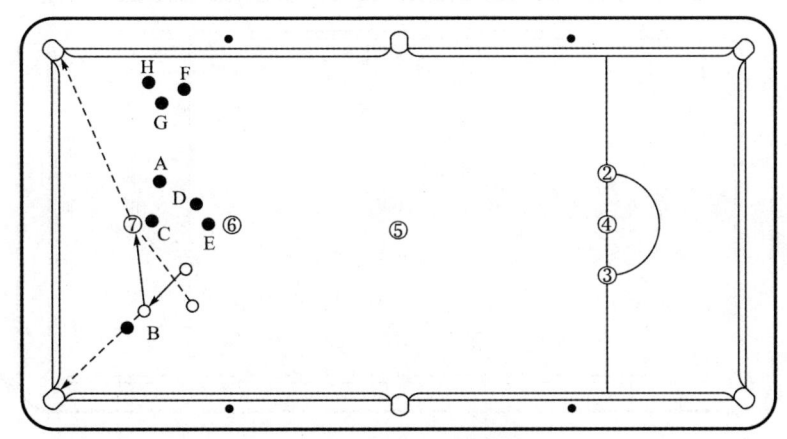

图 10-7 红黑色球进攻点(3)

(3)在图 10-8 中,我们又有两种建立红黑色球进攻点的方法。

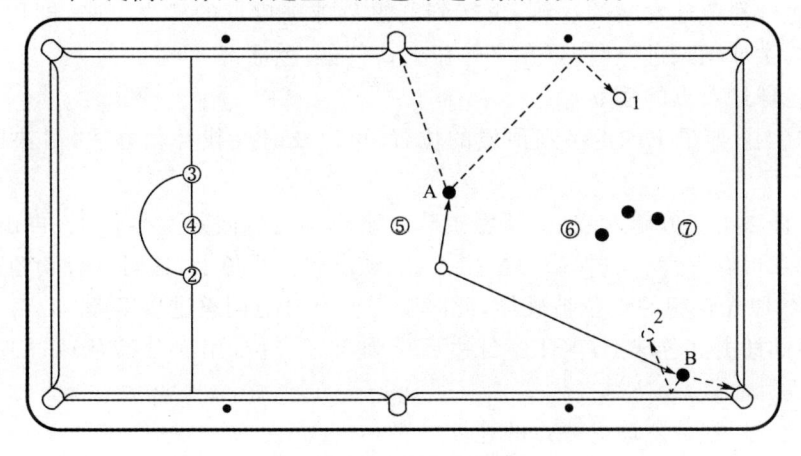

图 10-8 红黑色球进攻点(4)

第一种方法：主球先击红色球 A，可用高杆杆法击红色球 A 入中袋，主球沿虚线走位到 1 号位。由于红色球 A 与主球距离近，比较容易控制，失误的可能性小，走位也容易一些。

第二种方法：主球击红色球 B，主球走位也没有问题。可用低杆轻击红色球 B 入袋，主球沿虚线走至 2 号位上。但红色球 B 相对红色球 A 而言，进球的难度稍大一些，而走位及建立红黑色球进攻点的价值与击红色球 A 相同。

在这种情况下，应尽量就易避难，首先选择击红色球 A。

2. 其他进攻点的建立

红色球与黑色球进攻点的建立，是斯诺克台球比赛中的最佳选择。由于比赛中情况复杂，或运动员自身的原因，都可能出现红黑色球进攻点的失去。这时，就必须用其他彩色球来过渡，再回到红黑色球进攻点的建立上。

(1) 红粉色球进攻点的建立

在图 10-9 中，由于球势所限，建立红黑色球进攻点的可能性一时还不能实现，必须清除红色球 A 才能保证下一步红黑色球进攻点的建立。那么，打红色球 B 是否可行呢？结果一样是无法打 7 分球，如用中杆轻击红色球 B 入袋后，主球反弹起来，再打 7 分球时，它的进球路线被红色球 A 阻挡，无法入袋。

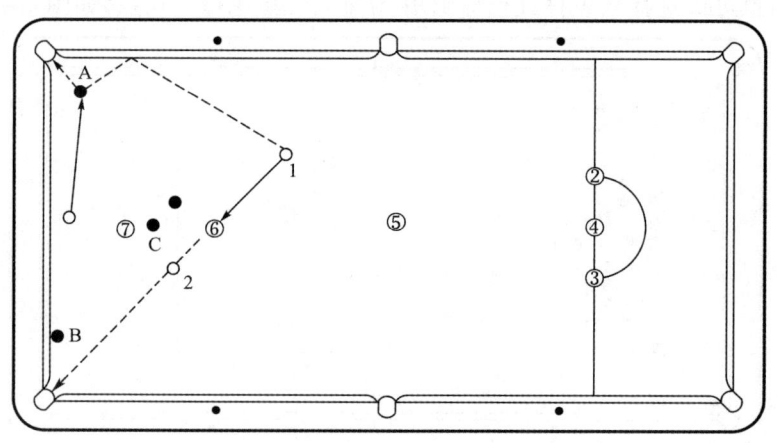

图 10-9　红粉色球进攻点的建立

所以此时可以用中杆击红色球 A，主球击红色球 A 入袋后，沿虚线走到 1 号位，击 6 分粉色球入袋，通过红粉色球之间的过渡，再转到红黑色球进攻点的建立上来，即用中高杆轻击 6 分粉色球入袋，主球稍跟进一些，停在 2 号位上，再击红色球 C。

(2) 红蓝色球进攻点的建立

在图 10-10 中，如果主球走不到预想的位置，可以及时寻找补救办法，尽快回到红黑色球进攻点上来。

当用低杆杆法击 7 分球入袋后，预想主球回缩碰台边后回到 1 号位上，再击红色球 A，使红黑色球进攻点得以保持。但如果力量稍大，主球走到 2 号位上，这时 6 分粉色球挡住了击红色球 A 的线路，原先预想的走位被破坏，此时就需要及时地调整进攻策略。

可以用中低杆击红色球 B，主球碰台边后反弹至 3 号位，用 5 分蓝色球过渡，再行建立红黑色球进攻点。

(3) 红棕、红绿、红黄色球进攻点的建立

在图 10-11 中，当主球无法围绕 7 分球击球时，只有将中间的红色球击入袋中，主球沿虚

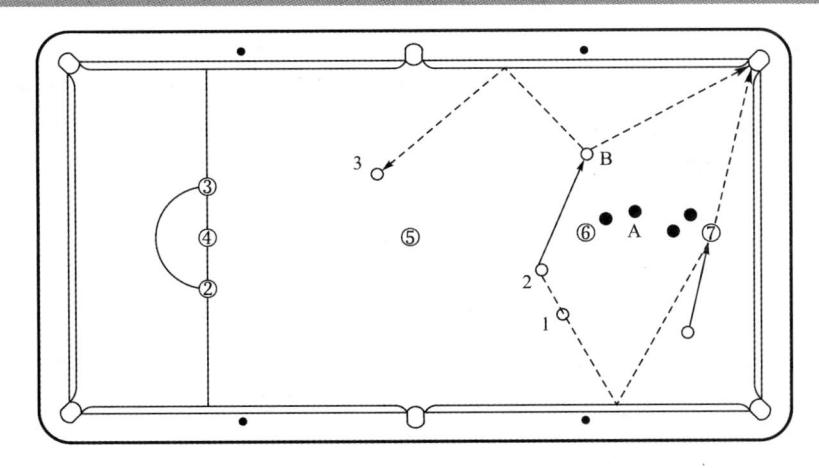

图 10-10　红蓝色球进攻点的建立

线行至 1 号位。再用中高杆杆法击 4 分棕色球入袋,主球沿虚线行至 2 号位,此时便形成新的红黑色球进攻点。主球在 1 号位时,也可以用右低杆杆法打 3 分绿色球,主球击绿色球入袋后,沿虚线行至 3 号位。主球在 1 号位时,也可用高杆击 2 分黄色球入袋,主球沿虚线行至 4 号位。

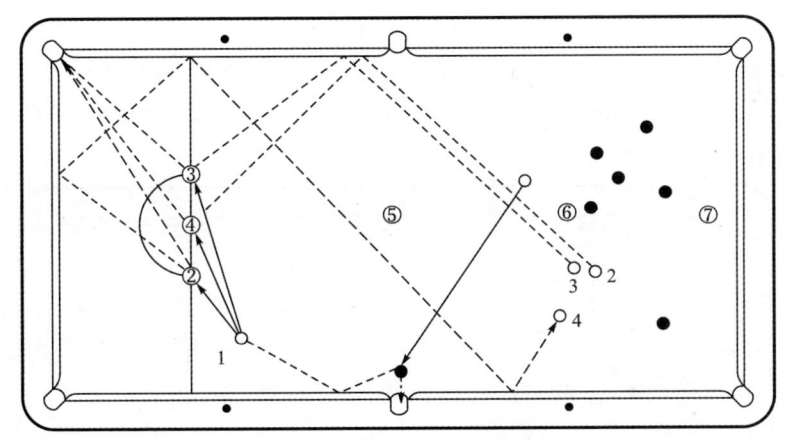

图 10-11　红棕、红绿、红黄色球进攻点的建立

在台球实战中,进攻点建立的方法很多,在此仅举例说明斯诺克比赛中建立进攻点的几种常见方式。一般讲,红黑色球进攻点的建立是斯诺克台球进攻战术中所追求的最高目标。

(三)攻防战术的运用

斯诺克台球比赛中,为了获得进攻机会,有时在进攻中需要冒一定风险。尤其是在球距比较远、球台上球势复杂的情况下,既要积极进攻,创造得分的机会,又要考虑到一旦失误不会给对方留下太好的得分机会,这时就必须考虑在进攻中运用攻防兼备的战术。

比赛中双方都尽力去争夺高分,为达到这一目的,就必须使主球击完红色球后留在 7 分黑色球的附近,以利于击 7 分黑色球入袋。在主球远离红色目标球时,击红色球后主球停在 7 分黑色球附近的打法,有两种结果:

一种是击红色球成功,主球留在有利于打 7 分黑色球的位置上,获得红黑色球进攻点。

二是击红色球失误,主球留在 7 分黑色球附近,如果有其他红色球在 7 分黑色球附近,就留给了对方进攻的机会。

在上述情况下,如无十分把握或从比赛中双方得分的情况出发,可以考虑运用如下攻防兼备的战术,即"连打带跑"。

在图 10-12 中,击红色球入袋后,非常有利于主球留在 7 分黑色球旁,为打高分打下基础。但打不进红色球时,危险就很大,可能会因这一杆不慎而被对方抓住机会从而获胜。

稳妥的方法是采用攻防兼备的策略,即用中杆击主球,出杆时稍加一些力量,击红色球后,使主球碰两次台边后返回到开球线后。

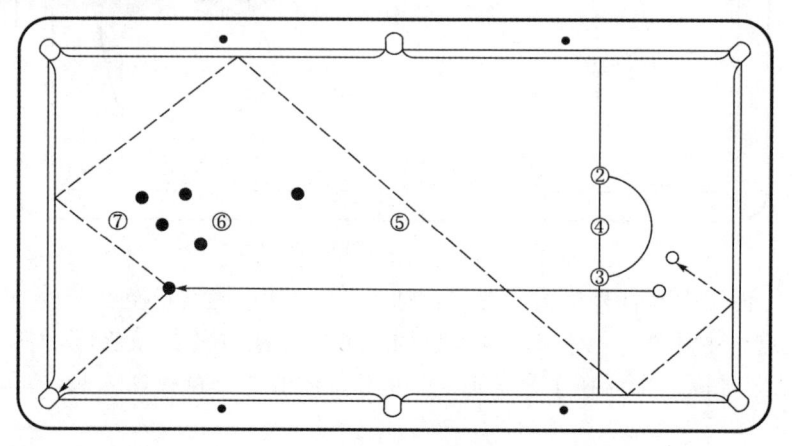

图 10-12 攻防战术

如果红色球被击入袋中,主球回到开球线后可有以下两种有利的选择:

一是用高杆击 4 分棕色球进中袋后,主球再回到红色球堆及 7 分黑色球附近,进行红黑色球的击打,如图 10-13 所示。

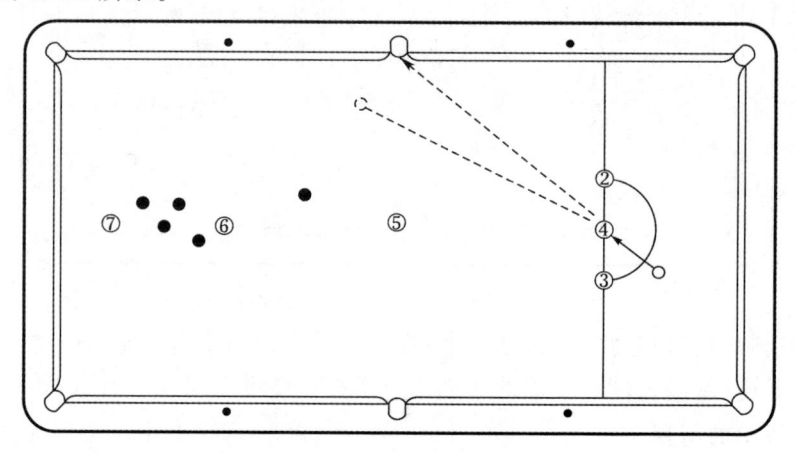

图 10-13 击打方式(1)

二是红色球堆未打开,没有建立红黑色球进攻点的可能,则可借 4 分棕色球或 3 分绿色球做成障碍球,等有机会再争打高分,如图 10-14 所示。

(四)防守战术的运用

在比赛中,如果没有进攻的机会,或有进攻机会,但成功的可能性很小,需要做如下两件事:

一是防守好主球,既不让对方有进攻的机会,又要使对方进行再防守时困难重重。

二是力争做成障碍球,在以下两种不同情况下做法如下:

(1)在没有进攻机会时,可以采用的正确做法,如图 10-15 所示。在防守好主球方面,可以用高杆薄击红色球,使主球碰台边后返回开球区内的 1 号位。主球在这个位置上可以说达到

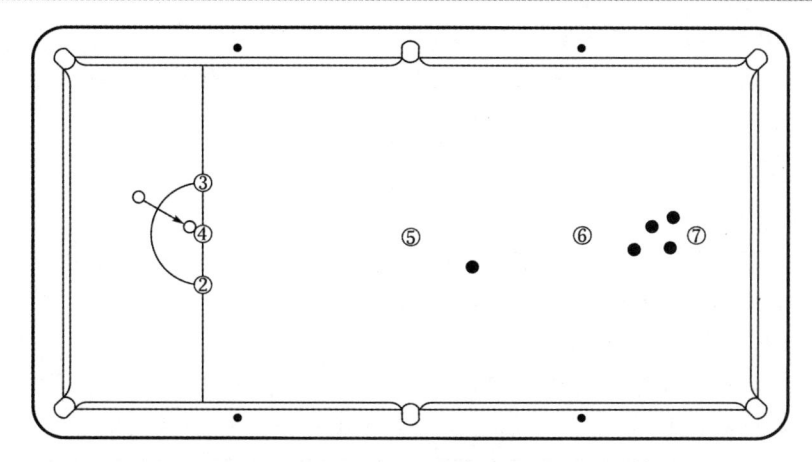

图 10-14　击打方式(2)

了防守效果,没有留给对方进攻的机会,而且对方再进行防守的难度很大(对方再进行防守时,出现错误的机会增大)。

把图 10-15 列举球势中防守战术运用再深入一步,可以看到如果出杆击球力量再大一点,这时主球会从底岸台边反弹起来,走到棕色球后面的 2 号位上,并可以与之相贴。这样就做成了一个很好的障碍球。

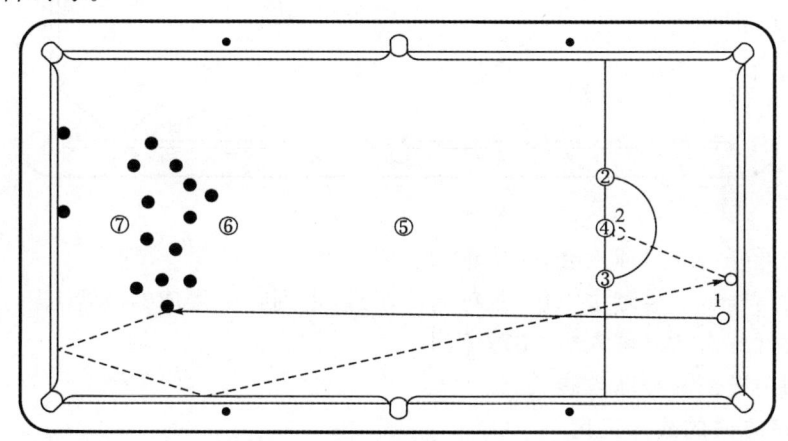

图 10-15　防守好主球

(2)有进攻机会,但成功可能性很小时。可以看见红色球并有击球入袋的线路,但它的难度是球距远,而且打红色球,难以采用攻防兼备的打法。当击红色球后,主球返回开球区的线路被阻挡。如果击不进红色球,主球将会留在红色球堆处,给对方留下机会。

此时稳妥的打法是用高杆薄击红色球,做一杆纯粹的积极防守,并尽力使对方难以进攻。无法构成好的防守,最好能做成障碍球。

二、美式台球(9 球)基本战术及运用

相对斯诺克台球而言,美式台球(9 球)在比赛中,进攻的因素更多些,但适时地做防守对胜利也会起到关键作用。

美式台球(9 球)战术包括开球策略、进攻战术运用、合法空杆运用、防守战术运用四方面。

(一)开球策略

美式台球(9 球)开球的目的有两个:一是争取将 9 号球直接开球入袋,获得该局胜利;二

是争取尽量多地开杆进球和将球充分炸开,便于连续进攻取胜。

开球时,脚要前后分开,在出杆击球时,不仅要充分发挥手臂的力量,也要充分发挥身体的力量,出杆动作要充分。

(二)进攻战术运用

1. 争取一杆清台

当有一个好的开球后,有 2~3 个球入袋,其他球又散开时,或当对方失误、台面上球势清晰、没有难度大的球时,可以考虑一杆清台,如图 10-16 所示。

此时台面上剩 6 个球,具体清台杆法如下:

第一杆:用中杆打一个定位球使 2 号球入袋。

第二杆:用高杆打 4 号球入袋,主球碰 3 次台边返回到打 5 号球的位置上。

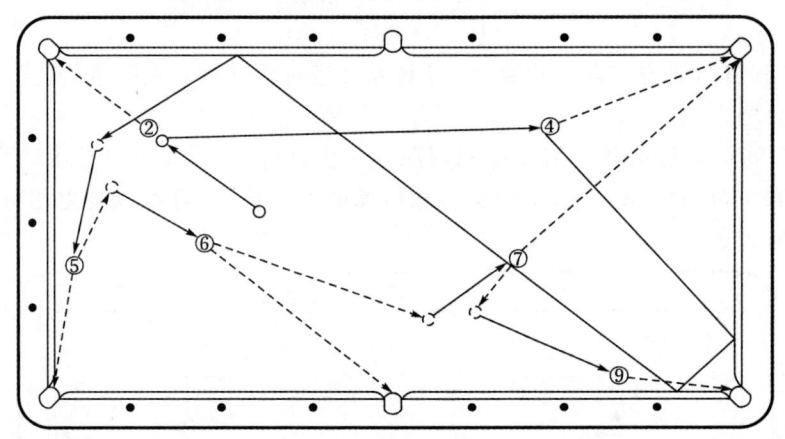

图 10-16 进攻战术运用

第三杆:用低杆击 5 号球入袋,主球稍向后回缩。

第四杆:用高杆击 6 号球进中袋,主球向前跟进,走到打 7 号球的位置上。

第五杆:用低杆击 7 号球入袋,主球缩回。

第六杆:用中杆击 9 号球入袋。

2. 基本击球方法的战术运用

当台面上球势不清晰,有若干的球相贴或主球走位有难度,并且台面有明显的可用吻击、双着及联合击法,使 9 号球入袋时,应考虑尽快创造机会,用基本击球方法将 9 号球击入袋中。

在图 10-17 中,4 号球和 7 号球同在台边并相贴,清台有一定难度,3 号球又与 9 号球在对面并列贴在台边。此时可以采用联合击法将 9 号球击入袋中。

其方法如下:

第一杆:用中杆轻推 1 号球入袋,主球到了适合击 2 号球的位置上。

第二杆:用高杆击 2 号球入袋,主球碰台边后反弹至 3 号球后。

第三杆:用联合击法,主球击 3 号球并将 9 号球击入袋中。

在图 10-18 中,基本球势使清台难度较大。但此时 9 号球就在角袋边上,可用中高杆击主球,薄击 1 号球,主球反弹后直奔 9 号球,并将其击入袋中。此方法为双着击法。

用基本击球方法,也可以解决其他方面的难题。如图 10-19 所示,2 号球所在位置无法直接入袋,而两个袋旁有 7 号球和 5 号球,此时可以用低杆击 2 号球碰击 7 号球,让主球去碰 5 号球,使两个球全部被击入袋中。

图 10-17　第一杆打法

图 10-18　双着击法

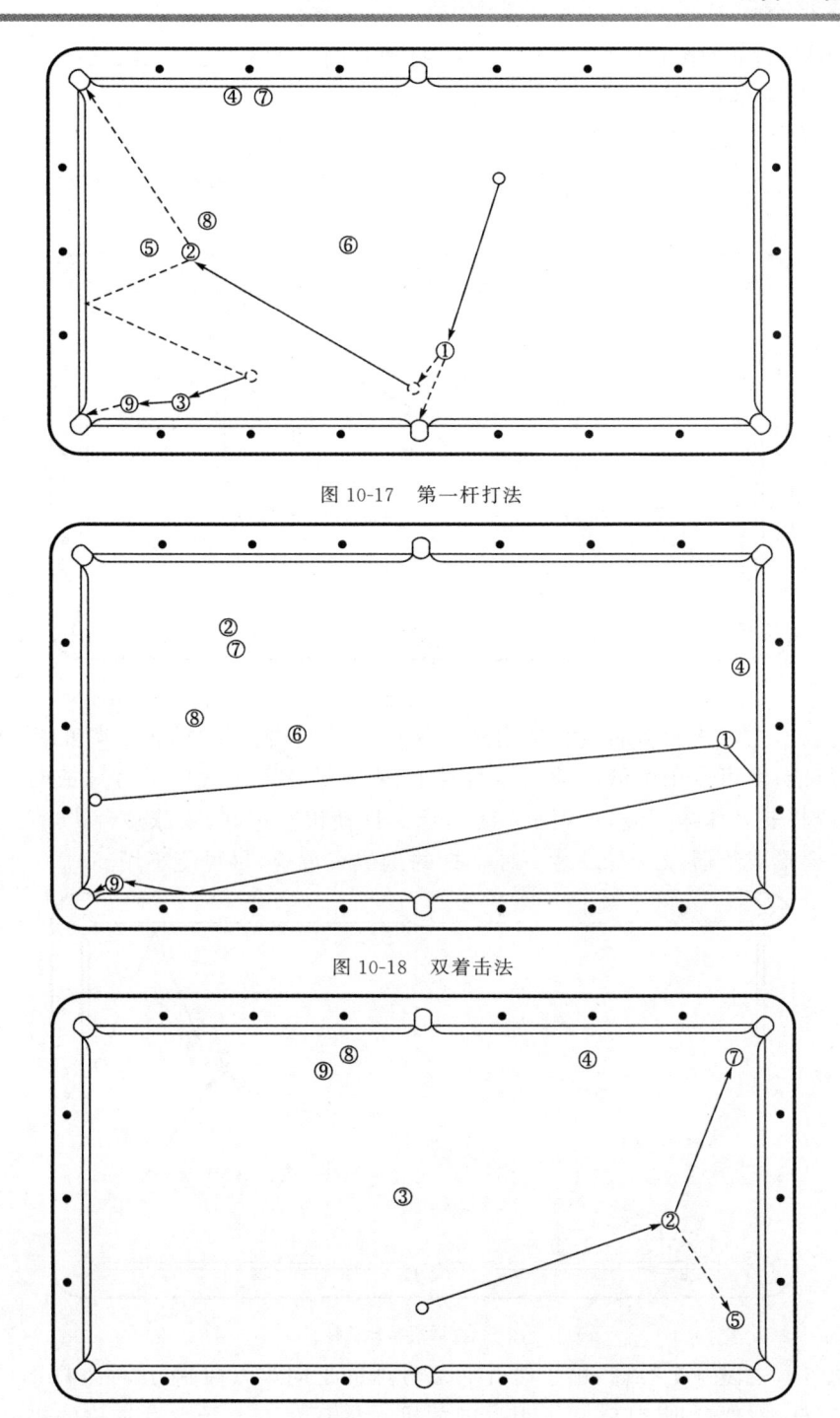

图 10-19　基本击球方法

（三）合法空杆运用

在美式台球（9 球）比赛中，开球后，双方均有一次要求打空杆的机会。当开球方开球后有进球，但主球要打台面上最小号码球被其他球阻挡，此时开球方可以要求一杆空杆球；或者是开球方合法开球后，没有进球，此时主球因其他球阻挡无法击打 1 号球时，上场击球一方也可以要一个空杆球。

打空杆球有如下两个目的：一是让对方能打到台面上最小号码的球；二是让对方没有进攻的机会或做好防守的机会。

在图 10-20 中，可以清楚地看到，打好一个空杆对比赛胜负的重要影响。开球后，主球被 7 号球挡住，不能直接击 1 号球，选手可以击一个空杆球。从台面球势看，空杆的走位有 4 种。这 4 种走位法产生的结果如下：

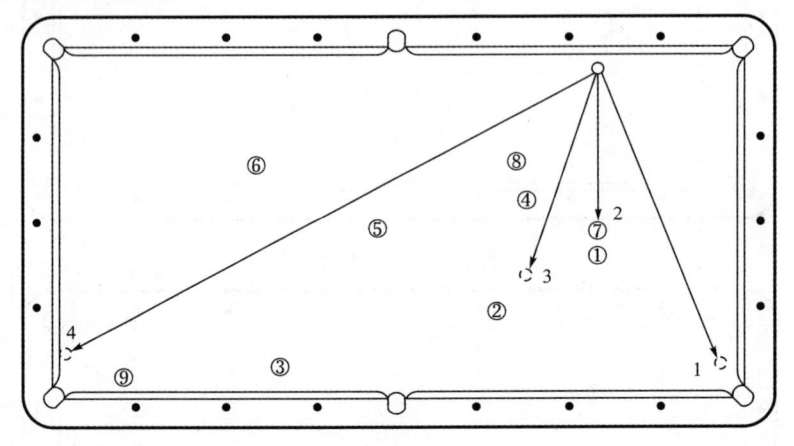

图 10-20　空杆

第一种空杆，主球走到台右侧袋口附近。这个点可以击 1 号球，没有好的进攻机会，但有攻防兼备的可能，即可以用中低杆薄击 1 号球右侧，1 号球沿虚线向 9 号球或袋口方向行进，有可能进袋或将 9 号球撞入袋，如图 10-21 所示。即使没有进球，主球碰台边后还会停在台面右侧方，可能会形成障碍球。所以第一种空杆的走位有危险，尽可能不用。

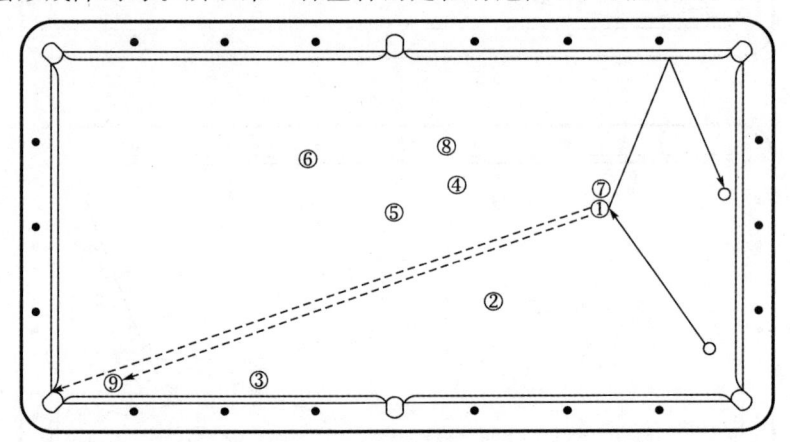

图 10-21　第一种空杆

第二种空杆，去碰开 7 号球，由于碰开后 1 号球的走向难以控制，这种空杆不足取。

第三种空杆，看似合理，却暗含了很大的危机。尽管对方上场没有进攻的机会，但可以做一杆质量很高的障碍球，如图 10-22 所示。从这个球势上看，如果解救障碍球失误，第三种空杆事实上导致输局的可能性较大。1 号球被定位球杆法击开后，主球与 7 号球紧紧相贴，这对解救障碍球十分困难。

第四种空杆，满足了空杆在战术上的基本要求，是较好的选择。主球远离目标球，能击且无进球机会，做障碍球的难度较大，一般情况下对方只能做防守。

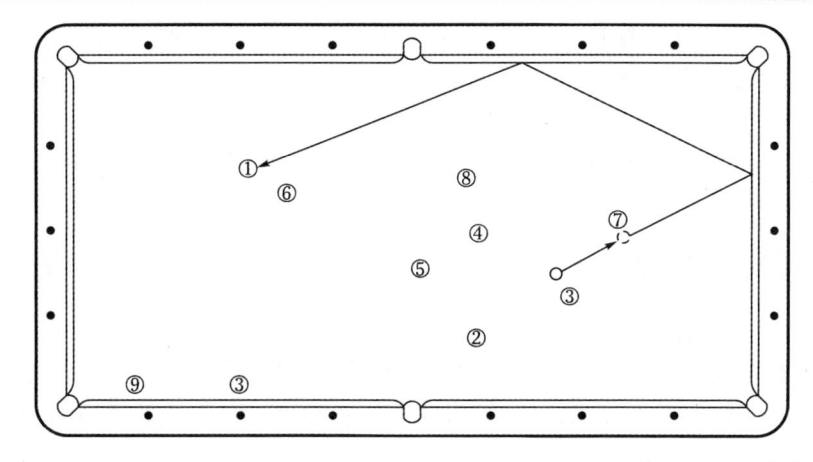

图 10-22　第三种空杆

（四）防守战术运用

9 球防守战术运用，可以参照斯诺克台球的防守方法。它有以下两个目的：一是防守使对方没有进球机会，并为自己创造进攻机会。二是防守成障碍球，为进攻创造机会，以及迫使对方连续 3 次犯规，从而取胜。

第四节　台球的打法、规则和比赛要领

了解台球的打法和规则，除了知道如何进行比赛，以及最后如何决定出胜负外，另外一点是通过了解台球打法和规则，帮助在比赛中合理运用基本技术和基本战术，从而尽快提高实战中的技术水平。

斯诺克台球，大家并不陌生，关于其打法、规则等具体要求如下：

一、斯诺克台球的基本打法

第一，用主球将台面上的活球击入袋中，便可获得相应的分值，并有继续击球的权利。

第二，比赛的胜负是通过双方最后得分多少决定的。

第三，计分方法如下：红色球 1 分，黄色球 2 分，绿色球 3 分，棕色球 4 分，蓝色球 5 分，粉色球 6 分，黑色球 7 分。

斯诺克台球共用 22 个球。红色球 15 个，黄、绿、棕、蓝、粉、黑色球各 1 个，主球 1 个。

一杆最高分为 147 分，即 $15 \times 8 + 2 + 3 + 4 + 5 + 6 + 7 = 147$ 分。

15×8 的意思是：每打一个红色球，再打一个黑色球，如一次依顺序打完 15 个红色球，可得 120 分。

第四，开球及击球次序如下：

（1）开球权是通过掷币方法决定的。开球者必须将主球放在开球区内任何一点上，击主球必须首先碰击红色球，满足上述两点即为合法开球。

（2）台面上有红色球时，只有击打进一个红色球后，才能击打彩色球，至于打哪个彩色球可以自由选择，但必须声明要击打的彩色球。如果打到了不是所指定的彩色球，要被罚分。

被击入袋的红色球，不再拿出来。彩色球被击入袋后，则要拿出放在原来的置球点上。

当台面上最后一个红色球被击入袋后,下一个彩色球可以自由选择。其后台面上只剩下 6 个彩色球。这时的击球顺序为:从 2 分黄色球开始,依分值由低到高进行。被合法击入袋中的目标球不再被拿出来。

第五,击球权:不论击打红色球还是彩色球,击中未落袋,或者出现犯规行为,便失去了继续击球的权利。

二、斯诺克比赛规则简介

第一,参赛球员上场顺序依猜币决定。

第二,主球必须首先击活球,且主球不得落袋,非活球也不得落袋。

第三,当台面上只剩下 7 分黑色球时,击球入袋或犯规受罚都会使比赛结束。这时如果双方比分相等,则以如下顺序决胜负。

(1)重新将 7 分球放在原置球点上,进行决胜赛。

(2)双方通过掷币方法决定比赛顺序。

(3)首先击球的球员应将主球放在开球区内开球。

(4)无论谁击球入袋或犯规都使比赛结束。

第四,关于无意识救球:击球者应尽力去打到活球(有明显的救球趋势),如果未做到,则被视为犯规。对方球员可以要求把球放回原位,让犯规方重新再打。

第五,台面上的球出界或者主球落袋均被视为犯规。红色球不再放回台面,主球为手中球,放回开球区内开球,彩色球一律放回置球点。

第六,置球点规定。

(1)如需放置彩色球,而它的置球点被其他球所占,就应将其放在能放置的最高分值的置球点上。

(2)如果放置不止一个彩色球,而它们自己的置球点均被占,则优先放置分值高的彩色球。

(3)如所有的置球点均被占,彩色球应放在自己置球点与顶岸之间距自己置球点尽可能近的位置上。

(4)如放置 7 分黑色球和 6 分粉色球时,它们的置球点及与顶岸之间的位置均被占,可将其放置在台面纵向线上距它们的置球点最近的位置上。

第七,手中球的有关规定。

(1)球员将主球击出界外或落入袋中,判为手中球,由对方获得击球权。

(2)球员可将手中球摆放在开球区内任意一点上,击任何方向的活球。

第八,贴球的有关规定。

(1)主球与一个活球或者能够成为活球的目标球相贴,则为贴球。

(2)不得直接击打和主球相贴的活球,必须采用间接打法使其脱离贴在一起的活球,即可以向相反的方向击出主球。

第九,跳球的有关规定。

(1)主球击成跳球,被判为犯规。

(2)以下情况不算跳球:主球有跳动而没有越过任何球体。用扎杆杆法击球,使主球明显绕过阻挡球而且击中目标球。击中目标球后,才跳过其他球体。

第十,自由球的有关规定。

(1)一方犯规后造成障碍球时,应判自由球。

(2)非犯规方上场击球,球员可以指定台面上任何一个球作为自由球。
(3)在这一击内,自由球被视为活球,并获得活球的分值。
(4)如果击落自由球,将自由球取出后放回置球点。
(5)若活球也入袋,则应记录其分值。
(6)若活球和自由球同时入袋,则只记活球分值。将自由球取出放回置球点。
(7)出现这两种情况为犯规:没有击中指定的自由球;使用自由球给对方做成障碍球(黑色球和粉色球除外)。

第十一,同时击中两个球。

主球不得同时击中两个目标球,除非是两个红色球,或一个活球和一个自由球。

第十二,关于犯规和处罚的规定。

(1)下列各项犯规行为,应判罚活球的分值(活球分值小于4分,按4分判罚,大于4分按分值判罚):

①台面上球未停稳就开始击球。
②击球时,杆头触击主球一次以上。
③击球时双脚离地。
④击球时推杆。
⑤击成空杆或者空杆自落。
⑥主球击目标球后自落。
⑦用自由球做成障碍球。
⑧开手中球,主球未放在开球区内。

(2)下列犯规行为,应判罚活球和有关球中最高分值:

①使非活球入袋。
②击球时,球员的衣物、身体、球杆及饰物触及台面上的球。
③主球首先击中非活球。
④击成跳球。
⑤击球出界。
⑥主球同时撞击两个球(两个红色球或一个活球和一个自由球除外)。

(3)下列犯规均判罚7分:

①击红色球入袋后,尚未指定球就犯规。
②使用台内的球达到一定目的。
③连续击红色球。
④不使用白色主球而使用其他球主球。

第十三,僵局。

如果裁判员认为比赛即将成为僵局,应警告比赛双方,如不尽快改变这种状况,将宣布这一局比赛无效,重新摆球,按原来的比赛顺序继续进行。

三、斯诺克比赛要领简介

现在介绍一下比赛要领:

(一)开局阶段要领

开局阶段大致可分为前8个红色球的争夺。此阶段要尽力控制好主球,在没有十足把握的情况下,尽量采用攻守兼备的战术打法,或采取积极的防守策略。尽可能在开局阶段,使每一杆击球都能控制好主球,为下一次击球创造进攻的机会。

(二)中局阶段要领

此阶段为后 7 个红色球的争夺。此时红色球基本已打开,连续进攻的机会增多,连续得分的可能性加大,这时除了控制好主球在进攻时的走位,保证进攻点不丢失外,也要注意对有一定难度的球的处理,一旦失手,会给对方带来进攻得分的机会。如果遇到此情况,也可以考虑运用一杆攻守兼有杆法,尤其是在进行红黑色球进攻点进攻时,使主球击球后回到开球区附近,如果成功可通过 2 分黄色球等过渡,再回到红黑色球进攻点上来。如果失误,主球回到开球区,使对方也没有太好的进攻机会[①]。

(三)结尾阶段要领

6 个彩色球为比赛的结尾阶段。如果开局和中局打得好,比分领先很多,此时获胜的可能性很大。在这种情况下,应遵循既稳妥又积极的战术思想进行比赛,切不可一味消极防守而失胜机。如果此时双方比分差不多,要抓住机会大胆进攻,并对如何防守做出清楚的计划,给对方心理上造成一定的压力。若落后近 20 分,又没有一杆清台的可能性,则应积极做障碍球,以打乱对方的进攻节奏和心理优势,通过连罚带攻的方法,扳回败局。

---

① 仵美阳.大学体育与健康[M].武汉:华中科技大学,2021.

第十一章 游泳

游泳运动是一种凭借自身肢体动作和水的相互作用力,在水上漂浮前进,或在水中潜游的有意识的技能活动。

现代游泳运动,包括多种多样的形式和内容。游泳不仅对增强体质,提高健康水平,丰富人民精神生活具有较大作用,而且在生产建设和国防建设上也具有一定的实用价值。随着人类社会的进步,游泳运动也将得到更大的发展。

第一节 游泳运动概述

人类的游泳活动源远流长。从地球出现最早的人类开始,人们就在布满江、河、湖、海的地球上生活。为了生存,人们逐渐学会了游泳,并使游泳活动得到发展。开始时,人们只是模仿水栖动物的姿势与动作,在水中移动,久而久之,便积累了在水中行动的技能,学会了漂浮、游动和潜水,产生了各种游泳姿势。

一、游泳运动的起源与发展

现代游泳运动起源于英国,17 世纪 60 年代流行于约克郡地区。1828 年,英国在利物浦乔治码头修造了第一个室内游泳池。1837 年,在英国伦敦成立了第一个游泳组织,同时举办了英国最早的游泳比赛。1869 年,在伦敦成立了大城市游泳俱乐部联合会(现英国业余游泳协会),并将游泳运动确立为专门的运动项目。

在 1896 年的首届奥运会上,人们将竞技游泳列入了正式的比赛项目。此时的竞技游泳不分泳姿,是真正的"自由式",只有 100 m、500 m 和 1 200 m 三项。之后,竞技游泳比赛项目逐步地被规范化。

1900 年第二届奥运会,仰泳被列为奥运会竞赛项目。

1904 年第三届奥运会,蛙泳被列为奥运会竞赛项目。

1908 年第四届奥运会,成立了国际业余游泳联合会,并审定了当时的世界纪录,制定了国际游泳比赛规则。

1912 年第五届奥运会,女子游泳被列为奥运会竞赛项目。

1956年第十六届奥运会,蝶泳被列为奥运会竞赛项目。

至此,竞技游泳最终被定型为包括蝶泳、仰泳、蛙泳、自由泳四种泳姿,而且这四种泳姿一直被沿用至今。

二、游泳运动的特点

游泳运动的特点主要有以下几个:

首先,游泳运动是一项对体能要求较高的运动项目,要求参加者具有良好的耐力和体力。参加者不受年龄、性别的限制。

其次,游泳运动对场地要求不高,既可以选择室内游泳池,也可以选择比较安全的公开水域。

再其次,游泳运动对技巧性要求不高,只要掌握动作的基本要领,兼备足够的体力,任何人都可以参与此项运动。

最后,游泳运动具有很强的竞争性,可磨炼参与者的意志。

第二节 竞技游泳基本技术

游泳是在特殊环境(水)中进行的一项运动,所以首先要掌握正确、合理的呼吸方法。这成为参加游泳运动的一项重要内容。

一、熟悉呼吸

呼吸练习需把面部浸入水后用鼻子呼气,要发出"嗯"的长音,要有气泡出现。当气快要呼完抬头时,首先要发出"啪"的一声,这样将剩余的气体呼出,再张嘴吸气。练习水中憋气的时间由短到长;浸水部位由面部到整个头部浸入水中,循序渐进。

二、练习水性

初学游泳的人开始下水都有心理负担,会害怕水。这里介绍水性练习。

(1)水中蹲起练习如图11-1所示,还可练习各种转身等。

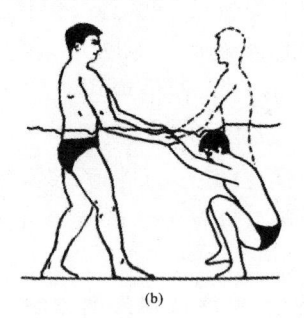

图11-1 水中蹲起

(2)水中各种方向的行走及跳跃练习。

(3)水中抱膝浮体、展体浮体练习,分别如图11-2与图11-3所示。

图 11-2　水中抱膝浮体练习

图 11-3　水中展体浮体练习

三、蛙泳介绍

蛙泳是模仿青蛙游泳动作的一种游泳姿势,并因此而得名。有些人自学游泳,虽然可以游,但动作很不规范。建议改进动作使其标准规范化。蛙泳技术环节分为身体姿势、腿部技术动作、手臂技术动作、整体配合技术动作。

(一)身体姿势

在蛙泳过程中,身体并不是固定在一个位置上,而是随着手、腿的动作在不断地变化的。当一个动作周期结束后,身体应展胸、稍收腹、两腿并拢,两臂尽量伸直,颈部稍紧张,头置于两臂之间,眼睛注视前下方。

(二)腿部技术动作

蛙泳的腿部动作是推动身体前进的主要动力之一。它主要可分为收腿、翻脚、蹬夹水和滑行四个阶段,但它们是前后紧密相连的完整动作。

1. 动作要领

(1)收腿。两脚逐渐向臀部靠拢,边收边分。收腿时力量要小,以减小回收时的阻力。大腿收至与躯干呈 120°～140°角。两膝内侧大约与髋关节同宽,大小腿之间为 40°～50°角。这样是为翻脚、蹬夹水创造有利的条件。

(2)翻脚。边收边翻脚的同时逐渐向外侧翻开,两脚在两膝外侧,形成"W"形状。正确的翻脚动作在收腿未结束前就已开始,在蹬夹水开始时完成。

(3)蹬夹水。由大腿发力,向后做弧形蹬夹水的动作。蹬夹水的速度从慢到快,力量从小到大。

(4)滑行。蹬夹水结束后,身体随着蹬水的动力向前滑行,双脚接近水面并尽量伸直并拢,腿部肌肉和踝关节放松,为下一个动作周期做好准备。

掌握蛙泳腿部技术动作是决定蛙泳教学和练习效果的关键。其难点是翻脚和蹬夹水动作。

2. 练习方法

（1）趴在（仰卧）池台或岸边用分解教学法对收腿、翻脚、蹬夹水、滑行进行示范讲解，再连贯起来做腿的完整动作。

（2）手扶池壁或扶板在水中练习。肩膀浸入水中，臀部靠近水面，腰腹肌稍紧张，防止塌腰，挺腹、臀部下沉。放松身体做慢收翻弧形蹬夹动作。

（3）扶板做腿部技术动作结合呼吸练习，收腿要慢，蹬腿用力，然后过渡到呼吸。从做两三次蛙泳腿呼吸一次，逐渐一次一呼吸。

（三）手臂技术动作

掌握合理的手臂技术，并且使之与腿和呼吸动作协调配合。手臂技术动作分为开始姿势、向外分手抱水、收手、向前伸臂四个阶段。

1. 动作要领

（1）开始姿势。两臂与水面平行掌心向下，手指自然并拢，使身体成一条直线。

（2）向外分手抱水。两手分别向外约45°角分手，前臂两手向后沿弧形划水，速度由慢到快，至收手时应达到最快速度。

（3）收手。收手时手的运动方向为向内、向上、向前。前臂外旋，掌心逐渐转向内。肘关节要有意识地做向内夹的动作。这时大臂不应超过两肩的横向延长线。

（4）向前伸臂。双掌合在一起向前伸出，在最后结束前逐渐转向下方。

2. 练习方法

（1）陆上模仿练习。上体前倾、手臂前伸，向外划约45°角时抱水夹臂。此时注意手腕不要放松转动。

（2）手臂与呼吸配合练习。分手抬头吐气；收手抱水吸气，前伸低头呼气。

（3）手臂、呼吸与完整动作练习。分手抬头吐气，收手吸气，伸手低头吐气，蹬夹腿漂一会儿。

（四）整体配合技术动作

蛙泳与呼吸配合有稍早稍晚之分。初学者稍早呼吸，即分手抬头吐气。一定水平之后抱水时抬头换气。

在蛙泳的游进过程中，一般都是一个周期一次呼吸，这样有利于机体的有氧供应，从而延缓疲劳。图11-4是蛙泳水中整体配合技术动作。

四、自由泳介绍

自由泳又称爬泳。练习者俯卧在水中，两腿上下交替打水，两臂轮流划水而使身体向前游进的一种泳姿，很像是在水中向前爬行。其技术环节分为身体姿势、腿部技术动作、手臂技术动作、两臂配合、整体配合技术动作。

（一）身体姿势

自由泳时身体俯卧在水面成流线型，背部和臀部的肌肉保持适当的紧张度，在游进中保持头颈部自然后屈，身体纵轴与水平呈3°～5°角，躯干围绕身体纵轴有节奏地转动35°～45°角，如图11-5所示。

（二）腿部技术动作

自由泳腿部技术动作虽有一定的推进力，但主要起平衡作用，保持身体的稳定和协调双臂

图 11-4　蛙泳水中整体配合技术动作

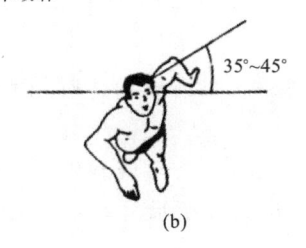

(a)　　　　　　　　　　　(b)

图 11-5　自由泳身体姿势

做有力的划水。

1. 动作要领

两腿自然并拢，脚稍内旋，踝关节放松，由大腿带动小腿和脚掌，交替做鞭打水的动作，两腿上下活动幅度为 30～40 cm，膝关节最大曲度约 160°，如图 11-6 所示。

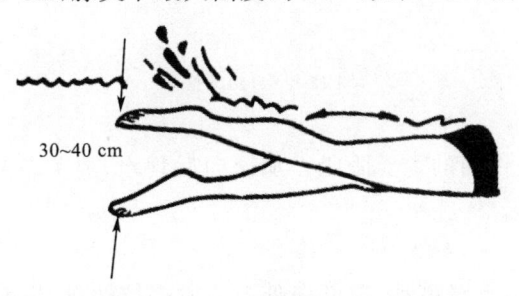

u 图 11-6　自由泳腿部技术动作

蛙泳技术

2. 练习方法

练习两腿交替上下鞭打水动作，为学习自由泳完整配合技术打下基础。

（1）坐池边直腿打水。大腿带动小腿做上下鞭打动作，腿向上时膝关节伸直，向下稍屈，如

图 11-7(a)所示。

(2)水中练习时,两臂伸直,头部夹在两臂之间,两边转头轮流换气,从开始要求直腿逐渐过渡到膝踝适当放松弯曲的鞭打水动作,如图 11-7(b)所示。

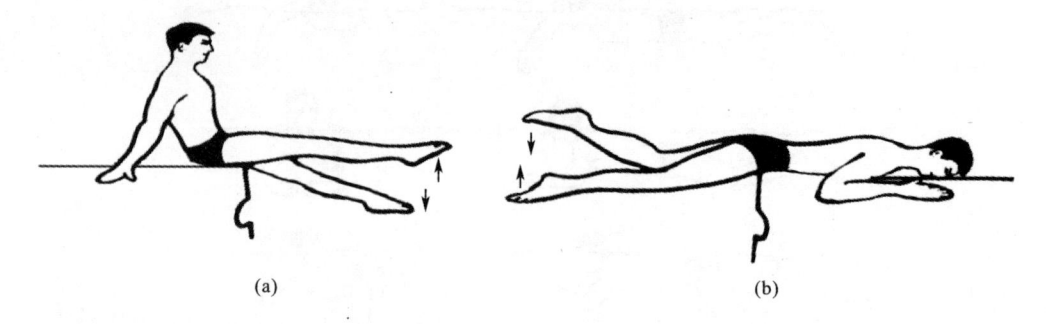

图 11-7 自由泳腿部技术动作练习方法示例

3. 常见错误

(1)屈膝过大,小腿打水。纠正方法:小腿紧张,用直腿打水练习,体会大腿带动小腿动作。

(2)勾脚尖打水。纠正方法:踝关节灵活性差,要求绷直脚尖,多做压踝关节活动。

(三)手臂技术动作

自由泳手臂技术动作是推动身体前进的主要动力。一个完整的自由泳手臂技术动作分为入水、抱水、划水、出水和空中移臂等几个相互连贯的阶段。

1. 入水

手的入水点在身体纵轴和肩关节的前后延长线之间。

2. 抱水

手掌从向斜外下方转向斜内后方结束,肘关节屈至150°左右,整个手臂像抱球一样,为划水做准备,如图 11-8 所示。

图 11-8 自由泳抱水

3. 划水

划水是发挥最大推进作用的主要阶段。加速向后划水,肘关节从弯曲过渡到伸直加速用力,最后到大腿旁,呈 S 形。

4. 出水

手臂放松,微屈肘。由上臂带动,肘部向外上方做提拉动作,将前臂和手带出水面,掌心转向后上方,如图 11-9 所示。

5. 空中移臂

移臂时要自然放松,肘高于手。移臂动作应借助肩关节自然转动,手的速度快于前臂和上臂,开始时手落后于肘关节,但到移臂结束时,手应该到达最前方领先入水,如

图 11-9 自由泳出水

图 11-10 所示。

图 11-10 自由泳空中移臂

（四）两臂配合

自由泳两臂配合有前交叉、中交叉和后交叉三种类型。初学者适合学习前交叉配合。一臂入水，另一臂在肩前方。

（五）整体配合技术动作

自由泳的呼吸、臂、腿配合技术有多种形式，其中以 6：2：1 最为常见，即打腿 6 次、划臂 2 次、呼吸 1 次的整体配合技术，这种配合方法容易保持平衡和协调掌握自由泳技术。

图 11-11 是自由泳水中整体配合技术动作。

第三节 竞技游泳比赛规则

本节将介绍竞技游泳比赛规则中对各项技术及比赛进程的规定，并对竞技游泳中的犯规判罚条款进行简单阐述。

一、技术规定

竞技游泳的相关技术规定如下：

（一）出发的规定与犯规判罚

（1）蛙泳、自由泳、蝶泳、个人混合泳及自由泳接力的比赛必须从出发台出发。仰泳比赛、混合泳接力比赛的第一棒，必须从水中出发。

（2）任何运动员在"出发信号"发出前出发，应判犯规。因裁判员的失误或器材失灵而导致运动员抢跳时，不视为抢跳犯规。

（二）蛙泳比赛的技术规定

（1）在出发和每次转身后，运动员可没入水中并可做一次手臂充分向后划至腿部的动作。在出发和每次转身后，运动员可在第一次蛙泳蹬腿动作前打一次蝶泳腿。

（2）从出发和每次转身后的第一次手臂动作开始，身体应保持俯卧，任何时候都不允许身

图 11-11 自由泳水中整体配合技术动作

体呈仰卧姿势。在出发后的整个游程中,动作周期必须是以一次划水和一次蹬腿的顺序完成的。

(3)双臂的所有动作应同时并在同一水平面上进行,不得有交替动作。除出发和每次转身后的第一次划水动作外,两只手向后划水不得超过臀线。

(4)在每个完整动作周期内,运动员头的一部分必须露出水面。

(5)双腿的所有动作应同时并在同一水平面上进行,不得有交替动作。在蹬腿过程中,双脚必须做外翻动作。

(6)在每次转身和到达终点时,双手应分开在水面、水上或水下同时触壁。在触壁前的最后一次划水动作结束后,头可以没入水中。但在触壁前最后一个完整或不完整的动作周期中,头的一部分必须露出水面。

(三)自由泳比赛的技术规定

(1)自由泳比赛中,可采用任何泳姿。但在个人混合泳及混合泳接力比赛中,自由泳指除蝶泳、仰泳、蛙泳以外的泳姿。

(2)每次转身和到达终点时,运动员身体的某一部分必须触及池壁。

(3)在整个游程中,运动员身体的某一部分必须露出水面。在出发和转身时,允许运动员身体完全没入水中;出发和每次转身后,在 15 米前(含 15 米)运动员头的一部分必须露出水面。

(四)仰泳比赛的技术规定

(1)在"出发信号"发出前,运动员应在水中面对出发端,双手抓住出发握手器。禁止双脚蹬在水槽里、水槽上或脚趾勾在水槽沿上。

(2)除转身过程外,整个游程中应始终呈仰卧姿势,允许身体做转动动作,但必须保持与水平面小于 90°的仰卧姿势,头部位置不受此限。

(3)出发和每次转身后,运动员潜泳距离不得超过 15 米。在 15 米前(含 15 米)运动员头的一部分必须露出水面。

(4)转身过程中,运动员身体的某一部分必须触壁,运动员必须呈仰卧姿势蹬离池壁。

(5)运动员到达终点时,必须以仰卧姿势触壁。

(五)蝶泳比赛的技术规定

(1)从出发和每次转身后的第一次手臂动作开始,身体应保持俯卧,允许水下侧打腿。任何时候都不允许呈仰卧姿势。

(2)双臂同时摆动和划水,在转身和到达终点时,双手应同时触壁。打腿动作应同时进行,不得交替,不允许采用蛙泳腿动作。

(3)在出发和每次转身后,允许运动员在水下做一次或多次打腿动作和一次划水动作,这次划水动作应使身体升至水面。出发和每次转身后,在 15 米前(含 15 米)运动员头的一部分必须露出水面。运动员应使身体保持在水面上,直至下次转身或到达终点。

(六)混合泳比赛的技术规定

(1)个人混合泳必须按照蝶泳、仰泳、蛙泳、自由泳的顺序进行比赛。每种泳姿必须完成赛程 1/4 的距离。混合泳接力必须按照仰泳、蛙泳、蝶泳、自由泳的顺序进行比赛。

(2)在混合泳比赛中,每一泳式都必须符合有关规定。在仰泳转蛙泳过程中,运动员应呈仰卧姿势触壁。

二、比赛规定与犯规判罚

竞技游泳的比赛规则与犯规判罚也是需要我们进行了解与学习的。

(一)比赛规定

(1)运动员应游完全程才能获得录取资格。

(2)运动员应始终在其出发的同一泳道内比赛和抵达终点。

(3)在所有项目中,运动员转身时必须按各泳姿的规定触及池壁,不允许在池底跨越或行走。不允许拉分道线。在自由泳项目和混合泳项目的自由泳段比赛中,允许运动员在池底站立,但不得行走。

(4)比赛中,运动员不得使用或穿戴任何有利于其速度、浮力、耐力的器材和泳装,游泳镜除外。不允许在身上使用任何胶带,除非得到组织委员会(竞赛委员会)指定的医疗机构同意。

(5)在比赛场地内,不允许进行速度诱导及采用任何能起速度诱导作用的装置与方法。

(二)犯规判罚规定

(1)游出本泳道阻碍或以其他方式干扰其他运动员者,应判犯规。在所有比赛的运动员还未游完全程前,未参加比赛的运动员如果下水,应取消其原定的下一次的比赛资格。

(2)运动员抵达终点后或在接力比赛中游完自己的距离后,应尽快离池,如妨碍其他游进中的运动员,应判该运动员犯规。

(三)接力比赛规定与犯规判罚

(1)接力比赛以队为单位,每个接力队应有 4 名队员,每名接力队员在一次接力比赛中只能游其中的一棒。每队可在报名参加比赛的同组运动员中任选4人参加接力比赛,在预赛、决赛中参加者可任意调换。接力队必须按提交的名单和顺序参加比赛,否则将被取消录取资格。

(2)在接力比赛中,如前一名运动员尚未触及池壁,后一名运动员的脚已蹬离出发台,应判犯规。

(3)接力比赛中,在各队的所有运动员还未游完之前,除了应游该棒的运动员,其他接力队员如果进入水中,应判犯规。

第四节 游泳安全卫生与水上救生常识

游泳是磨炼人的意志、锻炼身体的良好方法,但游泳也要注意安全卫生事项。

一、游泳时应注意的安全卫生事项

炎热的夏季,游泳是我们的运动好选择,但是去游泳时我们要把安全放在第一位。

(一)游泳者要进行体检

为了保证游泳者的健康和安全,防止疾病传染,在游泳前必须进行身体检查。凡患有传染性肝炎、活动性肺结核、细菌性痢疾、化脓性中耳炎、严重的心血管疾病、红眼病、皮肤病、精神病等疾病者,以及有开放性创伤者,都不宜游泳。

(二)饭后和饥饿时不宜游泳

饱食后游泳会减少消化器官的血液供应,使消化器官功能降低,影响食物的消化和吸收。另外,水的温度和压力会使胃肠的蠕动功能受到影响,容易引起胃痉挛,出现腹痛或呕吐。因此,饭后不要马上游泳,一般需要间隔半小时到一小时后再游泳。饥饿时游泳也不好,因为空腹时血糖含量下降,游泳时易头晕或四肢无力,甚至有昏厥的可能。

(三)剧烈运动后不宜马上游泳

人体在剧烈运动或强体力劳动时,新陈代谢活动增强,体温升高。如果此时马上下水游泳,身体突然受到冷的刺激,体温迅速下降,对病菌的抵抗力减弱,容易感冒。另外,在剧烈运动或高强度体力劳动后,人体已经感觉疲劳,肌肉的收缩及反应减弱,动作不易协调,如果马上游泳,就会造成疲劳的积累,容易引起抽筋,发生溺水事故。因此,在剧烈运动或高强度体力劳动后,应休息一会儿,待体力恢复正常后再游泳。

(四)饮酒后不宜游泳

酒中含有不同浓度的乙醇(酒精),乙醇对人体神经系统有麻醉作用,会使人体机能下降,身体的反应能力和动作的协调性降低,这时游泳不容易掌握游泳要领,而且很难处理突发事件,容易发生危险。另外,由于酒对人体表面的血管有扩张作用,酒后游泳就会大大加快体内热量的散发。因此,饮酒后不宜游泳。

(五)游泳前要做好准备活动

准备活动可提高神经系统的兴奋性,增强心血管系统和呼吸系统的功能,加快血液循环和新陈代谢,可使肌肉的力量和弹性增加,身体各关节的活动范围相应加大,灵活性也有所提高。这些变化,有利于身体更好、更快地适应游泳运动的需要,同时,对防止抽筋、拉伤有积极的作用。

游泳前的准备运动,一般可做广播操、跑步、游泳模仿动作及各种拉长肌肉和韧带的练习。特别要活动颈、肩、腰、髋、膝、踝、腕各部位的关节。

(六)游泳要戴游泳帽

戴游泳帽下水是为了保护水质的清洁,特别是蓄有长发的人,在游泳中既不方便,也容易给水质带来污染,同时头发对滤器也有影响。

在教学中戴游泳帽还容易辨认,特别是对初学者来说尤为必要。因此,我们也可以让学生戴不同颜色的游泳帽。

(七)注意经期卫生

女学生月经期游泳要采取卫生措施,未采取措施不宜下水。

(八)游泳后的工作

游泳课结束后,一出水即应擦干身体,以防止受凉感冒。

水上救护与安全常识

二、水上救生常识

世界各国都很重视水上安全。掌握水上救生常识十分重要。

(一)皮肤过敏

下水后由于冷水的刺激,出水后被风吹,有时会引起皮肤过敏。皮肤过敏轻者表现为皮肤发红,起疙瘩;严重者则会出现头晕、心跳、气喘、恶心和呕吐等现象。在游泳中,如遇上述情况,应及时上岸,擦干身体,穿好衣服,注意保暖,喝点热开水,出点汗,一般能很快恢复。反应严重的应尽快请医生诊治。

(二)头晕

游泳时站在水中休息,或上岸时,由于身体姿势由平卧改为站立,血液循环受重力改变的影响,不能及时回流心脏,造成脑部血液暂时供应不足,便会产生头晕现象。另外,人体在水中大量散热,消耗的能量也较大,有时也因血糖下降引起头晕。以上的现象一般来说都是正常的生理反应,休息之后很快便能恢复。经常参加游泳锻炼的人,头晕感觉会逐渐消失。如果头晕越来越严重,就应请医生检查。

(三)呛水

呛水是水从鼻腔或口腔进入呼吸道而引起的。初学者由于未掌握游泳的呼吸技术,或风浪来临时没掌握好呼吸时机便会导致呛水。呛水时会造成呼吸困难,严重时会发生反射性痉挛,使呼吸道梗死,甚至引起窒息。发生呛水时不要紧张,应沉着冷静地把头露出水面,随即调整呼吸,避免继续呛水,进而恢复正常呼吸。

(四)耳朵里灌进水

耳朵里灌进水,一般可用单脚跳动法,如右耳内进水,头偏向右侧,用右脚单跳几次,水就会流出。也可用吸引法,即头偏向有水的一侧,用手掌紧压有水耳朵的外部,屏住呼吸,然后迅速拉开手掌,水就会被吸出来。必要时也可用消毒的棉棒,轻轻地伸进外耳道把水吸出。千万不要用火柴棍、发卡或锐利的东西乱勾乱挖,以免把外耳道或鼓膜穿破,引起感染,导致中耳炎。

(五)抽筋

抽筋是在游泳过程中经常遇到的问题。所谓抽筋,就是指肌肉发生强直性收缩的现象。抽筋的原因较多,一般是下水前没有做好准备活动,或身体过于疲劳,或遇寒冷刺激等。另外,过分紧张也容易抽筋。发生抽筋时,要保持镇静,可以呼救也可以自救。抽筋后应立即上岸,按摩抽筋部位,注意保暖,不应再下水游泳。在水中自我解救抽筋部位的方法,主要是拉长抽筋的肌肉,使收缩的肌肉放松和伸展。

自救的方法如下:

(1)手指抽筋:将手握拳,然后用力张开,这样迅速连续做多次,直至抽筋消除为止。

(2)小腿或脚趾抽筋:先吸一口气浮在水面上,用抽筋脚的对侧手握住抽筋的脚趾,用力向身体方向拉,同时用同侧手压在抽筋腿的膝盖上,帮助小腿伸直,使抽筋消除。

(3)大腿抽筋:先吸一口气,仰卧水中,弯曲抽筋的腿,使之与上体呈直角,然后用两手抱住小腿使它贴在大腿上,并加震颤动作,随即向前伸直。

第十二章 散打

作为武术对抗形式的散打运动,可以提高人体的速度、力量、灵巧、耐力等身体素质,也能增强身体的抵抗力和反应能力。学习散打,不但能提高防身自卫能力,而且对培养青少年机智、顽强、勇敢、果断等意志品质,以及培养武德方面都有很好的作用。

第一节 散打运动概述

散打是一项徒手搏击格斗的技术。它的母体是中华民族传统体育瑰宝——武术运动。武术是以技击为主要内容的民族传统体育项目,散打是武术运动的对抗形式,更是武术运动的最高表现形式,是武术的精髓之所在。

现代散打运动是以踢、打、摔、拿为主要技击内容,在比赛规则的限制下互以双方格斗技击动作为转移的斗智、较技的对抗性体育竞赛项目。它是格斗者双方智力、体力、技术和心理意志的综合抗衡,具有高度的攻防实战性和激烈对抗性。

一、散手与散打概念的由来

散手俗称散打,二者在现代武术术语中是表达同一个项目的两种称谓。民国时期,开始将武术徒手格斗称为散手,在民间得到广泛使用,并沿用至今。散手是相对于武术套路的固定动作而言的,表示将武术套路中固定的攻防招式拆散并运用于攻防实战,所以散手、散招、散打、拆手,实际上是不同的词表达的同一概念(《中国武术教程》下册,全国体育院校教材委员会审定)。从 1979 年开始,张文广、温敬铭等老一代武术家尊重了历史的沿革,将武术徒手对抗项目仍然称为散手。2000 年,由湖南电视台与中国武术协会联合举办的中国武术"散打王"开播之后的四年间,"散打"这一武术徒手对抗项目在国内外产生了极大的影响。至 2009 年,在由中国武术协会在河南郑州大学体育学院举办的"武术散手 30 年的历史回顾与展望"的研讨会上,绝大部分与会代表建议:既然"散打"这个名称已经家喻户晓,又通俗易懂,以后应该把"散打"这个称谓固定下来,以免产生概念上的混淆。这便是散打概念的由来。

二、散打运动的特点

经过三十多年的发展，散打项目已形成集踢、打、摔三种进攻技术于一体的格斗项目，已经具有了独特的技术风格。散打项目的形成与发展是近百年来东西方体育文化交流的产物，它已融千年传统武术精华与现代体育文明于一身，成为中国当代武术运动的重要组成部分。散打既有别于其他体育项目，也有别于世界各国流行的技击术，具有以下特点：

（一）民族性

武术散打是中华民族优秀的文化遗产，是在中国特定的历史条件下逐渐演变发展形成的，因此它具有鲜明的民族特色。在技术上，踢、打、摔三位一体立体进攻的模式基本体现了中国武术远踢、近打、贴身摔的全面、灵活、多变的综合格斗技术特点。从形式上，散打继承了中国古代民间传统武术"打擂台"的形式，比赛沿用三局两胜的比武传统。

散打的民族性还表现在对运动员的武德教育方面。其要求凡是参加散打训练的运动员"未曾学艺先学礼，未曾习武先习德"。将武德礼仪教育贯穿散打教学、训练的始终，内化成运动员自身的需求。"德艺双馨、内外兼修"等范围广阔的武德规范，赋予散打与其他搏击类项目截然不同的思想内容，体现了中华民族特有的文化内涵和精神气质。

（二）体育性

散打属于体育范畴，与各运动项目相同，这是共性。但它又突出地反映出武术的特殊本质——技击性，又有别于过去的武术技击中一招制敌的搏击术，已经具有鲜明的体育特征。现代散打技术从传统武术中吸取精华，又从体育的观点出发，制定了散打竞赛规则。规则规定了禁击部位及比赛时必须穿戴护具，比赛以判定胜负为目的，遵循公平、竞争、健康、安全的原则。现代散打的技法是以增强体质、交流技艺、防身自卫为练习目的的。所以说武术散打是在比较安全的规则下进行互为攻防的，虽具有较强的攻防技击性，但又与实用技法有所区别，因此现代散打运动是技击与体育的完美结合。

（三）对抗性

对抗性是武术散打的基本特征。散打突出了武术的本质——技击性。如何在规则规定的范围内，最大限度地发挥人类自身的搏击潜能，是散打追求的目标。比赛双方在规则限定的范围内，没有固定的动作顺序，运用踢、打、摔技术，互以对方技击动作为转移，通过互相斗智、较技来战胜对方。运动员除了掌握一定的攻防技术动作外，还要掌握运用技术进攻对方的时机，更要有敏锐的观察、迅速的反应及敏捷的应变能力。

三、散打运动的作用

在大学里开设散打运动体育课程可以培养大学生正确对待胜负的心理素质和拼搏向上的意志品质。经过这些锻炼，可以培养人顽强、果断、坚毅的性格，使练习者摒弃软弱和怯懦而敢于拼搏进取。另外，武术散打训练对场地要求不高，设施也较简单；运动量可大可小，适合不同年龄、性别和不同训练水平的人群。大学生参加武术散打运动对身体的锻炼作用较全面，对增强学生的体质和进行优良品质教育，都具有较大的意义。

（一）提高素质，健体防身

散打运动较力、较技、斗智、斗勇，对抗激烈。长期从事散打运动，可全面改善和发展人的素质。它对提高人体的速度、力量、灵巧、耐力、柔韧等身体素质,提高内脏器官的机能,特别是对提高神经系统的灵活性有较大的帮助和明显的作用。

散打的实用性源于其强对抗性,并在交手比试中不断体验战术的运用,提高应变能力。散打已经成为中国实用武术的代名词,因此,散打运动也成为公安武警、特警和涉及安全保卫工作人员首选的搏击运动。散打的实用性还体现在不同实战条件下,踢、打、摔三类技术的不同使用,如果再配合以近距离的擒拿格斗,实用性将更加突出。

(二)锻炼意志,培养品德

散打训练对人意志品质的考验是多方面的。例如,功力练习要克服疼痛难忍关,从不适应到适应。交手时,要克服胆怯怕打关,逐步增强勇气。比赛中遇到强手时,要克服消极逃脱关,敢于拼搏,提高以弱胜强的智慧。耐力训练或比赛到最后一局时,要以顽强的毅力坚持到底,进行在比赛中正确对待胜负的心理锻炼等。这些锻炼可以培养人的顽强、果断、坚毅的精神,并使其具有吃苦耐劳、积极向上、勇于进取的品质。

散打训练的过程也是武德修炼的过程。习练者将尊师重道、团结友爱、恪守承诺、见义勇为、遵纪守法和社会责任感内化为自身的行为规范,违背武德规范的行为为散打界所不容。教师的师德风范可使学生在亲师信道中完成技术的进步和人格的提升。在训练过程中,队友之间彼此协作、互相帮助、互相学习、切磋技艺等是完成训练任务的必备条件。在训练和比赛中,要培养胜不骄、败不馁的谦逊品德,针对训练中难免因失误磕碰的现象,提倡互相爱护、团结友爱的精神。长期进行散打训练能培养人宽厚容忍的良好心态,也能培养尊重对手、爱护对手的品质,从而形成健康的人格。

(三)竞技观赏,丰富生活

武术散打有着广泛的群众基础和很强的生命力,比赛紧张激烈。激烈的对抗性具有很高的欣赏价值和娱乐功能,它能满足人们不同层次的精神需求。武术对抗形式的比武,历来为人们所喜闻乐见,许多古籍史料和文学名著中有关散打的描述,围观者都是"人山人海、群情沸腾"。自1979年我国开展散打运动以来,全国性和各地举办的散打比赛、擂台赛都深受群众欢迎。在丰富文化生活的同时,运动员在比赛中所表现出的坚韧不拔的意志品质、拼搏向上的竞技精神也会给人以启发。

散打运动还能给练习者自身带来快乐,散打运动给练习者带来的首先是自强和自信,追求强者的风范给练习者带来了丰富的精神食粮和身体的强健,这是极大的"自娱"。同时,强烈的对抗产生的焦虑,能释放和缓解生活的压力,使人们在散打训练后有一种被释放的"愉悦感",这对于练习者的身心健康大有益处。

(四)交流技艺,增进友谊

散打本身所具有的社会影响,很容易成为人们普遍关注和讨论的话题。散打也是一种交流,它通过切磋技艺来达到彼此的沟通。在共同的志趣和爱好的基础上开展交流,更容易拉近彼此的距离。

散打作为中国武术的组成部分,具有深厚的文化底蕴,是中华民族传统文化的瑰宝。在传授和练习散打技艺的过程中,促进了文化的交流。散打还是向世界展示中华民族文化的一个窗口,其通过对外交流使更多人了解中国文化,同时,也能增强民族凝聚力和自豪感。

第二节　散打运动基本技术

散打运动对于青少年的力量、速度、反应、协调等多项身体素质发展有很好的作用。其对抗练习的形式，互助、协作的技术配合，灵活运用技术、战术的意识，对于青少年的身心健康发展有着重要意义。

一、实战姿势

两脚前后开立（正架为左脚在前，反架为右脚在前），两手握拳，左前右后，拳眼均朝上，左手臂弯曲，肘关节夹角为90°～110°，左拳与鼻同高；右手臂弯曲，肘关节夹角小于90°，大小臂紧贴右侧肋部，身体侧立，下颚微收，面部和左肩、左拳正对对方。

动作要领：实战姿势是实战时的预备姿势，因此，要求进攻灵活，防守严密，移动方便。姿势不可太低，重心控制在两脚之间；两手紧护躯体，暴露给对手打击的有效部位尽量缩小。

二、手形

五指内屈紧握，拇指第一指压在食指和中指的第二指骨上，拳眼朝上为立拳；拳心朝下为平拳，如图12-1所示。

(a)立拳　　　　　　　　(b)平拳

图12-1　手形

动作要领：拳心握实，拳面要平，手腕要直。

三、步法

"先看一步走，再看一伸手，手到步不到，等于放空炮。"步法是散打格斗中身体向前后左右移动的方法。灵活而敏捷的步法，不仅是调节重心、维持身体平衡的关键，还是进攻和防守占据有利位置、发挥最优攻势的基础，认真学习和演练步法是提高实战能力的重要环节。以下步法均以左实战势为例。

（一）进步

前脚（左脚）先向前进半步，后脚再跟进半步。

动作要领：进步步伐不宜过大，后脚跟进后的身体姿势不变，衔接进步与跟步时越快越好。

（二）退步

后脚（右脚）先后退半步，前脚再退回半步。

动作要领：参考"进步"。

（三）上步

后脚向前上一步，同时左、右拳前后交换成反架姿势。

动作要领：上步时身体不能前后摆动，上步与两手要同时交换。

四、拳法

在散打运动中常用的有冲、掼、抄、弹、鞭五种拳法，在实战中具有速度快和灵活多变的特点。它能以最短的距离、最快的速度击中对手。拳法易于组合进行训练，并且能任意配合其他技术使用。掌握得好、利用得巧妙能给对手造成很大的威胁。以下介绍前三种拳法。

（一）冲拳

1. 左冲拳

实战姿势站立，右脚微蹬地，身体重心稍向左脚移动，同时转腰送肩，左拳直线向前击出，力达拳面。

动作要领：冲拳时，上体不可前倾，腰略向右转；拳面领先，大臂催前臂，臂微内旋，肘微屈；快出快收，迅速还原成预备势。不要形成拳往下撩的错误，或只是前臂屈伸，强调肩先启动，催肘送拳。

用法：双方在对峙的状态下，突然快速地进步或上步，以左冲拳攻击对方；或对方向前追击时，突然向左侧闪躲，以左冲拳反击其头部。

2. 右冲拳

预备势开始，右脚微蹬地并向内扣转，转腰送肩的同时，右拳直线向前冲出，力达拳面，左拳变掌回收至右肩内侧。

动作要领：右冲拳的发力顺序是起于右脚，传送到腰、肩、肘，最后达于拳面；上体向左转动，头不转；还原时以腰带肘，主动收回。上体不要过于前倾；也不要出现后引拉拳、预兆明显的错误。

用法：下躲，同时右冲拳反击其中盘。

（二）掼拳

1. 左掼拳

预备势开始，上体微向右转，同时左拳向外（约 45°）、向前、向里横掼，臂微屈，拳心向下，力达拳面或偏于拳眼侧；右拳护于右腮。

动作要领：力从腰发，腰绕纵轴向右转动，掼拳发力时，肘尖抬至与肩平。

2. 右掼拳

预备势开始，右脚微蹬地并向内扣转，合胯并向左转腰，同时右拳向外（约 45°）、向前、向里横掼，力达拳面或偏于拳眼侧；左拳变掌屈臂回收至左腮前。

动作要领：右脚内扣，合胯转腰与掼拳发力要协调一致；发力时，肘尖微抬，使肩、肘、腕基本成水平。不要出现翻肘过早或甩拳和向前探身的毛病。

用法：掼拳是一种横向型的进攻动作，可以结合身体姿势的高低变化击打对方的侧面。上盘可击太阳穴；中盘可击腰肋部位。

（三）抄拳

1. 左抄拳

预备势开始，重心略下沉，左拳微下落，随即左脚蹬地，上体右转，左拳由下向上屈臂勾击，大小臂夹角为 90°～110°，拳心向里，力达拳面。

2. 右抄拳

预备势开始,右脚蹬地,微向左转腰的同时,右拳由下向前、向上抄起,大小臂夹角为 $90°\sim110°$,拳心向里,力达拳面;左拳回收至右肩内侧。

动作要领:抄拳要借助蹬地、扣膝、合胯、转腰的力量,发力由下至上,协调顺达;抄拳时,臂先微内旋再外旋,呈螺旋形运行,发力时上体不要后仰、挺腹,以及重心上提;右抄拳不允许有预摆动作。

用法:抄拳属上下进攻型动作,由于击打距离短,适用于近距离实战,双方接触时,正面攻击对手的胸、腹或下颚。

五、拳法防守技术

(一)拍挡

预备姿势开始,左手(右手)以掌心或拳心为力点向里横向拍挡。

动作要领:前臂尽量垂直,拍挡幅度小,用力短促,注意只动前臂,不能伸肘、伸臂。

用法:对上盘进行攻击。

(二)挂挡

左手(右手)屈臂向同侧头部或肩部挂挡。

动作要领:大小臂叠紧并贴于头侧,要含胸侧身,暴露面小,不要出现抬肘向外格挡的动作。

用法:防守对方横向型的手法或腿法攻击上盘部位,如左右掼拳或左右横踢腿等。

(三)侧闪

两膝微屈,俯身,上体向左侧或右侧闪躲。

动作要领:上体要含缩,侧身不转头,目视前方。

用法:闪躲对方的手法正面攻击上盘部位,如左右冲拳等。

(四)下躲闪

屈膝,沉髋,重心下降,缩颈,弧形向下躲闪,两手紧护胸部。

动作要领:下躲闪时,膝关节、髋关节和颈部要同时弯曲、收缩,目视对手。

用法:防守对方的手法或腿法横向攻击头部,如左右掼拳、高横踢腿等。

注意:学习完一种拳法,可有针对性地配合一种防守技术进行练习,一可增加记忆,二可提高兴趣和积极性。

六、腿法

腿法内容丰富,分为屈伸型、直摆型、扫转型三大部分。格斗中腿法灵活机动,变化多端,攻击距离远,力度大,还具有隐蔽性。在运用腿法攻击时,要求做到快速有力,击点准确。

(一)蹬腿

1. 左蹬腿

实战姿势站立,右腿直立或微屈,左腿提膝抬起,勾脚,以脚跟领先向前蹬出,力达脚跟;也可送髋,脚掌下压,力达脚前掌。

2. 右蹬腿

实战姿势站立,身体重心前移,左腿直立或微屈,身体稍左转,右腿提膝抬起,勾脚,以脚跟领先向前蹬出,力达脚跟;也可送髋,脚掌下压,力达脚前掌。

动作要领:屈膝高抬,爆发有力,快速连贯。

用法:当与对手正面相对时,主动蹬其躯干;当对手用拳、腿进攻时,防守后,蹬腿击其躯干。

(二)侧弹腿

1. 左侧弹腿

右腿直立或稍屈支撑,上体稍向右侧倾;同时左腿屈膝向左侧摆起,扣膝,绷脚背,随即挺膝向前弹踢小腿,力达脚背至小腿下端。

2. 右侧弹腿

左腿直立或稍屈支撑,上体左转180°,稍向左倾;同时右腿屈膝向前摆,扣膝,绷脚背,随即挺膝向前弹踢小腿,力达脚背至小腿下端。

动作要领:脚背紧张,膝盖内扣,以膝带腿,快速有力。侧弹腿击沙包、脚靶等物,体会击打时脚背的肌肉感觉。

用法:侧弹腿的优点是动作快速,易于变化,可视不同情况分别击对手的头部、胸腹部和腿部。

(三)侧踹腿

1. 左侧踹腿

右腿直立或稍屈支撑;左腿屈膝提起,小腿外摆,脚尖勾起,随即展髋,使脚掌正对攻击方向,挺膝向前踹出,力达脚掌,上体可倾斜。

2. 右侧踹腿

左腿直立或稍屈支撑;身体向左转180°,同时右腿屈膝前抬,小腿外摆,脚尖勾起,随即展髋,使脚掌正对攻击方向,挺膝向前踹出,力达脚掌,上体可倾斜。

动作要领:上体、大腿、小腿、脚掌成一直线,踹出时一定要以大腿推动小腿直线向前发力。

用法:踹腿,是比赛中使用率较高的腿法之一。踹腿容易调整步法,因此,其使用变化较多,直线运动,速度快,力量大,不易防守,配合步法运用变化多,易于在不同距离上使用。主要攻击对方的头部和胸腹部。

七、摔法

摔法是构成散打技术的主要组成部分之一。熟练地掌握摔法技术,成功地运用摔法动作,是得分取胜的有效手段;同时还会给对手在精神上造成很大的压力,极大地消耗对手的体力。但是,由于受散打规则的制约,散打摔法在各式摔跤技术基础上有了进一步的发展,逐渐形成了武术散打摔法速度快、没有固定抓"把"部位的特点。

(一)抱腿前顶

甲出拳击乙头部,乙上左步,下潜躲闪;或直接下潜进攻,两手抱甲双腿,屈肘,两手用力回拉;同时用左肩前顶甲大腿或腹部,将甲摔倒。

动作要领:下潜快,抱腿紧,两臂后撤,肩顶有力。

用法:可用于主动进攻或防守反击。

(二)抱腿上托

当对方用正蹬腿踢击时,两手抓握其小腿下端,随即屈臂上抬。两手托其脚后跟,同时上步,向前上方推送将其摔倒。

动作要领:抓脚准,托推动作连贯一致,不能有间歇时间。

用法:适应于防守反击对方的蹬腿动作。

(三)抱腿别腿

甲站立或起左侧弹腿踢腿时,乙将甲左腿抱住,并向甲的支撑腿后上左步;上体右转,长腰成右弓步,用左腿别甲右腿,同时用胸下压甲腿。

动作要领:抱腿紧、有力,弓步转体协调,长腰压腿顺势,衔接要快。

用法:可用于主动进攻或防守反击。

学习摔法时,首先要学习摔跌技术,即学练自己倒地时免受伤害的自我保护方法。只有掌握摔跌技术,才可避免摔痛和受伤,增强身体受到冲撞或经受震动的能力和发展灵敏、协调等身体素质。摔跌技术包括前倒、后倒、侧倒、抢背、前后翻滚等。

第三节 散打运动战术及训练

散打战术是根据比赛双方的具体情况,为战胜对方而采取的计策和方法。散打比赛不仅是技术水平的对抗,还是心理意志和智慧的较量。一名优秀的散打运动员能够利用自己的身体机能和技术特长克制对手,从而争取比赛的最终胜利。因此,散打战术是构成散打训练的重要因素之一。

随着散打运动的普及,散打比赛的水平不断提高,比赛中运动员的技术水平和竞技能力日趋接近,单凭身体条件和技术优势战胜对手的现象逐渐减少,比赛中只有通过有效的战术,把专项身体素质和技术充分发挥运用出来,才能在比赛中有更多的取胜机会。一方面,对自己,要扬长避短;另一方面,对对手,要抑长制短。在比赛双方旗鼓相当、势均力敌的情况下,合理地运用战术可以减少无效的行动,对取得比赛的胜利有着极其重要的作用。散打战术与技术是相辅相成的,技术是战术的基础,只有熟练地掌握了散打的各种基本技术,才能灵活地运用各种战术。散打战术的作用在于把运动员已经获得的身体、技术、心理等方面的训练成果,根据比赛双方的具体情况,最优化地进行综合运用。其核心就是"制人而不受制于人",造成有利的态势,掌握主动权。

散打战术的形成与运用是建立在一定的身体、技术、心理、智能基础之上的。同时,散打战术的培养反过来对运动员身体、技术、心理和智能的训练水平具有很大的促进作用。例如,练习主动进攻战术,可以提高运动员的反应速度、动作速度、位移速度,提高运动员对时机、距离等的判断能力;还可以培养运动员坚决果断、勇敢顽强的品质,有利于运动员自身技术的全面发展,提高竞技水平。练习防守反击战术可以提高运动员的防守能力,增强反击意识。

散打的战术训练应该确立正确的战术指导思想,遵循散打技术的规律和竞赛规则,注重实用性和灵巧性。并在训练实践中丰富散打的技术内涵,使之呈现出灵活、巧妙、多变的散打技术风格。必须掌握战术原则、战术形式和发挥战术作用的条件,这是运用战术的基础。良好的战术意识应体现在复杂多变的条件下,积极观察场上情况,随机应变,快速准确地决定自己的战术行动,掌握场上的主动权。另外,战术意识还反映在行动的预见性、判断的准确性、攻防的主动性、技术的目的性、动作的隐蔽性、配合的一致性、战术的灵活性等诸方面。所以,运动员在比赛中每一个战术的正确运用,无不受战术意识的支配,其水平是衡量运动员成熟与否的重要标志。

一、战术原则

战术原则是制订战术计划、实施战术方案必须遵循的准则。

(一)按灵活多变的原理设计战术

散打比赛紧张激烈、错综复杂,比赛时如果利用为数不多的战术,甚至采用固定的战术,一旦被对方摸到规律,往往会使自己陷入被动的困境。因此,设计战术时,应多考虑几种战术形式及其相互之间的衔接关系,利用多种战术方法,最大限度地体现不同进攻方向和进攻点;利用比赛场上的时间、空间、方向和位置,设计和练习灵活、多变、多种形式的战术组合、战术意图,既灵活多变又突出针对性和时效性。

(二)按散打的动作功能设计战术

战术是通过运用一定的技术动作来实现的,不同技术动作的组成方案,表达了不同的战术思想。因此,按散打的动作功能设计战术可以合理地、有效地发挥技术的战术原则。它能使我们从散打技术的整体性、有序性、相关性、动态性的系统观点中,正确地制定战术,而不是孤立地、片面地考虑某一个战术环节和某一个战术组合的技术因素,产生单一的战术方案。

散打的动作主要由手法、腿法、摔法和步法组成,其中大部分动作既能进攻也能防守,或攻中有防、防中寓攻。充分发挥其功能,就要认识动作之间,上与下、长与短、大与小、进与退、远与近、攻与防,互相矛盾、互相制约、互相转化的规律,按照不同动作的不同作用,制订不同的战术方案。

(三)按攻防兼顾的原理设计战术

比赛中,有些运动员一味讲究进攻,不顾防守;有的则单纯防守,不讲进攻,结果使攻防失调,顾此失彼。因此,要遵循"攻防兼顾"的原则,在瞬息万变的激烈对抗中,临战不乱,临危不惧,保持攻防的合理节奏。

攻防兼顾不是绝对的或一成不变的。比赛中要根据具体情况灵活应用。一般来讲,面对强手应加强防守,防中有攻,以防守反击为主;面对弱手应积极进攻,攻中有防,以主动进攻为主;水平相当时,要攻防兼顾,做到有序进攻,稳妥防守,抓住战机,猛烈进攻。

(四)按控制与反控制的原理设计战术

在散打比赛中,常常听到运动员说:"我浑身是劲,可动作还没有用上就输了,真憋气。"产生这种现象是被对方控制所产生的结果。散打比赛的过程,实质上是一个控制与反控制的过程,谁控制了对方,谁就占有主动权。例如,甲、乙双方,甲擅长踹腿,乙如果不能控制其特长,甲的踹腿也就会越踹越有劲,越踹命中率越高。如果换了丙与其相对,丙了解甲的特长,只要甲使用踹腿,丙便防守破之,成功几次后,甲在心理上就会慌乱,不但踹腿这一技术专长发挥不出来,其他技术也难以正常地发挥和运用。在制定战术时,就是要根据控制与反控制的原理,全面了解对方的情况,避实就虚,先夺其长,掌握主动权,使其不能发挥技术特长。

(五)按对方实际情况设计战术

《孙子兵法·谋攻》中的"知彼知己,百战不殆"是我国古代军事家确定作战方案的先决条件。散打比赛和作战打仗一样,要想战胜对手,首先要了解对手的优缺点和实际情况,其次要

正确地认识自己,根据其实际情况设计相应的战术,实现运筹帷幄。设计战术之前应了解对方的以下几种情况:

1. 技术状况

要清楚了解对方比赛中的技术特点。例如,对方是善于用拳、善于用腿,还是善于用摔;对方的主要得分手段是什么,弱点是什么,是防摔的能力差,还是防腿、防拳的能力差;等等。针对具体情况采用相应的技战术,达到扬长避短的战术目的。

2. 身体素质

运动员之间的身体素质各不相同,有的速度快,有的力量大,有的体力好,有的柔韧性好,有的反应快。针对不同身体素质的对手采用不同的战术。例如,对付力量型选手,需要用以快制力、以巧制力的战术,遏制其力量的运用;对付耐力差的,就要采用消耗其体力的战术,逼着打,不给其喘息的机会,使其体力下降而取胜之。

3. 攻防类型

散打比赛中运动员的攻防类型有三种:一种是以主动进攻为主的进攻型;一种是以防守反击为主的防守型;另一种是能攻能守的综合型。在制定战术前,要了解对方属于哪一种攻防类型,然后根据实际情况制定相应的战术。

4. 动态类型

散打比赛中运动员表现出不同的动态类型,有的属于技术型,即主要靠良好的技术发挥得分取胜;有的属于力量型,进攻时主要依靠强大的力量威慑对方,削弱对方战斗力,以力取胜。对付前者要用封堵路线、改变距离等方法;对付后者需要运用以快制力、以巧制力的战术。

5. 心理素质

运动员的心理素质是一个十分重要的因素,有训练型和比赛型运动员的说法。有的运动员虽技术好,但心理承受能力差,遇到激烈对抗便产生惧怕、恐慌等心理障碍,影响技术战术发挥,造成比赛失败。有的运动员无所畏惧,敢打敢拼,靠其临场稳定的心理素质从容对阵,发挥自己的优势,取得比赛的胜利。

二、战术形式

散打的战术形式是指为了完成战术意图而由各种动作组成的具体方法。围绕着散打比赛可以制定很多的战术形式。现在散打比赛中较常见的战术形式主要有以下几类:

(一)直攻战术

直攻战术是指在没有虚晃及假动作的掩护下,使用方法直接进攻对方。

运用直攻战术应具备的条件如下:

(1)对方的反应速度、动作速度、移动速度弱于自己。

(2)对方的攻防动作不够熟练。

(3)对方耐力较差,近战能力较差。

(4)对方防守动作出现破绽,双方的距离能够有效使用进攻动作。

(二)强攻战术

强攻战术是指硬性突破对方防守后发出的攻击。

运用强攻战术应具备的条件如下:

(1)对方近战能力比较差。

(2)对方耐力比较差。
(3)耐力、力量、速度素质比较好,但技术不如对方。
(4)身体素质较好,技术较全面,但比赛经验不如对方。
(5)对方心理素质比较差。
运用强攻战术时不要蛮干,要通过这一战术发挥自己之长来攻克对方之短。

(三)佯攻战术

佯攻战术也称假动作战术,即比赛中有目的地使对方产生错觉,把对方引入歧途,实现真实进攻。佯攻战术也是散打比赛中最常见的战术之一。

运用佯攻战术应具备的条件如下:
(1)直接进攻遭到对方防守截击时,利用假动作声东击西,分散对方的注意力,趁机攻击其防守空当部位。
(2)促使对方对自己的假动作产生某种反应,而改变正确的防守姿势,然后加以利用。

(四)迂回战术

迂回战术是指利用步法移动从侧面进攻。

运用迂回战术应具备的条件如下:
(1)对方力量较大,速度快,正面进攻火力强。
(2)对方集中注意力进行正面防守。

运用迂回战术时,要注意移动的方向、角度、距离和进攻时机,还要注意步法的灵活性和身体位移的突变性。

(五)先得分战术

先得分战术是指比赛中利用对方立足未稳,还没有适应比赛的机会,主动进攻对方先得分。得分后根据实际情况选择继续扩大战果或防守反击以保住得分。

运用先得分战术应具备的条件如下:
(1)对方进入比赛状态较慢。
(2)对方比赛经验不足。
(3)对方立足未稳。

(六)制长战术

制长战术是使用相应的方法控制对方的技术专长,使其不能够正常发挥的战术形式。每名运动员都有自己的技术专长,如果针对对方专长制定战术,使其专长不能发挥,从而被迫采用其他动作,这无疑会起到制彼所长的作用。

制长战术有如下几种:
(1)克制善于用拳法的对手。
(2)克制善于用腿法的对手。
(3)克制善于用摔法的对手。
(4)克制善于用重拳、重腿的对手。
(5)克制善于主动进攻的对手。
(6)克制善于防守反击的对手。
(7)克制能攻能守的对手。

(七)心理战术

心理战术是通过一些特定的方式和措施,给对方造成心理上的影响,从而取得比赛胜利的方法。心理战术形式多样,具体如下:

(1)比赛开始前利用表情、动作,威慑对手。

(2)激怒对方或松懈对方的斗志。

(3)赛前隐瞒实力或夸大自身实力,给对手造成心理压力。

散打战术还有很多。运用反击战术、佯攻战术、制长战术、制短战术、边角战术等,其目的就是迫使对方紧张、急躁,造成心理压力,从而影响技术的发挥,造成比赛失败。

三、战术训练

散打运动有其独特的战术,需要在日常训练中注意这些战术。

(一)战术训练的基本要求

1. 努力培养战术意识

培养战术意识是战术训练的中心环节。比赛时合理战术的制定,要靠赛前对对手的了解,以及教练员和运动员共同的智慧。但比赛场上瞬息万变,这就要求在平时的训练中,运动员必须要有独立的判断能力、战术思维及应变能力,这样才能根据对手情况制定相应的战术,提高战术意识水平。

2. 基本战术与多种战术相结合

在战术训练中,首先要使运动员熟练掌握几套基本战术。在掌握基本战术的基础上根据自己的特点,选几种适合自己的其他战术反复练习,做到各种战术之间运用灵活,以应对各种战局的需要。但要注重实效性、实用性。

3. 重视战术训练的质量

在战术训练中,不仅要求运动员全面掌握战术形式的具体使用方法,同时要求具有较高的质量。要严格按实战中的要求去练习,战术动作的时机、力量、判断、反应、距离、方向和角度等,都要以较高质量来完成。

4. 战术训练与其他训练相结合

战术训练质量的好坏,与身体训练、技术训练、心理训练有着密切的关系。运动训练内容的各部分之间相互影响、相互联系、相互促进,共同反映在运动员的身上。因此,战术训练要与身体、技术、心理等训练协调进行。

(二)战术训练的方法

1. 假设性训练

要求运动员精神高度集中,假想面对对手的实战态势,设想对方采用的技术和战术,并设想用什么样的战术去对付想象中的对手。可以设想各种情况进行空想空击,也可面对沙包、树干、假人等目标,采用想练结合的方法。这样做的主要目的是培养战术意识,掌握各种战术的具体用法。

2. 战例分析训练

在比赛录像中选择一些反映战术特点和应用战术较典型的片段进行观看,或反复观看一个完整的战术。典型片段可选择战术运用好的,也可选择运用不好的,还可以分析自己的比赛。根据各种情况进行分析、总结,研究相应的战术。

3. 战术分解训练

一个战术形式往往由几个技术动作组成。为了使每一个技术动作掌握得牢靠、扎实,可将其分解开,一个动作一个动作训练,然后再进行完整的战术形式训练。例如,练习佯攻战术时,以指上打下为例:指上(直拳)、打下(侧踹腿),第一步先练直拳,练习时要求出拳速度快,虽是佯攻动作,但要逼真,引起对方的注意;第二步练习侧踹腿,要求侧踹腿启动要突然、果断、有力;第三步将直拳和侧踹腿进行完整练习。

4. 模拟训练

模拟训练是由教练员或同伴根据不同对手的情况进行模仿,而采取的一种针对性专门练习,可以提高战术适应能力和运用能力。例如,模拟主动进攻型的对手,模拟防守反击型的对手,模拟重拳重腿的对手,模拟擅长拳法的对手,模拟擅长腿法的对手,模拟擅长摔法的对手,以及比赛中的各种情况。要求模拟者动作真实,以提高练习者的适应能力和战术运用能力。

5. 条件实战

这主要是训练和培养练习者的战术意识和战术运用能力,训练时可根据其任务和内容做一些规定和要求。根据战术的需要,教练员或同伴规定一定内容或使用的动作范围进行对抗战术训练。条件实战的方法很多,有限制进攻和防守的实战对抗;有限制击打部位的对抗等。例如,练习防守反击战术,指定一名队员使用各种动作进攻,另一名队员只能防守反击不能主动进攻,以此来强化防守反击战术训练。

6. 实战比赛

散打训练最终的形式是实战,实战是检验技术水平、战术水平的有效手段。按照竞赛规则的要求和规定,在比赛的条件下,训练和培养运动员运用战术的能力,可以丰富临场比赛经验。也可根据从难、从严、从实战需要出发,安排有特定条件的比赛。另外,通过与兄弟队合练或邀请比赛的机会,进行战术训练,效果更好。同时应及时进行总结,养成研讨战术的良好习惯,牢固地树立战术观念。

第四节 散打运动损伤的预防与处理

散打运动是一项深受我国广大青少年喜爱的民族体育项目。它不仅可以锻炼身体、增强体质,还能提高人们的防身自卫能力,锻炼坚强的性格,因而被看成是一项勇敢者的运动。为了满足广大青年学生对散打运动的强烈兴趣,提高体育效果,近年来,我国不少普通高校将散打运动引入体育教学和课外体育锻炼,吸引了大量学生的积极参与。散打运动在我国普通高校大力普及。然而,由于散打运动具有激烈的对抗性特点,伴随着普通高校散打教学和课外辅导、训练活动的开展,运动损伤时有发生。众所周知,普通高校的体育活动属学校体育范畴,其主要目的在于全面发展大学生的身体素质,培养终身体育的锻炼意识和从事体育锻炼的习惯和能力,使其成为德、智、体、美、劳全面发展的人才。因此,预防运动损伤应成为普通高校开展散打活动的前提。

散打运动的损伤多为急性损伤,发生急性损伤的人数比例较高,慢性损伤比例较低,其中又以闭合性软组织损伤为多发,其次为关节韧带和肌肉拉伤,以关节扭伤最常见,如拇指、食指、脚趾关节韧带的扭伤,踝关节的扭伤,副韧带的拉伤等。散打运动损伤的特点是由其项目本身的特点所决定的,散打运动是两人按照一定的规则,运用武术中的"踢、打、摔"等攻防技法进行训练。高强度的运动和极限强度的击打容易引发急性损伤。

在散打运动员所发生的损伤中,不同的身体部位受伤的概率不同。有研究表明,头面部损伤的比例最高,其次是手腕部损伤,第三位是踝部损伤,小腿部损伤比例也不小。可见散打运动员损伤的部位主要集中在头面部、手腕部、踝部和小腿部。

有很多原因导致运动损伤。散打运动导致受伤的原因主要表现在以下几方面:思想认识不足、保护意识不强、自我保护能力差、准备活动不充分、组织不严密、技术错误、运动量过大、安全保障设施不完善、违反规则等。

一、常见的运动损伤及相应处理

运动损伤的防治在散打运动中占有重要的位置。如果了解和掌握散打运动损伤发生的规律和原因,做好预防,就能最大限度地减轻或避免运动损伤,从而保证训练和比赛的正常进行。同时,教练员和运动员必须掌握运动损伤的处理及救治方法,从而最大限度地减少运动损伤后的不良后果,以保证伤情早愈。

(一)擦伤及其处理

擦伤是皮肤受到粗糙物体表面的外力摩擦而引起的皮肤表层损害,主要表现为出血或组织液渗出。运动员在踢靶、打靶或相互对抗时,以及倒地动作中,皮肤与皮革接触都会导致擦伤。擦伤主要集中在脚背、手、臂、口、眼、鼻等部位。擦伤是皮肤表面受伤,是外伤中最轻、最常见的一种。如果擦伤面积较小,可用红汞水或甲紫液涂抹,无须包扎,晾干即可。若擦伤面积较大,需用碘酒和酒精在伤口周围消毒,再用生理盐水冲洗,然后用绷带包扎。

(二)撕裂伤及其处理

散打运动的撕裂伤多发生于面部,尤其是眼角、眉弓部,还有额部、唇部。唇部还可因护齿或牙齿切割黏膜而致伤。

撕裂伤的主要处理方法是早期清创缝合和预防破伤风。对受伤部位用生理盐水和双氧水反复冲洗消毒,然后止血加压包扎,伤口小者,可用黏膏黏合即可;如伤口创面较大可能发生感染,应及时送医院,由医务人员做清创术,清除污物、异物或坏死组织,进行止血,缝合伤口,口服抗菌药物,并注射破伤风。当面部发生撕裂伤后,为了继续比赛,先用生理盐水冲洗,肾上腺素液棉球压迫止血,再用黏胶黏合。

(三)挫伤及其处理

运动员在互相对抗时,由于防守不到位,头部、躯干受到重击,或失衡倒地,自我保护不当,都有可能发生挫伤。尤其是小腿的前部及脚背部位,很容易发生挫伤。

挫伤一般有疼痛感(先轻后重,一般持续24小时)、出血、肿胀,以及功能障碍等,疼痛程度因人而异。大多数病例挫伤后,出血逐渐吸收,皮肤表面有时会出现皮肤瘀斑。挫伤是闭合性伤口,一般不会产生感染,但少数挫伤伤员因为受伤较重继发感染化脓。严重的挫伤,尤其是小腿或肘关节的严重挫伤,有时妨碍血液循环,引起局部肌肉的缺血性痉挛。早期症状主要是肢体末端的紫绀肿胀、麻木、发凉和运动障碍。

对于单纯性挫伤,立即施行局部冷敷后外敷伤药,加压包扎,抬高伤肢。对于复杂性的挫伤,并伴有休克症状时,急救处理的首要步骤是纠正休克,将伤员安放在适当位置休息。睾丸挫伤应以三角带吊起卧床,局部冷敷。上肢及手部的挫伤可利用绷带悬吊使患者休息。下肢挫伤则静卧床上,同时冷敷加压包扎,有利于减少出血肿胀。肌腱断裂者及其他严重挫伤情况,做好止血、止痛、固定包扎后,立即送医院治疗。

(四)韧带拉伤及其处理

关节韧带损伤主要是由间接外力作用引起的一种闭合性损伤,在体育活动中最常见的是踝关节、膝关节、掌指关节和肘关节韧带损伤。轻者仅是少量韧带纤维断裂,重者则是部分韧带纤维断裂或韧带完全断裂,甚至引起关节半脱位或完全脱位,同时还可合并关节内滑膜、软骨损伤或撕脱骨折等。

伤后局部疼痛、肿胀,若伤及滑膜或韧带断裂及合并其他组织损伤时,出现整个关节肿胀或血肿,局部有明显压痛。轻者关节活动受限,重者韧带完全断裂或撕脱时,关节有不稳或松动感。

关节韧带伤后应视情况进行应急处理,关节韧带部分扭伤或部分韧带纤维断裂者,立即冷敷,加压包扎,抬高伤者患处并休息,以减轻出血和肿胀。24~48小时后,拆除包扎固定,根据伤情可采用中药外敷、痛点注射药物、理疗和按摩等,但热疗和按摩刚开始时只能用于伤部周围,三天后才可用于局部。韧带完全断裂者,经急救处理后把伤者送往医院,以争取早期手术缝合或固定。关节韧带损伤时,关节肿胀和疼痛减轻后,在不引起疼痛或疼痛加重的原则下,尽早进行伤肢功能性活动,防止肌肉萎缩和组织粘连,以促进功能恢复。

(五)肌肉拉伤及其处理

肌肉损伤除由直接外力作用引起肌肉挫伤外,主要是在间接外力作用下肌肉拉伤。肌肉拉伤是身体局部闭合性组织损伤之一。肌肉拉伤后,轻者局部疼痛、肿胀、压痛,活动功能有一定障碍;严重者,如果肌肉断裂,在受伤时多有撕裂感或听到一定声响,有刀割般疼痛,随即失去控制相应关节的能力,部分功能丧失,有的在撕裂处可摸到凹陷,如果让断裂收缩,可在凹陷处摸到膨大的肌肉断裂,伤处附近可出现血肿。肌肉拉伤以大腿后肌群、腓肠肌、股四头肌、大腿内收肌,以及背部的肌肉多见。

受伤后应立即停止运动,适当抬高患者休息,局部应做冷敷,然后用绷带或小毛巾做加压包扎,促使血管收缩,减少出血,减轻肿胀,一天之内切忌热敷和乱揉乱捏。剧烈疼痛者,可内服止痛药物镇痛;两天后可进行局部热敷、按摩、红外线照射等物理疗法;拉伤严重,有肌肉断裂者,应速去医院诊治。

(六)急性腰部扭伤及其处理

急性腰部扭伤又称"闪腰",有明显的外伤史,它可发生在肌肉、韧带、筋膜及小关节部位。90%的病例发生在腰骶部和骶髂关节。腰痛可于伤后立即出现,也可一两天后出现。运动员自身腰、骶部肌力不足,也是造成急性腰扭伤的主要原因。

受伤后,患处隐痛,随意运动受限,不能弯腰,24~48小时后症状达高峰。扭伤严重时因肌肉痉挛引起脊柱生理曲线改变。腰肌扭伤时疼痛可牵涉下肢,但仅局限在臀部,大腿后部和小腿感觉正常。急性腰部扭伤的患者一般应卧床休息,仰卧于有垫子的木板床上,腰部垫一薄枕,以便放松腰肌,也可以与俯卧位交替,避免受伤组织受牵扯和受凉,以利修复。轻度扭伤需休息2~3天,较重者需休息一周左右。

伤后即可进行穴位按摩或针灸,在人中、肾俞、大肠俞、委中等穴位上施以手法,以产生较强的得气感,一般都能止痛并使腰部活动度增加。此外,急性腰部扭伤后还应配合外贴活络止痛膏,内服活络止痛药,以及拔罐、针灸、理疗、局部注射泼尼松龙等方法,以取得更好的疗效。

(七)掌骨骨折及其处理

在散打运动中,常见的是通过掌腕关节的拇指掌骨基底部骨折和第五、第二掌骨颈部骨折。运动员戴拳套而又没捆好保护绷带,或空手进行练习时,如果掌骨沿纵轴受到暴力打击,就会发生此类骨折。如果运动员用勾手拳以拇指击中对方时,常导致通过掌腕关节的拇指掌骨基底部骨折;以直拳击中对方,常会产生第五、第二掌骨颈部骨折。

通过掌腕关节的拇指掌骨基底部骨折,应急送医院进行复位处理。应该注意的是此类骨折复位容易而固定困难,常因复位后再脱位或固定不理想,使形成一个疼痛僵直的关节,使手指活动受限。因此,在X线检查复位满意后,应制动5周,以确保痊愈,否则应在石膏上加粗铁丝,将拇指做持续牵引固定。掌骨颈部骨折复位容易,复位后应将伤指固定于90度屈曲位,石膏固定3周。

二、散打运动损伤发生的原因

散打运动损伤的发生,常与散打训练组织者、指导者和参与者对预防运动损伤的意义认识不足,思想上麻痹大意及缺乏必要的预防知识有关。有些教练员实施训练不系统,缺乏安全意识,不重视安全教育,在训练和比赛中没有积极采取有效的预防措施,发生运动损伤后,也不认真分析原因、总结经验教训,使伤害事故时有发生。

(一)缺乏合理的准备活动

准备活动的目的是进一步提高中枢神经系统的兴奋性,增强各器官的功能活动,使人体从相对的静止状态过渡到紧张的活动状态。据国内有关调查资料的分析,缺乏准备活动或准备活动不合理,是造成运动损伤的首位或第二位的原因。散打运动训练中在准备活动问题上常存在如下问题:

1. 准备活动不充分

在散打运动训练中,常用的练习程序是先做一些热身活动,使神经系统的兴奋程度和其他各器官系统的功能活动适度动员起来,然后进入压腿、踢腿、下叉等专项练习。这些练习的动作幅度大、速度快,要求相应的对抗肌不仅具有很好的伸展性,还必须具备及时放松、协调配合的能力。如果准备活动不充分,肌肉的伸展性没得到充分改善,神经系统的兴奋性也较低,对抗肌弹性和伸展性较差,不能及时而充分地放松,进入练习时操之过急,猛踢、猛打、猛拉,就容易发生肌肉和韧带拉伤。

运动技术错误也可能引起损伤。同时,随着生理机能下降,运动员警觉性和注意力减退,反应较迟钝,此时参加剧烈运动或练习较难的动作,很容易发生损伤。

2. 心理状态不良

运动员参加训练或比赛时的心理状态与运动损伤的发生也有着一定的关系,如运动员心情不好、情绪低落或急躁、训练缺乏自觉性和积极性,思想不集中,兴奋不起来,这时参加训练或比赛,必然容易受伤;心情急躁,急于求成,或者信心不足、胆怯犹豫,或者赛前过于紧张,场上心慌意乱等都会造成运动员自控能力差,导致损伤发生;运动员好胜心强,好自我表现,不顾主客观条件的可能性,盲目或冒失地进行运动与比赛,或者心理品质训练不够,缺少勇敢、果断、坚毅和胜不骄、败不馁的自控能力,也常常会引起损伤。

(二)组织方法不当

在训练中,不遵守循序渐进、系统性和个别对待的原则,实战训练和比赛中分组不合理;在组织方法上,学生过多,教师缺乏及时正确的指导,缺乏保护和自我保护措施;比赛日程安排不当,比赛时间和场地任意更改;允许有病或身体不合格的人参加比赛等,这些都可成为受伤的原因。

(三)场地设备缺陷

运动场地不平,有小碎石或杂物;地垫维护不良或年久失修,表面不光滑或有裂缝,或地垫密合不严,边界区有缝隙;缺乏必要的防护用具(如护头、护裆、护腿、护腕、护踝等),也会引发受伤。

(四)不良气候的影响

气温过高容易引起疲劳和中暑,气温过低易发生冻伤,或因肌肉僵硬,身体协调性降低而引起肌肉韧带损伤;潮湿高热易引起大量出汗,发生肌肉痉挛或虚脱;光线不足、能见度差,会影响视力,使兴奋性降低和反应迟钝而导致受伤。

三、散打运动损伤的预防措施

在散打教学训练中,应遵守循序渐进原则、全面训练原则、适时恢复原则及个别对待原则等一般训练原则。

在进行散打训练时,必须遵守身体的适应机制,循序渐进增加负荷的量和强度,不可急于求成,否则容易给身体带来损失,甚至葬送运动生涯。同时,也应根据不同的训练对象,安排不同的训练计划。

全面发展的竞技能力不仅是取得好的运动成绩的保证,也是避免运动损伤的法宝。良好的防守意识、精湛的防守技术、过人的抗击打能力等因素,都可以很好地减少运动损伤的发生。在训练中,一定要贯彻全面发展的原则,既重视技术的全面性,又重视素质的全面性,还有身体不同部位训练的全面性等。适时恢复也是避免身体损伤的重要措施。运动员往往在全身疲劳或身体局部疲劳的情况下更容易损伤。因此,身体在大负荷的训练之后,适时进行恢复,对预防损伤有重要意义。在训练后,应该通过训练学、医学、生物学、营养学等手段使运动员及时得到充分恢复。

(一)加强安全保护意识和自我保护能力

要了解避免受伤的重要意义,要有对散打训练不同情形下受伤可能性的预见能力。例如,抱腿过胸摔可能导致头部着地引起受伤;鞭腿踢击脚靶、沙袋时腿形不对可能导致脚背受伤;接触性功能训练常常使小腿前部软组织受伤等。

有了良好的安全意识后,要针对散打运动的各种安全隐患相应地采取有效保护措施和应对技巧,提高自我保护能力。熟练掌握各种跌倒技巧,使用各种散打运动保护设施,逐渐增加运动强度等都是自我保护能力的组成部分。

加强安全思想意识要重视传统武德教育。传统的武德教育中有不少散打活动中的行为规范,加强安全和组织纪律性教育的内容,让运动者在训练中认真贯彻健康为主的方针,培养团结友爱、互相帮助、互相保护的优良品质。

(二)制定严格的训练纪律

为了保证教学训练的顺利进行,在组织教学训练时,必须有严格的训练纪律。所谓训练纪律,是指为完成预定的训练计划任务而制定的要求每个运动员必须按训练计划行动的强制性措施。不允许在训练期间嬉戏也是避免运动损伤的重要措施。散打的许多训练方法手段,不管是个人形式,如空击、打沙包等,还是双人配合形式,如打靶、条件实战、实战等,身体承受的运动强度都处在高位状态,任何不按要求的行动都可能造成伤害。制定严格的训练纪律,杜绝在训练中嬉戏,不仅是现代散打训练提高竞技能力和避免训练损伤的需要,也是武术技击训练的经验总结,是武德内涵的一部分。

(三)认真做好准备活动及重视运动后整理活动

在准备活动中,往往会出现以下问题:不做准备活动;准备活动不充分;准备活动内容与训练内容结合得不好;缺乏专项准备活动;准备活动的量过大、过多,时间过长的静力牵伸练习,使肌肉过于放松;准备活动距比赛、训练的时间过长。

训练课前准备活动必须做到充分、全面、合理。常用的方法手段包括慢跑、关节操、轻松游戏、拉韧带等。准备活动的目的是提高中枢神经系统的兴奋性,特别是克服植物性神经的惰性。根据关节韧带的伸展旋转幅度,由轻到重,由小到大,使肌肉得到充分的血液供应,有利于增强肌肉的力量和弹性。准备活动不能只重视躯干、四肢的大肌肉,而忽视了对较小关节和肌肉的活动。在冷天或热天,情绪兴奋或抑制时,更应该高度重视准备活动。

当大运动量训练后,肌肉、关节、韧带等软组织会出现疲劳和痉挛,为了保持关节灵活和肌肉韧性,运动后要立即进行肌肉的放松练习,拉伸脊柱和下肢,即静力拉伸练习,对消除大负荷运动训练后肌肉疲劳及收缩反射有非常好的效果。大运动量训练后,如果不采取有效措施进行恢复就会导致疲劳的积累,引起过度疲劳和某些局部负荷量的增加,从而引起运动损伤的发生。在条件允许的情况下,可以进行一些人工按摩,配合理疗器械的使用,能够更快地消除疲劳,有助于减少损伤的发生。

(四)加强易伤部位的训练

循序渐进地加强易伤部位或相对较弱部位的训练,提高它们的功能,是预防运动损伤的一种积极手段。例如,预防腰部肌肉的损伤要加强腰部肌肉力量和伸展性练习,预防小腿后群肌肉的拉伤要加强股后肌群的练习,预防大腿后群肌肉的拉伤要加强股后肌群的力量和伸展性的练习,预防髌骨劳损,可采用"站桩"的方法以增强股四头肌和髌骨功能。在训练中不应只注重肌肉的柔韧性、伸展性练习,忽视肌肉的力量练习。

(五)正确使用相关护具,加强易受伤部位保护

散打运动与其他一些项目相比,本身就存在着更大的运动损伤的可能性。所以,使用专门护具对身体进行必要的保护是十分必要的,还应加强对易伤部位的保护。散打中常用的护具有拳套、护头、护腿、护胸、护齿、护脚背、护裆、护膝、护腕等,使用这些护具能对身体某一部位有一定的保护作用。尤其要对颈部、胸部、裆部等抗击打部位进行重点保护,同时对容易受伤的关节等进行必要的保护。

为了发挥护具的最佳作用,应注意护具的选用方法和使用技巧。要选用质地较好的护具并正确地穿戴护具,避免护具本身的安全隐患,避免影响技术动作的完成,从而避免运动损伤的发生。

(六)保证场地设备的安全

如场地不良或不平,有铁钉、碎玻璃、过硬、过滑、过薄;器械安装不良或不安装,有裂缝或生锈,年久失修,安装得不牢固,安放的位置不合理;缺乏保护设备;场地照明条件差、气温过高或过低,这些原因都可能导致运动损伤。

散打运动的技术动作复杂多变,运动员在平时的训练和比赛中,如果场地上有硬、滑或者

凹凸不平,器械不符合标准都会影响技术动作的发挥而造成一定的损伤。散打运动员进行训练或比赛时使用的场地应该有软垫,软垫上铺有盖单,四周应有保护软垫。使用的护具应该是符合比赛标准的,可是很多运动员在平时的训练中,并没有在标准的场地上进行训练,有的运动员甚至不戴护具进行训练,这就使散打运动员的运动损伤比例变高。

(七)调节好身心状态

情绪低落、紧张、害怕等都可以导致肌肉张力增加、动作协调性下降、反应速度减慢,既容易引发一些由于动作不协调而导致的肌肉韧带拉伤、摔伤,也容易由于反应慢而导致防守不到位的被击伤。

从身体方面来说,通过合理的营养和充分的休息,使体力充沛;通过合理的准备活动,使身体保持在最佳的兴奋状态。从心理方面来说,通过正确的引导,使运动员保持适度的紧张,克服过度紧张、焦虑、恐惧等消极情绪。调节良好的身心状态,有利于减少或避免运动损伤的发生。

(八)加强医务监督

重视医务监督,对参加运动训练的运动员要定期进行体格检查。参加重大比赛的前后,要进行身体的补充检查和复查,对机体检查不合格者,不允许参加训练,伤病初愈的人参加训练时,应取得医生同意。要做好自我医务监督,身体有不良反应时,要认真分析原因,必要时请医生做医学检查,并采取必要的保护措施,严格掌握运动量,不练习高难度动作。

在训练期间,应重视对运动员身体机能状态进行实时监督。通过测定一些能反映身体机能的生理生化指标,了解运动员身体对训练负荷的合适性,以及训练后的身体机能恢复情况,保证运动员每次都在较适宜的运动负荷和体力充沛的情况下训练,避免运动损伤的出现。

第五节 散打运动的竞赛组织与裁判

"无规矩不成方圆,有敬畏才知行止"是中华优秀传统文化瑰宝。做事讲"规矩"、存"敬畏之心",这是一种态度,应当把它贯穿到散打运动中,使得运动员与裁判员等相关人员在平时的训练中熟知与掌握相关的技能。

一、通则

(一)竞赛性质

散打竞赛分为团体比赛和个人比赛。上半年的比赛为散打团体赛,只计团体成绩;下半年的比赛为个人赛,也叫冠军赛(在团体赛中,获各级别前12名的队员方可参加),只计个人成绩。

(二)竞赛办法

(1)循环赛、淘汰赛。
(2)每场比赛采用三局两胜制,每局净打2分钟,局间休息1分钟。

(三)资格审查

(1)成年运动员的年龄限制为18~35周岁,青少年运动员的年龄限制为15~18周岁。运动员必须携带《运动员注册证》,且有参加比赛的人身保险。

(2)运动员必须出示自报到之日起前20天内县级以上医院出具的包括脑电图、心电图、血压、脉搏等指标在内的身体检查证明。

(四)体重分级

(1)48公斤级(小于或等于48公斤)

(2)52公斤级(大于48公斤且小于或等于52公斤)

(3)56公斤级(大于52公斤且小于或等于56公斤)

(4)60公斤级(大于56公斤且小于或等于60公斤)

(5)65公斤级(大于60公斤且小于或等于65公斤)

(6)70公斤级(大于65公斤且小于或等于70公斤)

(7)75公斤级(大于70公斤且小于或等于75公斤)

(8)80公斤级(大于75公斤且小于或等于80公斤)

(9)85公斤级(大于80公斤且小于或等于85公斤)

(10)90公斤级(大于85公斤且小于或等于90公斤)

(11)90公斤以上级(大于90公斤)

(五)称量体重

(1)称量体重须在仲裁委员的监督下,由检录长负责,编排记录员配合完成。

(2)经资格审查合格后,方可参加称量体重。称量体重时必须携带《运动员注册证》。

(3)运动员必须按照大会规定的时间到指定地点称量体重。称量体重时裸体或只穿短裤(女子运动员可穿近身内衣)。

(4)称量体重先从体重轻的级别开始,每个级别在1小时内称完。若体重不符,在规定的称量时间内达不到报名级别,则不准参加以后所有场次的比赛。

(5)每天参赛的运动员统一称量一次体重。

(六)抽签

(1)抽签由编排记录组负责,由仲裁委员会主任、总裁判长及参赛队的教练或领队参加。

(2)抽签在第一次称量体重后进行。抽签由小级别开始,若本级别只有一人,则不能参加比赛。

(七)服装护具

(1)运动员必须穿戴大会指定的拳套、护头、护胸,必须穿戴自备的护齿、护裆(护裆必须穿在短裤内)。比赛的护具分红、黑两种颜色。

(2)运动员必须穿指定的与比赛护具颜色相同的比赛服装。

(3)拳套的重量:65公斤级及以下级别的拳套为230克(女子和青少年运动员均使用该重量的拳套),70公斤级及以上级别的拳套重量为280克。

(八)竞赛中的礼节

(1)介绍运动员时,运动员向观众行抱拳礼;每场比赛开始前,运动员相互行抱拳礼。

(2)宣布结果时,运动员交换站位。宣布结果后,运动员先相互行抱拳礼,再向台上裁判员行抱拳礼,裁判员回礼;然后向对方教练员行抱拳礼,教练员回礼。

(3)边裁判员换人时,互相行抱拳礼。

(九)弃权

(1)比赛期间,运动员因伤病或体重不符不能参加比赛者,视为弃权,不再参加以后的比赛,但已进入名次的成绩有效。

(2)比赛进行时,运动员实力悬殊,为保护本方运动员的安全,教练员可举弃权牌表示弃权,运动员也可举手要求弃权。

(3)不能按时参加称量体重,赛前3次点名未到或点名后擅自离开,不能按时上场者,视为无故弃权。

(4)比赛期间,运动员无故弃权,取消本人全部成绩。

(十)竞赛中的有关规定

(1)临场执行裁判人员应集中精力,不得与其他人员交谈,未经裁判长许可不得离开席位。

(2)运动队必须遵守规则,尊重和服从裁判。在场上不准有吵闹、谩骂、甩护具等任何表示不满的行为。

(3)比赛时教练员和本队医生坐在指定位置。局间休息时,允许给运动员按摩和指导。

(4)运动员严禁使用兴奋剂,局间休息时不能吸氧。

二、裁判人员的组成与职责

(一)主要裁判人员的组成

(1)总裁判长1人,副总裁判长1~2人。

(2)临场执行裁判组:裁判长、副裁判长、台上裁判员各1人,边裁判员3人或5人。根据比赛需要,可设1~2组裁判人员。

(3)记录员、计时员各1人。

(4)编排记录长1人。

(5)检录长1人。

(二)辅助裁判人员的组成

(1)编排记录员2~4人。

(2)检录员4~6人。

(3)医务监督1人,医务人员2~3人。

(4)宣告员1~2人。

(5)电子计分系统操作员2~3人。

(三)裁判人员的职责

1. 总裁判长

(1)负责组织裁判人员学习竞赛规程、规则和裁判法。

(2)检查\、落实场地、器材、裁判用具及称量体重、抽签、编排等有关竞赛的准备工作。

(3)根据竞赛规程、规则的要求,解决竞赛中的有关问题。但不能修改竞赛规程和规则。

(4)每场比赛,运动员因弃权变动秩序,应及时通知裁判长、编排记录长和宣告员。

(5)比赛中指导各裁判组的工作,根据需要可以调动裁判人员。

(6)负责检查裁判员执行规则的情况。裁判组出现有争议的问题,有权做出最后决定。

(7)审核、签署和宣布比赛成绩。

(8)向大会递交书面总结。

2. 副总裁判长

协助总裁判长工作,总裁判长缺席时,可代行其职责。

3. 裁判长

(1)负责本组裁判员的学习和工作安排。

(2)比赛中监督和指导裁判员、计时员、记录员的工作。

(3)台上裁判员有明显错判、漏判时,鸣哨提示改正。

(4)边裁判员出现明显错判,宣布结果前征得总裁判长同意后可以改判。

(5)根据临场运动员的情况和记录员的记录,处理优势胜利、下台、处罚、强制读秒等有关规定事宜。

(6)每局比赛结束后,宣告评判结果,决定胜负。

(7)每场比赛结束时审核、签署比赛成绩。

4. 副裁判长

协助裁判长工作,根据需要可以兼任其他裁判员的工作。

5. 台上裁判员

(1)检查场上运动员的护具,保障比赛安全。

(2)用口令和手势指挥运动员进行比赛。

(3)判定运动员倒地、下台、犯规、消极、强制读秒、临场治疗等有关事宜。

(4)宣布每场比赛结果。

6. 边裁判员

(1)根据规则判定运动员的得分。

(2)每局比赛结束后,根据裁判长信号,同时、迅速显示评判结果。

(3)每场比赛结束后,在记分表上签名并保存,以备检查核实。

7. 记录员

(1)赛前认真将有关信息填入记录表。

(2)参加称量体重的工作,并将每名运动员的体重填入每场比赛的记录表。

(3)根据台上裁判员的口令和手势,记录运动员被警告、劝告、强制读秒、下台的次数。

(4)记录边裁判员每局的评判结果,确定胜负后报告裁判长。

8. 计时员

(1)赛前检查铜锣、计时钟,核准秒表。

(2)负责比赛、暂停、读秒、局间休息的计时。

(3)每局赛前 10 秒钟鸣哨通告。

(4)每局比赛结束鸣锣通告。

(5)无电子计分系统的情况下,每局比赛结束时,宣读边裁判员的评判结果。

9. 编排记录长

(1)负责运动员资格审查,审核报名表。

(2)负责组织抽签,编排每场比赛秩序表。

(3)准备比赛中所需要的表格,审查核实成绩,录取名次。

(4)登记和公布各场比赛成绩。

(5)统计和收集有关材料,汇编成绩册。

10. 编排记录员

根据编排记录长分配的任务进行工作。

11. 检录长

(1)负责称量运动员体重。

(2)负责护具的准备与赛中护具的管理。

(3)赛前 20 分钟负责召集运动员检录。

(4)检录时,如出现运动员不到或弃权等问题,及时报告总裁判长。

(5)按照规则的要求,检查运动员的服装和护具。

12. 检录员

根据检录长分配的任务进行工作。

13. 宣告员

(1)摘要介绍竞赛规程、规则和有关的宣传材料。

(2)介绍临场裁判员、运动员。

(3)宣告评判结果。

14. 医务监督

(1)审核运动员《体格检查表》。

(2)负责赛前对运动员进行体检抽查。

(3)负责临场伤病的治疗与处理。

(4)负责因犯规造成运动员受伤情况的鉴定。

(5)负责竞赛中的医务监督,对因伤病不宜参加比赛者,应及时向总裁判长提出其停赛建议。

(6)配合兴奋剂检测人员检查运动员是否使用违禁药物。

15. 电子计分系统操作员

负责与电子计分系统操作相关的工作。

第十三章 健美操

健美操是一项深受广大群众喜爱的、普及性极强的，集体操、舞蹈、音乐、健身、娱乐于一体的体育项目。

第一节 健美操概述

健美操是一种有氧运动，特征是持续一定时间的、中低程度的全身运动，主要锻炼练习者的心肺功能，是有氧耐力素质的基础。跳健美操有诸多好处，不仅能帮助我们有效地强身健体，而且还有减肥的功效，这种运动减肥方法集健美和健身于一体，特别适合女性，受到了广大女性同胞的喜爱。

竞技健美操竞赛项目包括男子单人、女子单人、混合双人、三人（性别不限）、集体六人等。

一、国际健美操运动的起源

健美操的起源可追溯到两千多年前。古希腊人对人体美的崇尚举世闻名。他们喜爱采用跑跳、投掷、柔软体操和健美舞蹈等各种体育项目进行人体美的锻炼。而古印度很早就有瑜伽术，其中的一些姿势与当前流行的健美操常用的基本姿势是一致的。由此可见，古代人对健身健美的追求是现代健美操形成与发展的基础。

19世纪末、20世纪初，欧洲出现了许多体操流派，其在理论和实践上的创新对健美操的发展起到了推动作用。而20世纪80年代初，随着遍及全球的健身热和娱乐体育的发展，健美操以其强大的生命力风靡世界。美国是对世界健美操的发展有着重要影响的国家，其代表人——简·方达，根据自己的健身体会和经验，撰写了《简·方达健美术》一书。该书自1981年出版后，引起了轰动。她现身说法，促进了健美操在世界范围内的推广。自1985年开始，美国正式举办一年一度的健美操锦标赛，并确定了竞赛项目和规则，使健美操发展成为竞技性运动项目。

二、国内健美操的发展

世界性的健美操热是于20世纪70年代末传到我国的。当时北京、上海、广州等地相继举办了各种健美操培训班。随后各种新闻媒介对国外各种健美操的介绍,逐步推动了健美操在我国的广泛开展。随着人民生活水平的不断提高,健美操所特有的保健、医疗、健身、健美、娱乐的实用价值受到人们越来越多的重视,吸引了不同年龄的爱好者参与,出现了一定规模的消费群体。各级电视台纷纷制作以健美操竞赛、普及为内容的专题节目。健美操比赛可在体育馆和舞台上举行,加之健美操运动时场地运用集中的特点,给企业结合比赛进行广告宣传创造了机会。健美操项目受到越来越多企业的青睐。

三、健美操的特点

健美操的特点很多,具体而言如下:

1. 高度的艺术性

健美操是融体操、舞蹈、音乐于一体的追求人体健与美的运动项目,因此,健美操属于健美体育的范畴,具有高度的艺术性。健美操的艺术性主要体现在其"健、力、美"的项目特征上。"健康、力量、美丽"是人类有史以来所追求的身体状况,而健美操运动中,无论是健身健美操还是竞技健美操,无不处处表现出"健、力、美"的特征,包含着高度的艺术性因素,使健美操不同于其他运动项目,这也正是人们热爱健美操运动的原因之一。健美操运动协调、流畅、有弹性,使练习者不仅锻炼了身体、增强了体质,而且从中得到了"美"的享受,提高了艺术修养。而健美操运动员在比赛中所表现出的健美的体魄、高超的技术、流畅的编排和充沛的体力等,也无不给观众留下深刻的印象,充分体现出健美操运动的"健、力、美"特征和高度。[①]

2. 强烈的节奏性

健美操动作具有强烈的节奏性特点,并通过音乐充分地表现出来,因此音乐是健美操运动不可缺少的组成部分。健美操音乐的特点是节奏强劲有力、旋律优美,具有烘托气氛、激发人们情绪的效果。健美操运动之所以深受人们喜爱,除练习本身的功效性、动作的时代感外,很重要的因素之一是现代音乐给健美操带来的活力。健美操运动与音乐的强烈的节奏性使健美操练习更具有感染力,使健美操比赛和表演更具有观赏性。

3. 广泛的适应性

健美操练习形式多样,运动量可大可小、容易控制,对场地器材的要求也不高,因此,对各个年龄层次、不同性别、不同身体素质、不同技术水平的人都适宜,各种人群都能从健美操练习中找到适合自己的方式,从中得到乐趣。例如,中老年人可选择低强度的有氧练习,达到锻炼身体、娱乐身心、保持健康的目的;而对具有较好身体素质、有意进一步提高的年轻人来说,可选择难度较高、运动量较大的竞技健美操作为练习的手段。竞技健美操练习,不仅可以锻炼身体,而且可提高技术水平,满足其进取心要求。因此,健美操运动具有广泛适应性的特点。

四、健美操的主要作用

健美操是一项老少皆宜的活动,主要的作用如下:

(一)增强体能

健美操可以提高关节的灵活性,使心肺系统的耐力水平提高。由于健美操是由不同类型、方向、路线、幅度、力度、速度的多种动作组合而成的,经常跳健美操可以提高人的记忆力,增强体能,提高神经系统的灵活性、均衡性,从而有利于改善和提高人的协调能力。

---

① 冯道光,张小龙.健美操[M].广州:华南理工大学出版社,2020.

（二）塑造迷人的曲线

经常练健美操的女性体态优雅、矫健，魅力四射。健美操还可以延缓衰老，让人更加有活力，拥有迷人的曲线。

（三）缓解精神压力

健美操是一项充满青春活力的运动，可以帮助人们释放压力和烦恼，使精神压力得到缓解，在锻炼的时候能让人忘却烦恼和压力，从而拥有最佳的心态。

（四）增强人的社交能力

健美操可以提高人的社交能力。参加锻炼的人来自社会各阶层，所以这种锻炼方式扩大了人们在社会的交往范围，把大家从工作和家庭的压力中解脱出来，从中认识更多的人。大家一起跳，一去锻炼，每个人都能心情开朗，解除戒心，互相交流。这样有助于增进人们彼此之间的了解，产生一种亲切感，从而建立起融洽的人际关系。

（五）形成乐观的心态

健美操可以让一个人从孤单和烦恼的生活中解脱出来，可以让人打败消极的情绪，拥有美好心情，经常锻炼可以让人拥有一份乐观的心态。

（六）具有保健功能

健美操是一项有氧运动，它的特点是强度低、密度大、运动量可大可小、容易控制，它对健康的人有良好的健身效果，对一些身体素质比较差的人来说也是一种非常好的锻炼手段，可以帮助其慢慢调整自身的体能，从而获得健康。

第二节　健美操基本动作

有氧健美操的基本动作是指动作中最稳定、最重要的部分，是掌握其他动作的基础。主要分两大类别：低冲量有氧操基本动作和高冲量有氧操基本动作。

一、低冲量有氧操基本动作

低冲量有氧操基本动作是指一脚始终接触地面的各种动作，身体承受的冲量和压力较小，保持一脚接触地面而减少跳跃、踢腿和跑步的冲量。

基本类型主要包括以下几种：

第一，原地踏步。由自然站立开始，左腿屈膝抬起的同时，右腿膝关节稍屈，胯微收，左腿下落，由脚尖过渡到脚跟着地，保持膝关节稍屈，胯微收，同时右腿屈膝直起。

第二，向前/后走步。向前走三步，第四步稍屈支撑腿，另一条腿前脚尖或脚跟着地。向后重复这一动作。

第三，侧点地。支撑腿稍屈，另一只脚侧点地，脚尖碰到地面。

第四，前点地。支撑腿稍屈，另一只脚向前伸，脚尖着地。

第五，后点地。支撑腿稍屈，另一只脚向后伸，脚尖着地，脚跟不着地。

第六，踏点步。双脚并拢，向侧面出脚，把身体重心移到这只脚上，另一只脚轻触地面。再用另一只脚先出，重复这一动作。

第七,后屈步。向侧面出脚,脚跟朝臀部弯曲。

第八,提膝步。向侧面出脚,另一只脚膝盖前提,提起时膝、臀部稍屈。

第九,交叉步。向侧面出脚,另一只脚交叉在支撑脚的后面,再向侧出脚,另一只脚轻触地面。

第十,向前/后起步提膝。向前走三步,第四步向前提膝。后退再重复。

第十一,V字步。双脚并拢,一只脚向前向侧面跨一大步,另一只脚也向前侧面跨一大步,双脚分开形成一个V字形,然后收回第一只脚,再收回另一只脚,并拢双脚。

二、高冲量有氧操基本动作

高冲量有氧操基本动作是指包含腾空阶段的动作,产生的冲力要大得多。

基本类型包括以下几种:

第一,开合跳。开始双脚并拢,跳起,双脚与肩同宽,吸收冲力。再跳起,并拢双脚。即双脚可能同时离地,这样对身体落地时,踝关节和膝关节微屈,以吸收冲力。再跳起,双脚并拢。

第二,弹踢腿跳。膝部向前,然后支撑腿起跳。跳起时双脚不会并在一起,一只脚放下时,另一只脚的膝部弯曲准备下一次踢脚。可以从前面、侧面或后面进行。

第三,提膝跳。开始时双脚稍微分开,向前提膝,抬起后,支撑腿上跳。上体不要弯下来,以免碰到膝盖。

第四,弓步跳。双脚并拢,同时跳开呈弓步,再跳起并双脚。可以朝左、右方向,也可以前、后方向进行。

第五,侧点地跳。开始双脚分开,屈膝跳到一侧,落地时膝关节要缓冲,然后收回跳到另一侧。

第六,前、后跳。双脚同时跳,身体前、后移动。

三、手臂动作

手臂动作能增加有氧锻炼的花样和强度。

常见的手臂动作包括以下几种:

(一)互补

手臂跟着下肢的方向做动作。例如,身体侧向走动,手臂也是在一个侧平面上做动作。脚步做右、左交叉步动作,而手臂则是侧提动作。又如向前、向后走,手在较低位置向前、后摆动。

(二)相对

手臂与下肢相向而动,或者在不同平面上做动作。例如,侧提时前后方向走动。

(三)双边

两手同时做相同的运作,所以是对称或平衡的。

(四)单边

一次只有一只手做动作。例如,向右走交叉步时右臂做屈伸,反之亦然。

(五)交替

一手跟着另一只手做相同的动作。

(六)不对称动作

两手臂同时做不同的动作。

健美操的基本动作

四、常用的几种手型

健美操的手型是从芭蕾舞、现代舞、迪斯科、爵士舞中吸收和发展来的,常用的手型有:五指并拢式、五指分开式、芭蕾舞式、拳式、立掌式、西班牙舞手式六种,依次如图13-1①～⑥所示。

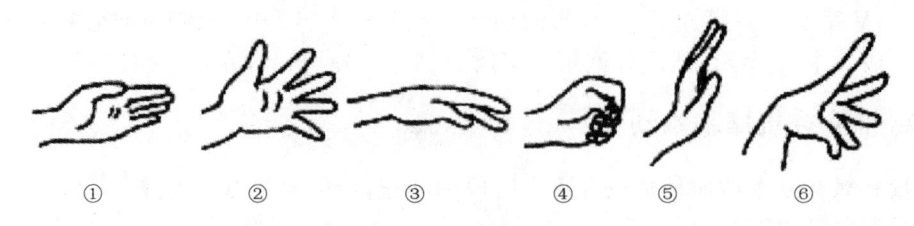

图13-1 手型

掌握了有氧操的基本动作及其变化因素,就能够设计出很多有创造力和多姿多彩的套路。下面分别介绍低冲量步组合、高冲量步组合各一套。

五、低冲量步组合

现在来介绍低冲量步组合。

(一)第一个八拍(图13-2)

图13-2 低冲量步第一个八拍

预备姿势:直立,两臂置于体侧。

1拍两手半握拳,右脚向前一步,同时两臂弯曲,左臂前摆,右臂后摆。

2拍左脚向前一步,同时两臂弯曲,右臂前摆,左臂后摆。

3拍同1拍的动作。

4拍成直立姿势,两臂弯曲置于身体两侧,双手半握拳,拳心向上。

5拍右脚向右侧分成侧弓步,左腿伸直,左臂向右前方侧平举,拳心向下,右臂屈肘,右拳心向上置于体侧。

6拍成直立姿势,两臂弯曲置于体侧,两手半握拳,拳心向上。

7拍同5拍的动作,只是方向相反。

8拍还原成预备姿势。

(二)第二个八拍(图13-3)

预备姿势:直立,两臂置于体侧。

1拍两臂侧平举,两手半握拳,拳心向下,同时右脚向右侧走一步。

图 13-3　低冲量步第二个八拍

2拍左脚向右侧移,在右腿后面交叉,两臂伸直,在体前交叉。
3拍同1拍的动作。
4拍成直立姿势,两手半握拳,拳心向内。
5拍两臂弯曲在胸前交叉,两手半握拳,右脚向右前方迈一步。
6拍两臂侧上举,两手半握拳,拳心向下,同时左脚向左方迈一步。
7拍两臂弯曲在胸前交叉,拳心向内,右脚向右侧后方迈一步。
8拍还原成预备姿势。

(三)第三个八拍(图 13-4)

图 13-4　低冲量步第三个八拍

预备姿势:直立,两臂置于体侧。
1拍两手半握拳,两臂弯曲,左臂前摆,右臂后摆,同时右脚向前走一步。
2拍右臂前摆,左臂后摆,同时左脚向一步并右脚。
3拍左臂前摆,右臂后摆,同时右脚向后走一步。
4拍右臂前摆,左臂后摆,同时左脚向后一步并右脚。
5拍右脚向前一步成前弓步,两臂侧上举,撑掌,掌心向上。
6拍两臂放下置于体侧,同时原地后转180°。
7拍右脚再向前一步成弓步,两臂侧上举,撑掌,掌心向上。
8拍原地转体180°,两臂放下置于体侧。

(四)第四个八拍(图 13-5)

预备姿势:直立,两臂置于体侧。
1拍右脚向左前方迈一步,右臂弯曲置于胸前,右手呈操化手型。右腿支撑,左腿向后屈膝弹动一次。
2拍左脚重新接触地面,其他身体姿势不变。
3拍右脚向右侧,两臂侧平举,两手成操化手型,掌心向下;左脚并右脚。

图 13-5　低冲量步第四个八拍

4 拍右腿向右侧滑一步。

5 拍以右腿为轴转体 180°，同时送髋、左脚侧点，右手叉腰，左手半握拳，左臂旋出拳。

6 拍左腿提膝，左臂肩侧屈。

7 拍同 5 拍。

8 拍拍右脚并左脚还原成预备姿势。

六、高冲量步组合

现在来介绍高冲量步组合。

（一）第一个八拍（图 13-6）

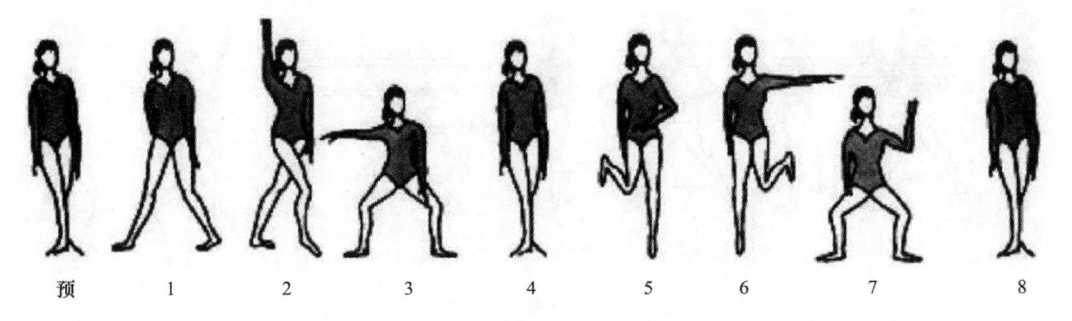

图 13-6　高冲量步第一个八拍

预备姿势：直立，两臂置于体侧。

1 拍右脚向右跨跳一步。

2 拍左脚移向右脚后侧成交叉，右臂上举，掌心向内。

3 拍右脚向右侧再跨一步，同时向下，右臂前平举，右手掌心向内。

4 拍左脚并右脚，还原成预备姿势。

5 拍右腿向后弯曲，左臂体前平屈，掌心向下。

6 拍左腿向后弯曲，左臂伸直成侧平举。

7 拍两腿成马步，同时左臂向上弯曲，掌心向前。

8 拍还原成直立姿势。

（二）第二个八拍（图 13-7）

1 拍跳起成前后分腿开立，左腿在前，同时两臂上举，撑掌。

2 拍跳成并腿蹲立，同时两臂肩侧屈，握拳，拳心向内。

3 拍同 1 动作，改为右脚在前。

4 拍同 2 拍。

5 拍跳成开立，同时两臂肩上侧屈，握拳，拳心相对。

6拍跳成并立,同时两臂胸前屈,拳心向内。
7拍跳成开立,同时两臂体前平屈,基本手型,掌心向下。
8拍跳成并立,同时两臂上举,两手半握拳,拳心向内。

图 13-7　高冲量步第二个八拍

(三)第三个八拍(图 13-8)

预备姿势:直立,两臂上举半握拳,拳心向内。
1拍右脚跳起,左脚向前高踢,同时两臂下拉至垂直向上屈肘(拳心向内)。
2拍跳成预备姿势。
3～4拍同1～2拍动作,换腿做。
5拍跳成左后侧弓步,同时左臂肩侧屈握拳,拳心向内,右臂侧上举,半握拳,拳心向下。
6拍跳成并立,同时两臂屈肘上举于胸前交叉,掌心向下。
7拍跳成右后侧弓步,同时右臂肩屈握拳,拳心向内,左臂侧上举,半握拳,拳心向下。
8拍还原成直立。

图 13-8　高冲量步第三个八拍

(四)第四个八拍(图 13-9)

图 13-9　高冲量步第四个八拍

1～4拍半蹲向前小跳,右臂前举,撑掌,掌心向下,左臂置于体侧。
5拍右手半握拳,右臂向右甩,左腿侧踢,同时向右转体90°。

6拍再向右转体90°,左腿并右腿,两臂还原至体侧。

7拍跳转180°,两臂侧平举,撑掌掌心向前,左腿支撑,右腿提膝内收。

8拍还原成预备姿势。

第三节　健美操设计

健美操通过美来展现均衡性、协调性、整齐性的特点。审美是较为主观性的,而健美操与音乐结合的过程中可以通过高难度的技巧和新颖的编排体现出活力和趣味性,让学生能够直观地感受到体育项目的技术性和活力。

一、健美操动作设计

健美操的动作设计指根据不同种类健美操的目的、特定要求及相应的规则和规程,创编健美操成套动作。

二、健美操音乐设计

通常情况下,健美操由动作和音乐两部分组成,它们有着自己独特的规律,同时又相互依存、彼此交融。这里所谈及的健美操音乐,仅针对传统有氧健身操及竞技健美操。

(一)有氧健身操音乐

有氧健身操音乐是在遵循健身操运动规律的基础上产生的。健身操的音乐结构基本保证乐句、乐段的完整,很少出现过渡与连接,通常会把几段不同的音乐结合串联在一起,使其在段落、速度等方面基本保持一致。

(二)竞技健美操音乐

为了体现运动员的竞技能力并增加艺术的效果,激荡感染裁判和观众的心灵,竞技健美操音乐在结构上较为复杂,通常起伏较大。

(三)健美操舞美设计

健美操舞美设计是交叉性的综合艺术,它包罗万象,又融为一体。健美操舞美设计通过舞台、布景、音效、灯光、服装、道具、化妆设计等艺术传达手段体现出来。

第四节　健美操的比赛规则

在竞赛活动中,比赛规则协调和制约着运动竞赛的全过程。比赛规则主要是对技术规范及确定成绩和有关场地器材条件的政策与规定[1]。

一、规则概述

(1)比赛内容:规定动作比赛(全国健美操大众锻炼标准)、自选动作比赛。

---

[1] 杨萍.健美操与科学健身[M].北京:人民体育出版社,2021.

(2) 参赛人数：规定动作每队 5 人，性别不限，或按比赛规程执行；自选动作可分为个人、双人和集体项目等，性别按规程执行。

(3) 成套动作时间：规定动作的成套动作时间按《全国健美操大众锻炼标准》规定时间执行；自选动作的成套动作时间为 2 分钟～2 分钟 15 秒，计时从动作开始到动作结束。

(4) 音乐伴奏：主办单位提供《全国健美操大众锻炼标准》规定动作音乐并统一播放；自选动作音乐由参赛队自备，音乐必须录在磁带 A 面或光盘的开头，必须准备 2 份，其中 1 份报到后交大会放音组；自选动作音乐允许有 2×8 拍的前奏，音乐速度不限。

二、成套动作的评分

(一) 规定动作评分（10 分制）

规定动作评分见表 13-1。

表 13-1　　　　　　　　　　规定动作评分表

评分因素	内容	一般扣分/分	较差扣分/分	不可接受扣分/分
表演和团队精神（4 分）	表现力与热情	0.1～0.2	0.3～0.4	0.5 或更多
	队形	0.1～0.2	0.3～0.4	0.5 或更多
	一致性（每次）	0.1	0.2	0.3
动作完成（6 分）	动作的正确性	0.1～0.2	0.3～0.4	0.5 或更多
	动作不熟练、漏做动作	0.1～0.2	0.3～0.4	0.5 或更多
	身体的协调性	0.1～0.2	0.3～0.4	0.5 或更多
	动作连接	0.1～0.2	0.3～0.4	0.5 或更多
	改变动作或附加动作	0.1～0.2	0.3～0.4	0.5 或更多
	动作充分表现音乐的情绪	0.1～0.2	0.3～0.4	0.5 或更多
	动作和音乐节奏配合准确	0.1～0.2	0.3～0.4	0.5 或更多

(二) 自选动作评分（10 分制）

自选动作评分见表 13-2。

表 13-2　　　　　　　　　　自选动作评分表

评分因素	内容	一般扣分/分	较差扣分/分	不可接受扣分/分
动作设计	主题健康、充满活力	0.1～0.2	0.3～0.4	0.5 或更多
	风格突出、富有创意	0.1～0.2	0.3～0.4	0.5 或更多
	动作类型丰富，动作的转换自然流畅	0.1～0.2	0.3～0.4	0.5 或更多
	服饰选择美观协调	0.1～0.2	0.3～0.4	0.5 或更多
	音乐的选择与动作风格相一致并配合协调，录音质量高、清晰	0.1～0.2	0.3～0.4	0.5 或更多
	充分利用场地和空间	0.1～0.2	0.3～0.4	0.5 或更多
	安全性	0.1～0.2	0.3～0.4	0.5 或更多
	每出现一个不安全动作	0.2		

(续表)

评分因素	内容	一般扣分/分	较差扣分/分	不可接受扣分/分
动作完成	动作完成轻松、准确、流畅	0.1～0.2	0.3～0.4	0.5 或更多
	动作完成能体现所选主题的风格和特点	0.1～0.2	0.3～0.4	0.5 或更多
	动作与音乐协调一致	0.1～0.2	0.3～0.4	0.5 或更多
	基本姿态和技术正确，动作优美	0.1～0.2	0.3～0.4	0.5 或更多

三、违例动作

违例动作包括各种竞技体操和技巧运动的翻转与抛接动作；过度弓背；无支撑体前屈；仰卧翻臀；头绕环和过度头后仰；膝转；足尖起；仰卧直腿起坐、仰卧直腿举腿、仰卧两头起；臀部低于膝关节的深蹲；高难度托举动作。不鼓励做竞技健美操中的难度动作，否则不仅不予加分，对错误动作还会减分。

四、特殊情况

运动员在遇到以下特殊情况时，应立即停止做动作并向裁判长反映，在问题解决后重做，在成套动作结束后提出的要求将不被接受：播放错音乐；由于音响设备而出现的音乐问题；由于设备问题而出现的干扰灯光、舞台、会场；其他任何异物进入比赛场地；运动员责任外的特殊情况而引起的弃权。

第十四章 体育舞蹈

体育舞蹈是一种身心都必须投入的全身性的娱乐运动项目。它的练习必须伴有音乐节奏,练习者沉浸于音乐旋律中,体会并了解音乐所表达的情感及意境,然后用舞蹈表达出来。因此,它对大学生的身心发展有着很大的好处,具有较高的心理学价值。在舞蹈过程中,舞者身心都投入舞蹈之中,注意力集中在音乐节奏及优美舞曲上,将内心的感觉赋予舞蹈,让身体的部分机体得以充分休息及调整。在舞蹈过程中人们的心情得到释放,消极情绪得以舒缓,不仅能陶冶个人情操也能消除精神疲劳。同时,体育舞蹈作为一种集体体育运动,不同的合作形式还有增强人的社会交往能力的作用。

第一节 体育舞蹈概述

体育舞蹈是一门融体育、音乐、美学、舞蹈为一体,以身体动作舞蹈化为基本内容,以双人或集体配合练习为主要运动形式的娱乐健身型的运动项目。体育舞蹈起源于欧洲,一些国家将民间舞蹈加以提炼和规范,形成了流行在宫廷中的"宫廷舞"[①]。起初,体育舞蹈的动作高雅繁杂、拘谨做作,完全没有民间舞的风格,只在宫廷盛行,专供贵族习跳和欣赏,是贵族的特权。人们以前称它为交谊舞,欧洲贵族会在宫廷举行交谊舞会。

法国大革命后,宫廷解体,体育舞蹈也进入了平民社会,成为社会中人人可舞的社交舞。巴黎出现了世界上第一家舞厅,从此,交谊舞在欧洲社会流行。这个时候的交谊舞更具有强烈的民族风味,被称为"美国学派的社交舞"。

1924年,欧美舞蹈界人士在广泛研究传统宫廷舞、交谊舞及拉美国家的各式舞的基础上,对此进行了美化与加工,于1925年正式颁布了华尔兹、探戈、狐步、快步四种舞的步伐,总称为摩登舞。

1950年,由英国世界舞蹈组织(ICBD)主办了一届世界性的大赛——黑池舞蹈节,并把规范后的舞蹈命名为国际标准交谊舞。这之后每年的5月月底,都在英国的"黑池"举办一届世

[①] 刘伟,陈志明,曾明,等.体育舞蹈教程[M].北京:中国水利水电出版社,2022.

界性的大赛。随着这种舞蹈在世界的不断推广,其自身也得到了发展,摩登舞中又增加了维也纳华尔兹。1960年,非洲和拉美一些国家规范后又增加了拉丁舞的比赛。

当时拥有74个会员的"国际舞蹈运动总会"于1997年9月4日正式成为国际奥林匹克委员会会员。国标舞于2000年成为悉尼奥运会表演项目,2008年成为正式比赛项目。国标舞虽和交谊舞相似,但对舞姿,舞步要求非常严格,一般是两个人一起跳。舞中姿势都已经标准化和分类,国际上有统一的用语,术语用英语口令。第二次世界大战后,美国人将该舞蹈散播到全国各地,并形成一股跳舞热潮,至今不衰。

一、体育舞蹈在世界范围的发展

体育舞蹈的发展过程经历了原始舞蹈、公众舞、民间舞、宫廷舞、社交舞、新旧国际标准交谊舞等时期。国际上存在两个国际体育舞蹈组织:世界体育舞蹈及体育舞蹈理事会——1950年9月22日在英国苏格兰的爱丁堡成立,注册地为英国伦敦;国际体育舞蹈联合会——1935年成立于布拉格,注册地为瑞士洛桑,于1997年获国际奥委会正式承认。体育舞蹈的前身就近来说的社交舞,也称交际舞、交谊舞,概括起来可以分成如下两个发展阶段:

(一)第一阶段

1924年美国皇家交谊舞专业教师协会对当时的交谊舞进行了整理,将各种舞种的舞步、舞姿、跳法加以系统化和规范化。此后,相继制定了"布鲁斯""慢华尔兹""慢狐步舞""快华尔兹""快步舞""伦巴""探戈"七种交谊舞,称之为普通国际标准交谊舞,也称普通体育舞蹈。经过不断地演变,交谊舞已经不仅是一种自娱性舞蹈,而且发展成了一种艺术性高,具有技术性、表演性的竞技性舞蹈。

(二)第二个阶段

1947年在柏林举行了首届世界交谊舞锦标赛,1960年拉丁舞也正式成为世界锦标赛项目,人们称之为"当代国际标准交谊舞",也称"体育舞蹈"。由于它具有高度艺术性及技巧性,故每年在国际上都有不同地区、不同级别、不同规模的多种比赛。

二、体育舞蹈在中国的发展

由于国标舞对舞姿、舞步有非常严格的要求,所以出现了要求相对低些的交谊舞,它保持了国标舞各种舞种的风格,但比较随意。国际标准交谊舞于20世纪30年代传入中国,20世纪80年代发展较快,先后与日本、美国、英国等国家进行交流活动。我国自20世纪80年代年正式引进体育舞蹈后,发展迅速,1986年成立"中国国际标准舞总会";1987年举办了"第一届全国国际标准舞锦标赛";1989年8月,原国家体委成立了体育舞蹈俱乐部;1993年12月举办了"中国上海、北京世界杯体育舞蹈锦标赛",这也是中国首次被认可的世界性公开赛;1994年"中国国际标准舞协会"和"国际标准舞学院"相继成立;1996年5月协会首次派考察团参加世界著名的英国"黑池"七十一届舞蹈节。如今,体育舞蹈在中国已经非常流行,加之国家对体育舞蹈项目的重视,中国参加体育舞蹈英国黑池舞蹈节比赛的选手已经非常多,水平也已经非常高,各层级竞赛中都能看到中国选手的身影,并且很多获得了优异的成绩。

第二节　体育舞蹈的基本常识

体育舞蹈是将艺术、体育、音乐、舞蹈融于一体，把"健"与"美"完整结合的典范。作为艺术形式，体育舞蹈因为具有独特的观赏性和强烈的艺术感染力而在众多的体育项目中独树一帜。同时，作为一项体育运动，我们需要对其基本常识进行了解。

一、摩登舞

摩登舞是移动性很强的舞蹈，整个形体在惯性中移动。形体移动惯性流量的大小，是习舞者综合技术的集中反映，值得认真探索和体验。

（一）摩登舞的舞程向和舞程线

第一，舞程向是指整套舞蹈进行的方向。摩登舞的特点之一是在行进中完成整套动作，为避免舞者之间相互碰撞，规定在舞场起舞时均按逆时针方向进行。

第二，舞程线是指舞者在起舞时，沿舞场四侧之一按舞程向行进时的直线。在长方形的场地中，长边称为 A 线和 C 线，宽边称为 B 线和 D 线，起舞时位于 A 线的起端或 C 线的起端均为最佳位置。

第三，在舞蹈中大家必须沿着同一方向环绕进行，以避免相互碰撞。

摩登舞的舞程线如图 14-1 所示。舞程线外侧为壁，内侧为舞池中央。

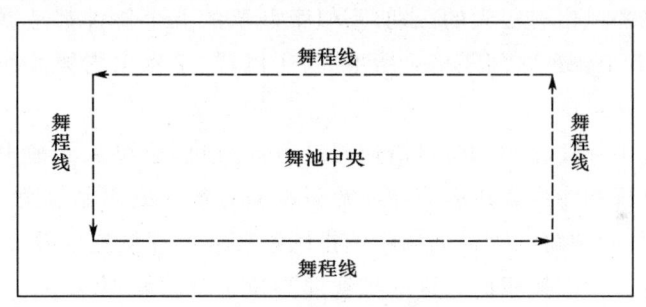

图 14-1　摩登舞的舞程线

（二）摩登舞步结构

1. 身体位置

身体位置是指舞步开始或结束时，身体与舞场的位置关系，包括：面对舞程向、背对舞程向、面对中央、面对墙壁、背斜对墙壁。舞者可根据舞蹈编排的需要选择或变化位置关系，以突出舞蹈风格特点和提高表演效果。

2. 脚位

脚位是指舞者在运动中脚与身体的位置的关系。

（1）左脚或右脚前进。

（2）左脚或右脚后退。

（3）左脚或右脚向侧。

（4）左脚或右脚斜进。

(5)左脚或右脚斜退。

3. 转度

转度是指舞者运动时每一步之间脚位方向变化的度数,通常以圆的切分法来表示,即 1/8 表示 45°;1/4 表示 90°;1/2 表示 180°;5/8 表示 225°;3/4 表示 270°;等等。

4. 节奏

节奏是指音乐的均衡循环。由于音乐节奏的变化会产生不同的音乐格调,舞者可根据音乐节奏的变化来调整舞步,从而展现出不同风格特点的舞姿。

5. 脚步动作

在舞蹈进行过程中,脚步动作非常重要,正确使用脚的不同部位接触地面,可使身体的移动展现出平衡、圆滑、优美的舞姿。一般将脚分为脚尖、脚掌、脚跟三个部位。

因此,在练习中要特别注意掌握正确运用脚的不同部位,以提高表演的效果。

二、拉丁舞

古巴是拉丁舞和拉丁音乐的发源地。最初,拉丁的音乐和舞蹈是人们庆祝胜利或丰收的一种表达方式,后来渐渐发展为年轻人相互表达爱慕之情的一种方法。在其发展的过程中,拉丁舞曾因为动作过于热情、表达情感过于直率又没有任何约束而受到排斥,但这并没有影响拉丁舞的发展,令人无法抗拒的魅力终使拉丁舞风靡世界。

(一)拉丁舞的舞程向与舞程线

拉丁舞与摩登舞的风格有很大的区别,不似摩登舞的五个舞种都遵循同样的舞程向和舞程线,拉丁舞自身的五个舞种之间风格有所不同,所以,拉丁舞每支舞曲的舞程向与舞程线有其自身的特点。

伦巴舞、恰恰舞、牛仔舞在起舞时可沿逆时针方向行进,也可从场地中央开始向场地四个角的方向进行。桑巴舞和斗牛舞在表演和比赛时以面对观众或评委起舞为最佳。拉丁舞在表演或自娱时,起舞的方向和路线可根据舞蹈编排的需要或舞厅场地条件灵活变化,均可取得良好的表演效果。舞者起舞向舞程向行进的直线即为拉丁舞的舞程线。

(二)拉丁舞的姿态

1. 伦巴舞和恰恰舞

(1)两脚自然轻松地靠拢站好,脚跟靠拢,脚尖打开呈约 90°。

(2)挺胸、脊柱骨伸直,不可耸肩。

(3)任一脚向侧跨出一步,支撑重心的另一只脚伸直,并将重心全部移到这只脚上,以使骨盆可往旁边方向移动,因而感觉上重量放在支撑脚的脚跟,其膝盖要向后锁紧。至于骨盆移动的幅度要以不影响上身的姿态为原则。

2. 桑巴舞和牛仔舞

(1)两脚自然轻松地靠拢站好,脚跟靠拢,脚尖打开呈约 90°。

(2)挺胸、腰杆伸直,不可耸肩。

(3)任一脚向外跨出一步,支撑重心的另一只脚伸直,并将重心全部移到这只脚上,使重量前移至前脚掌,而后脚跟仍不离地板,并且支撑脚的膝盖不可向后锁紧。某些舞步则是例外,如桑巴舞中的分式摇滚步、后退缩步和卷褶步,以及牛仔舞里的鸡走步。

3. 斗牛舞

由于斗牛舞没有骨盆或臀部的运动,其姿势与上述各种拉丁舞的不同处如下:

(1)骨盆向前微倾,上身挺拔,铿锵有力。

(2)重量由两个脚掌很均匀地承受。

(3)当脚伸直时,膝盖不可向后扣紧。有一个例子除外,那就是西班牙舞姿。

(三)拉丁舞的方位

拉丁舞中以肩引导(侧行)时,方位的正确与否十分重要。伦巴舞、恰恰舞和牛仔舞是非前进式的舞蹈,桑巴舞与斗牛舞则为前进式舞蹈。

(四)拉丁舞的转度

在跳拉丁舞时除非两脚并拢,否则两脚从不平行。像这样的脚部转动,大半是向外转,不过是脚带着全部或部分的体重转动,属于"被动式的转动"。舞动时脚部转动与上身的转量多半不同。最典型的例子有桑巴舞中扫形步的第2步。

在伦巴舞和恰恰舞中,抑制前进走步,以及所有的后退走步。因此,当跳完某个舞步时,其脚部带动的重心和身上所面对的方向不同时,要以其上身的转量为准。在伦巴舞和恰恰舞中,后退走步本身只带动重心脚,大约会有1/16圈的外转。为了让身体重心稳定而造成的转动,就称为"被动式的转动"。

■ 三、体育舞蹈的礼仪

国标舞已为越来越多的人所关注,并且也有越来越多的人开始跳国标。那么,在跳国标舞时有什么需要遵从的礼节呢?国标礼节包括请舞、领舞、共舞和谢舞四个环节。请舞、领舞、共舞的要领与常规跳舞时相同。在音乐开始之前的起势动作称为起舞,起舞时,男女要分开相向站立,男士正面站立,以左手邀请,虎口向上;女士侧身站立,看到男士的起势动作后,有两种回应:一种是直接交手共舞,另一种是双手携裙,右脚在左脚后,左膝微屈,以示诚意,然后交手共舞。谢舞要面对评委或者观众。不管哪种礼节,都要求舞者高标准、高质量地完成。

(一)请舞

请舞又叫邀舞。舞曲响起后,男士听清楚音乐的节奏和所跳的舞蹈是几步舞后,应主动走到女士面前邀请对方跳舞。一般来说,跳舞是男士主动邀请女士,但并不排除女士邀请男士的形式。男士邀请女士跳舞时,女士可以拒绝,但要很有礼貌地婉言谢绝;相反,当女士主动邀请男士跳舞时,男士即使不会跳舞,也不可以拒绝女士。男士或女士邀请有舞伴的女士或男士跳舞时,首先要征得对方舞伴的同意,然后才能邀请对方。

(二)领舞

领舞是邀请到舞伴后带对方到舞池中去跳舞。做法有两种:如果在正规场合跳舞,男士要用右手或左手,牵带女士的左手或右手,掌心向上;如果是在非正式场合或者是同事、朋友及比较熟悉的人在一起跳舞,邀请舞伴后,也可以男士在前、女士在后跟随的方式去做。

(三)共舞

共舞是男士和舞伴随着音乐共同跳舞的过程。在共舞时,应当保持优美的舞姿,遵循跳舞场合的礼仪。在共舞过程中,男士对女士应多关照,始终以礼相待。引带手势要清楚,不要用力,直至一支舞曲结束。

(四)谢舞

谢舞是男士领带女士共舞结束时以有礼节的形体动作向舞伴表示谢谢和再见。根据音乐结束时的旋律,男士左手举高引带女士向左旋转一圈或两圈,以示感谢。此动作要求男士掌握动作要领,讲究规范、高标准、高质量地完成。

(五)舞场礼仪

国际标准交谊舞是集娱乐、健身与美育于一身的有益活动,对增进健康、陶冶情操有积极的作用,故跳舞要做到姿态美和心灵美。在舞场上要注意以下礼仪:

(1)参加舞会时应该注意仪表、衣着,须发应该整洁,行为举止应文雅,邀请舞伴要大方有礼貌,跳舞前应先征得舞伴的同意,跳完舞应向舞伴致谢。

(2)在舞场不可大声喧哗或随便穿行,应遵守舞场规定。跳舞时要运步自然、潇洒,不要做怪动作。舞伴间要相互尊重,根据对方的水平跳出各种花样。不要苛求对方,更不要显出不耐烦的神态。男伴在领舞时,可做轻微的推、拉、扭、按,向女伴示意。

第三节 体育舞蹈的技术动作组合

体育舞蹈中,各个舞蹈的风格有一些区别,动作要领等不尽相同。本节以摩登舞、华尔兹、拉丁舞为例,为大家讲解一些最基本的技术动作。

一、摩登舞

(一)闭式握持姿势

在摩登舞中,闭式握持姿势最为常用。

(1)男女舞伴相对站立,双腿并拢,双膝自然放松。男伴与女伴的两脚相距 10~15 cm,右脚尖对准对方两脚的中间。

(2)双方均身体稍前倾。男伴身体重心在右脚,挺胸立腰沉肩,收腹微提臀,髋部向左微转约 15°;女伴身体重心在左脚,收腹提臀,紧腰沉肩。以腹部 1/2 的右腹接触对方。

(3)男伴头部基本保持正直;女伴头部向左转约 45°,含颌,颈部尽量向上牵伸,向后打开胸部线条。

(4)男伴双臂侧平举,两肘保持水平。左臂的大臂与小臂弯曲形成 90°角左右,左肘比肩低 5~10 cm,左手高度与女伴右耳齐平。右臂的大臂与小臂弯曲形成 70°~80°角;女伴双臂侧平举,两肘保持水平,右臂弯曲约 150°,左臂轻贴男伴右臂之上。

(5)男伴的左手虎口与女伴右手虎口相交,握于女伴小指之下,掌心空出。女伴左手虎口张开,放在男伴右上臂三角肌下部,拇指在内侧,其他四指在外侧,腕部和小臂放平,不得凸起。

(二)开式(散式)握持姿势

在闭式握持姿势的基础上,男女舞伴上身均向外打开,目光通过相握的手向同一方向远视,但腰、髋并不分离,两人身体呈"V"字形。

二、华尔兹的基本舞步

华尔兹典雅大方,动作流畅,旋转性强,热烈而兴奋,动作具有起伏、倾斜、摆荡和反身的特点。其音乐为 3/4 拍,每分钟 30~32 小节。其舞步基本上是一拍跳一步,每小节跳三步,一些特殊舞步则是每小节跳四步,如犹豫步、前进和并步(又称追步)、前进锁步和后退锁步。

华尔兹是五种摩登舞中最基础,也是最难跳的一种。下面我们主要介绍前进、并脚换位、1/4 左转连接 1/4 右转、叉形步、侧行追步等基础步法。

(一)前进、并脚换位

前进、并脚换位包括左足前进、并脚换位和右足前进、并脚换位的动作。其动作步骤见表 14-1 和表 14-2。

表 14-1　　　　　　　　　男士动作步骤

节奏	要领	脚法	方位	升降	转度	倾斜
1	右脚正前方进步,左腿屈膝	跟、掌	面向舞程线	降、升	不转	
2	左脚经右脚横步	掌	面向舞程线	继续升	不转	右
3	右脚并于左脚,双腿屈膝	掌	面向舞程线	升最高,结尾降最低	不转	右

表 14-2　　　　　　　　　女士动作步骤

节奏	要领	脚法	方位	升降	转度	倾斜
1	左脚后退,右腿屈膝	跟、掌	面向舞程线	降、升	不转	
2	右脚经左脚横步	掌	面向舞程线	继续升	不转	左
3	左脚并于右脚,双腿屈膝	掌	面向舞程线	升最高,结尾降最低	不转	左

左足前进、并脚换位的动作与右足前进、并脚换位的动作要领相同,动作相反。

(二)1/4 左转连接 1/4 右转

1/4 左转连接 1/4 右转动作步骤见表 14-3 和表 14-4。

表 14-3　　　　　　　　　男士动作步骤

节奏	要领	脚法	方位	升降	转度	倾斜
1	左脚前进,右肩前送	跟掌	面斜中央线	结尾开始上升	开始左转	左
2	右脚经左脚横步	掌	背斜壁线	继续上升	1/4	左
3	左脚并于右脚	掌跟	背斜壁线	继续上升,结尾下降		
1	右脚后退,右肩后送	掌跟	背斜壁线	结尾开始上升	开始右转	右
2	左脚经右脚横步	掌	面斜中央线	继续上升		右
3	右脚并于左脚	掌跟	面斜中央线	继续上升,结尾下降	1/4	

表 14-4　　　　　　　　　女士动作步骤

节奏	要领	脚法	方位	升降	转度	倾斜
1	右脚后退,左肩后送	掌、跟	背斜中央线	结尾开始上升	开始右转	右
2	左脚经右脚横步	掌	面斜壁线	继续上升	1/4	右
3	右脚并于左脚	掌、跟	面斜壁线	结尾下降		
1	左脚前进,右肩前送	跟、掌	面斜壁线	结尾开始上升	开始左转	左
2	右脚经左脚横步	掌	背斜中央线	继续上升		左
3	右脚并于左脚	掌、跟	背斜中央线	结尾下降	1/4	

（三）叉形步

叉形步动作步骤见表14-5和表14-6。

表14-5　　　　　　　　　　　男士动作步骤

节奏	要领	脚法	方位	升降	转度	倾斜
1	左脚前进	跟、掌	面斜壁线	结尾开始上升	不转	
2	右脚经左脚横步	掌	面斜壁线	继续上升	不转	左
3	左脚在右脚后交叉	掌、跟	面斜中央线	结尾下降	左转1/4	左

表14-6　　　　　　　　　　　女士动作步骤

节奏	要领	脚法	方位	升降	转度	倾斜
1	右脚后退	掌、跟	背斜壁线	结尾开始上升	不转	
2	左脚经右脚横步	掌	背斜壁线	继续上升	不转	右
3	右脚在左脚后交叉，重心在后	掌、跟	面斜中央线	结尾下降	右转1/4	右

（四）侧行追步

侧行追步动作步骤见表14-7和表14-8。

表14-7　　　　　　　　　　　男士动作步骤

节奏	要领	脚法	方位	升降	转度
1	右脚前进并交叉于反身	跟、掌	面斜壁线，沿着舞程线走	结尾开始上升位置	开始左转
2（前1/2）	左脚横步稍前	掌	面斜壁线	继续上升	1/8
2（后1/2）	右脚并于左脚	掌、跟	面斜壁线	继续上升	1/8身体稍转
3	左脚横步稍前	掌、跟	面斜壁线	保持上升、结尾下降	不转

表14-8　　　　　　　　　　　女士动作步骤

节奏	要领	脚法	方位	升降	转度
1	左脚前进并交叉于反身	跟、掌	面斜地线，沿着舞程线走	结尾开始上升	开始右转
2（前1/2）	右脚横步稍前	掌	背斜壁线	继续上升	1/8
2（后1/2）	左脚并于右脚	掌、跟	背斜壁线	继续上升	1/8身体稍转
3	右脚横步稍前	掌、跟	背斜壁线	保持上升、结尾下降	不转

三、拉丁舞

（一）拉丁舞髋部的韵律摆动和切分

1. 韵律摆动

拉丁舞在整个舞蹈过程中突出表现了男女双方髋的韵律摆动（简称律动）。髋部动作是以腰部摆动带动髋的韵律性摆动。髋部摆动时，腰部要放松，上体保持正直，两臂在体侧自然摆动，髋的律动要平衡，没有上下起伏的动作。

伦巴舞中髋部是向侧顶送的，此时要防止上体向体侧倾斜；恰恰舞髋的律动是向前侧或后侧摆送的，由于动作节奏较快，在做腰部的扭转和臀部的绕摆动作时，要注意保持髋部的律动平衡。

桑巴舞髋部的摆动与其他舞区别较大，其髋部的摆动是以身体纵轴环形绕摆，整个身体的律动也以髋和腹的环形绕动而摆动,胸和头自然前后摆动,动作中腰部要特别放松,膝、踝关节保持弹性以增强身体的协调摆动;斗牛舞髋的律动比其他舞摆动幅度小,随着舞步的移动,髋与上体同时摆动。

2. 切分

动作的切分主要是指在音乐节奏的一拍中完成动作时,髋的摆动在后半拍中出现,尤其以伦巴舞和恰恰舞更为常见。如伦巴舞基本舞步中的前进并步第一拍中,前半拍左脚前进一步,重心前移;后半拍髋向左前侧顶送。第二拍中,前半拍右脚在后原地踏一步,重心后移;后半拍髋向右后侧顶送。

(二)拉丁舞的步伐

拉丁舞的步伐多为擦地滑行运步,运步中腿部微屈,膝、踝关节的弹性表现突出,以脚尖着地运步配合快速多变的舞蹈节奏。例如,伦巴舞、恰恰舞、桑巴舞中,运步中滑行、拖步和并步运用较多,脚尖着地运步更为突出,膝部的弯曲度较大,膝、踝关节的弹性表现明显。斗牛舞动作节奏明快,步伐刚健有力,体现出了斗牛士勇敢、健壮的勇士气质。

第四节　体育舞蹈的裁判与竞赛组织

作为一项体育运动,体育舞蹈具有极强的竞技性,这也使它不同于崇尚表演的舞蹈艺术。同时,体育舞蹈还是一项老少皆宜的健身和娱乐方式。正因为如此,体育舞蹈自问世之日起,就很受大众喜爱并很快风靡世界。

一、体育舞蹈裁判标准

在体育舞蹈的比赛中,裁判员需要综合考虑裁判要素,评判选手的表现。因此,了解体育舞蹈的裁判标准十分重要。

(一)基本规则

第一,评判工作自选手进入比赛位置时开始,只有当音乐停止时方告结束。在整个舞蹈表演过程中,裁判必须不断地给选手打分并在必要时修正分数。

第二,若音乐尚未结束而选手停止表演,则其该项舞蹈的分数列最后一位。如果在决赛中发生这种情况,裁判必须不断地给选手打分并在必要时修正分数。

第三,裁判必须在规定的时间内对选手的特定舞种的表演进行单独评判。考虑任何其他因素,诸如选手的名气、以往的表现或在其他舞种中的表现,都是不允许的。

第四,裁判无须向选手解释评分结果,在比赛过程中或两轮比赛之间,不允许裁判和任何人讨论参赛选手或他们的表现。

第五,对于所有舞种,选手的时值和基本节奏是裁判打分的首要因素。因此,如果选手重复犯此错误,那么其该项的舞蹈分数列最后一位。

(二)评判内容

1. 时值与基本节奏

裁判必须确定选手是否按时值和基本节奏进行表演。

(1) 时值

时值是指每一舞步的时间正好与音乐合拍。

(2) 基本节奏

基本节奏是指舞步在规定的时间内完成并且保持舞步之间正确的时间关系。

选手的时间和基本节奏错误时，其该舞蹈的所得分数必须是最低的。这种错误不能通过其在评判内容第五项的良好表现来弥补。

2. 身体线条

身体线条是指两位选手作为一个整体，在运动中身体各部位构成的整体效果应表现出优美的舞姿，包括：手臂线条、背部线条、肩部线条、胯部线条（骨盆姿势）、腿部线条、颈部和头部线条、左侧和右侧线条。

3. 整体动作

裁判必须确定选手是否正确掌握该舞蹈的风格特点，并且评估选手动作起伏，倾斜和平衡。在控制和平衡掌握良好的情况下，动作幅度越大，评分越高。在拉丁舞中，必须评估每种舞蹈典型的胯部动作。

4. 节奏表现力与步波技巧

裁判必须评估选手的正确舞蹈节奏表现力。这揭示出选手对舞蹈节奏的感受、理解、适应能力和在舞蹈中对音乐的理解与表现。若表现与节奏不合，也要按违反第一项处理。裁判必须评估选手正确舞步的脚法，如第一步足着点是脚掌、脚跟或脚趾等，以及脚步控制和表达力。

二、体育舞蹈竞赛与组织

（一）体育舞蹈比赛基本流程

1. 策划

按各级体育舞蹈管理部门的等级，提前制订相应级别的年度竞赛计划，发往下属各级体育舞蹈管理部门，协调和确定各项赛事的承办单位及比赛冠名等事宜。

2. 预案

构建大会组织机构，确定比赛主办、承办、协办单位，比赛组别的设置，执行规则和各项要求，经费的来源与支出预算，确定比赛时间、地点、场馆、报名方法和报到地点等事项。

3. 准备

制定比赛规程并通过各种信息渠道告知下属体育舞蹈管理部门、大中专院校、行业体协及所属俱乐部等单位，并做好报名、赛程编排、计算机编组录入、印制秩序册、选手背号、奖品、接待团队、安保团队、广告宣传、比赛场馆及场地设施、餐饮的配备、后勤保障及医务人员、酒店入住安排、交通工具和票务等准备工作。

4. 接待

赛前1～2天进行组委会人员、各代表队人员接待和报到工作，运动员试场地（走场），召开领队教练员会议和联谊会等事宜。

5. 比赛

一般白天进行淘汰赛和部分决赛，晚上举行开幕式和观赏性强的组别的决赛，其间可穿插表演或其他性质的节目。组别设置较多的比赛一般不进行当场颁奖仪式，奖品和奖金的颁发采用定点自领的方式。

（二）体育舞蹈比赛的申办与承办

1. 申办、承办比赛的预案

（1）首先需要确定主办、承办、协办比赛的权限问题，经上级竞赛主要管理部门批示、准许，制定比赛规模与相应组织机制。

（2）将比赛预案上报当地政府、公安、消防、工商税务等部门，并得到准许和支持，使得比赛能够如期、圆满地举行。

（3）落实比赛经费来源，赞助，冠名，广告宣传，赞助回报，经费支出预算，嘉宾、官员和裁判人员受邀请情况，比赛场地与灯光、音响设备，奖品证书，人员食、宿、行的安排，安全保卫、医疗应急预案等相关工作事宜[1]。

（4）组建比赛组织机构，主要包括领导机构、竞赛委员会、仲裁委员会、裁判委员会、后勤机构（或组织）。大型比赛还要包括电视台、专业网站、专业（或个体）杂志及其他媒体传媒机构。

（5）制定并发放比赛规程，至少提前一个月的时间，以各种信息传送形式下发至相关人员和机构，确保其在指定时间内获悉比赛相关信息。

（6）比赛期间，为了保证比赛的顺利进行，应做好如下工作：

第一，做好赛前竞赛工作准备会并制定比赛日程工作明细表（其中包括时间、地点及主要负责人）。

第二，做好选手报到工作，安排选手赛前走场练习。

第三，竞赛委员会和裁判委员会主持召开赛前领队教练员会，传达比赛相关重要信息、未尽工作事宜及相关安排。

第四，做好比赛场地各项设施（包括灯光、音响和各项电子仪器）正常进行的检查工作。

第五，启动参与比赛和协助比赛各级单位及组织机构的各项工作。

（7）做好赛后成绩公告、各项差旅劳务经费结算、答谢、送往、媒体宣传和总结汇报等工作。

2. 经费来源与使用

资金是顺利和成功举办体育舞蹈比赛的先决条件，经费的来源与使用是承办单位需精心筹划的重要工作之一。资金不足往往会使比赛出现捉襟见肘、怨声载道的现象。

（1）比赛的冠名与赞助

如若策划承办一次体育舞蹈比赛，最好能够得到单个或多个企业的资金赞助。其意义一是为了广告宣传或是支持体育舞蹈事业，二是为了推动当地体育舞蹈项目的开展、增强本地旅游经济的繁荣、提高文化娱乐活动的水平。正所谓互利双赢，作为回报，可以向赞助方出让比赛的冠名权，从而提升该赞助单位或产品的知名度。

申办比赛前，应确定赞助合作事宜的细则，并经过公正签署合同，以防中途发生变故而对全年的体育舞蹈比赛计划的实施造成不可挽回的影响。

（2）广告宣传

目前，我国体育舞蹈比赛的频率与规模呈逐年扩大的趋势，各类媒体的参与使得一次体育舞蹈比赛为许多实体与产业提供了广告宣传平台。承办单位要充分利用这一商机。

（3）报名费

参加体育舞蹈比赛的报名费是比赛经费来源之一。

---

[1] 郭腾杰，周龙慧.体育舞蹈[M].北京：北京师范大学出版社，2022.

（4）门票收入

体育舞蹈比赛一般都在体育馆内举行，随着我国体育舞蹈事业不断发展及经济和文化水平的不断提高，越来越多的人喜欢观看和欣赏精彩纷呈的体育舞蹈比赛。要根据当地的消费水平和比赛规格确定门票的价格，可由承办单位和场地提供方协商制定。

（5）租用场馆与设备

举行体育舞蹈比赛需要有场地、工作间、观众席等，以在体育馆内进行为最佳。因此，租用场馆费用是比赛经费的较大开销之一。如果天气炎热或寒冷，需要开启空调设备，这样更会增加经费开支，需提前做出此项经费的预算。

另外，还需准备组委会工作人员的交通工具及比赛所使用的设备（音响系统/计算机/打印机和复印机/灯光 LED 显示屏等。

（6）各类工作人员的接待与报酬

参与比赛的组委会工作人员、特邀嘉宾、媒体宣传等人员的宾馆住宿及餐饮安排等事项需要大量的经费支出。

成功举办一次体育舞蹈比赛需要大量的工作人员参与。若不是志愿参加，则要给予相应的劳务报酬。例如，组委会人员差旅接待和劳务支出。此外，邀请国内外优秀选手赛间表演也是一项不小的开支。

（7）选手背号

体育舞蹈参赛选手背号分为职业组和业余组两种，职业组为黑底白字，业余组为白底黑字。

比赛选手背号上的广告内容区域不得超过整个背号面积的 20%。背号面积（包括预留给广告的 20% 在内）大小不得超过 DIN A5 纸张的大小。并且选手在拿到比赛背号后，不可改变或减小其面积。WDSF 国际性比赛要求每个参赛选手背号上的数字不得超过 3 个，国内比赛可根据我国的具体情况灵活而定。

（8）奖品

赛前需要准备比赛的奖品，通常有奖杯、奖金、奖牌、证书及其他奖品。有些比赛还有纪念品和裁判员授牌，可根据比赛经费和参赛人数酌情安排开支。

（9）其他（承办费）

申办一次体育舞蹈比赛有时需要竞争，也需要一定的经费。有些比赛需要向主办单位上交承办费，以期得到各项支持和管理。

三、裁判员、工作人员的安排

（一）衣、食、住、行

具备一定规模的比赛，主办单位会邀请许多重要的人员，选派裁判员和竞赛委员会成员等参与竞赛工作。为了比赛顺利进行，承办方要委派专人认真做好接待、服务工作。如提前安排舒适、方便的住处，提供比赛期间各项事务的时间安排表和负责人联系方式，安排合理、卫生的膳食，提供便捷的交通服务，快捷、高效地做好各项经费报销、工作报酬的发放和返程票务预订等事宜。

（二）劳务费

裁判员及竞赛工作人员的劳务费一般是按照比赛场次的多少来支付的，比如：举办两天的比赛总共 5 个场次,则 N×5＝报酬。计分组人员和竞赛长的劳务费根据实际工作情况支付,多劳多得。

四、选手的安排

(一)食宿安排

安排住宿的宾馆应相对集中,不要远离赛场,饮食、购物应十分方便。在比赛规程(通知)中要注明提前登记住宿的相关事宜,包括房间等级、价位、地理位置、联系方式、周边的交通信息、距赛场的距离等。

(二)交通问题

由于一些赛场远离市区,比赛间歇和赛后,大量选手可能因交通问题不能顺利返回驻地而滞留在赛场,应坚决杜绝此类情况的发生。

很多比赛选在节假日举行,适逢旅游旺季,返程车、机票相对紧张,很多选手赛后不能及时、顺利地返回。承办方要尽可能做好返程票的提前登记和预订工作,做到善始善终。

五、应急预案

(一)医疗

体育舞蹈选手在有限的场地内进行流动性强和速度较快的比赛,其生理和心理负荷都很大,比赛中相互碰撞而受伤的事情经常发生。另外,部分老年选手和有隐性、先天性疾病的选手,由于兴奋、紧张和疲劳等生理原因,比赛中突发心脑血管疾病甚至猝死的现象也偶有发生。因此,赛场内要预先安排好应急措施。如赛场内配备医务人员、常用的药品(外伤、速效救心类)和器具;如果赛场远离医院还可安排救护车待命。总之,医疗应急是承办方的重要预案之一。

(二)突发事件的应对

体育舞蹈比赛有着参赛选手多且年龄跨度大的特点,从比赛前的报到工作、选手走场练习,到比赛时的检录、组与组之间上下场对接、更换服装等,场面无不显得嘈杂拥挤。这就要求承办方要有高度的责任感和组织能力,提前做好应对突发事件的预案,尤其是做好消防宣传和疏导、缓解拥挤场面的各种工作。为确保比赛的顺利进行,还要确保检录区、候场区、热身区、更衣室、卫生间、领奖处、观众席,以及各区域之间连接通道的相对通畅。避免造成人员(尤其是老幼选手)伤害事件的发生。

(三)赛场安保工作

体育舞蹈比赛是一种高雅艺术的竞赛形式,应在轻松、愉悦的情绪中进行。然而,由于体育舞蹈独特的评判方式,个别比赛因选手、教练、家长、观众等的不满情绪而引发了赛场混乱甚至暴力事件,给体育舞蹈项目带来了极坏的影响。因此,赛场内应安排一定规模的安全保卫人员,避免类似冲突事件的发生。

六、报到工作流程及准备

(1)严格按照比赛规程上的报到时间和地址安排报到工作,并在报到处及附近安放指示牌和标志,尽量给予前来报到的人员更多方便。

(2)报到场所应尽量安排在房间相对空旷和流动畅通的大厅内,办公的流程应采用流水线方式。

(3)报到流程如下:

①各参赛队人员实到确认,审核选手参赛资格,双方核对、确认参赛组别无误。

②缴纳选手参赛报名费,出具收据或发票。

③分发选手背号、秩序册、制作和发放通行牌证及纪念品等。

④公示赛前选手走场练习和领队会时间、地点和须知。

⑤尽量在秩序册上公示比赛场馆区域示意图,如比赛场地通道、候场区、检录处、更衣室、洗手间、公告栏、小商店等。若有遗漏则一定要在报到处公示。

第十五章 瑜伽

瑜伽能修身养性，平静内心。长期练习能让人心静，陶冶情操，使人更加自信，更加热爱生活。瑜伽能增强抵抗力，不仅可以提高人的身体素质和机能，还可以调节心理和精神状态。练习瑜伽要同时着眼于身体和心理的健康，两者密不可分。在练习瑜伽过程中，练习者逐渐深化自己的内在精神，从内到外，再从外到内，从感觉到精神、理性，而后到意识，最后使自我和内在精神融合，达到身心融合为一的完美境界。

第一节 瑜伽概述

瑜伽是一项有着悠久历史的关于身体、心理，以及精神的练习，起源于印度，其目的是改善身体和心性。2014 年 12 月 11 日，联合国代表大会宣布 6 月 21 日为国际瑜伽日。

一、瑜伽的起源

瑜伽（Yoga）是一个汉语词汇，最早是从印度梵语"yug"或"yuj"而来，其含义为"一致""结合"或"和谐"。[①] 瑜伽源于古印度，是古印度六大哲学派别中的一系，探寻"梵我合一"的道理与方法。而现代人所称的瑜伽则主要是一系列修身养性的方法。

大约在公元前 300 年，印度的帕坦伽利（Patanjali）创作了《瑜伽经》，印度瑜伽在其基础上才真正成形，瑜伽行法被正式定为完整的八支体系。瑜伽是一个通过提升意识，帮助人们充分发挥潜能的体系。

瑜伽姿势运用古老而易于掌握的技巧，改善人们生理、心理、情感和精神方面的能力，是一种达到身体、心灵与精神和谐统一的运动方式，包括调身的体位法、调息的呼吸法、调心的冥想法等。

二、瑜伽功效

现代社会的快速发展使人们的生活越来越紧张，竞争越来越激烈。长期的精神压力、身体

---

① 黄灵素.瑜伽与冥想 零基础瑜伽书籍基础减肥瑜伽冥想引导初级入门[M].北京:北京联合出版公司,2022.

的疲劳状态和亚健康状态使人们身心承受焦虑和痛苦的折磨。瑜伽的不同练习方法，能把散乱的精神集中并使之平静下来，同时对神经系统起到良好的平衡作用。不仅提高人的身体素质和机能，还可以调节心理和精神状态。

练习瑜伽必须通过自身的体验来领悟其真谛，主动地去除精神和身体的束缚，以积极的态度融入美好的瑜伽世界。练习瑜伽可使人获得一颗乐观、豁达的心，使体内脏器、腺体、骨骼、肌肉、皮肤，以及各系统的功能处于一种均衡、稳定、由内向外的整体和谐状态。

三、瑜伽的分类

瑜伽博大精深，种类繁多。瑜伽分为三大类：一个是古典瑜伽，一个是现代瑜伽，现在还包括了正位瑜伽，练习的方法也不一样。印度正统古典瑜伽可分为智瑜伽、业瑜伽、哈他瑜伽、王瑜伽、昆达利尼瑜伽五大体系。

现在的大学生大多数是初学者，推荐学习哈他瑜伽。哈他瑜伽节奏舒缓，动作变化多样。哈他瑜伽体位练习包含24个体位动作，主要练习如何控制身体和呼吸，更深一层的效果是使身体各机能有序运转，从而使心灵获得宁静，变得祥和。它可使身心达到和谐与平衡，特别适合刚刚开始练习瑜伽的人群，它不要求做到完美，也不是充满竞争感的训练，而是强调对每一个体式的感觉。

四、瑜伽体位姿势

瑜伽体位法是一种练习瑜伽的方法。完整、系统、科学的练习可以强健身体，预防疾病和缓解病痛。瑜伽姿势可柔软身体各部位关节，伸展韧带和肌肉，轻柔地按摩体内脏器，使人体的血液循环系统、呼吸系统、消化系统、内分泌系统和神经系统处于平稳状态，使人获得健康的同时也获得精神上的幸福，从而实现身心健康的最终目的。

瑜伽体位练习舒缓柔和，动作过程清晰分明，不会过分地刺激心脏引起粗重急促的呼吸，有些姿势看起来很难，而事实上它的过程是循序渐进的，关键是掌握方法，量力而行，长期坚持。

练习瑜伽体位首先要有正确的认识，不要认为身体不够灵活柔软就不能练习瑜伽，这是非常错误的观念，正是因为身体机能没有处于最佳状态，才要通过练习去改善。急于完成某一个姿势也是不可取的，练习瑜伽是为达到身心健康，而不是用来表演或达成其他目的的，急于把一个姿势做"标准"也会给身体带来危害。因此，所有的瑜伽姿势只要做到自己感到舒服即可。

第二节 瑜伽基本动作

本节讲解瑜伽的常见基本动作，包括战士一式、战士三式、船式、顶峰式、海狗式。

一、战士一式

动作要领：两脚分开，吸气，双手侧平举（注意不要耸肩），右脚向右侧打开，左脚内扣（注意不要扭髋，髋部朝前），呼气，手臂带动身体向右侧扭转，稍稍调整一下左脚的位置，胯部下压，保持身体的稳定。双手胸前合掌，吸气展胸抬头，双手慢慢向上推送直到手臂伸直。保持自然呼吸①。

功效：纠正骨盆前倾问题，伸展背部、胸部和脊椎；舒缓腰背痛及坐骨神经痛；加强身体的柔软度和腿部力量。

二、战士三式

动作要领：站立，手臂向上伸展，举过头顶，与地面垂直；躯干前倾，同时抬起左腿离地，右腿伸直；身体继续前倾，手臂向前伸展，与躯干、左腿呈一条直线；保持平衡的同时，右腿完全绷直，与地面保持垂直，左腿完全伸展，整个身体与地面平行。

功效：收缩和加强腹部器官，使腿部肌肉更为匀称和强健，增强平衡力和专注感。

三、船式

动作要领：坐在垫子上，屈膝，双手置于体侧，贴近前脚掌（或脚踝附近），吸气，脚跟抬离地面，呼气，缓慢伸展双膝，向上延展双腿，稳定身体后，再次吸气，背部延展向上，收紧腹部，保持身体的稳定。

功效：强化腹直肌和腰直肌，挤压、按摩腹部器官，促进消化。

四、顶峰式

动作要领：跪坐于地，双手放于大腿上，自然呼吸。上身躯干前俯，双手掌心在膝盖前方撑地，与肩同宽，抬高臀部，双手、两膝着地，跪在地板上。吸气，双腿膝盖伸直，脚跟贴地，将臀部升高，放松颈部，头部自然下垂，处于双臂之间，身体呈倒V形，自然呼吸。

功效：在颈部不承受压力的状态下，让头部适当增大血流量，快速消除疲劳，恢复精力。

五、海狗式

动作要领：坐在地板上，腰背挺直，双腿在体前自然打开。右腿弯曲，脚跟靠近身体，左腿自然弯曲。吸气，用双手抬起左脚，左臂绕过左脚，与右手在体前交握，呼气。吸气，双手保持交握状态，右手手肘绕到头后，右大臂和右侧腰部感到被拉伸，腰背挺直。保持自然呼吸。

功效：伸展背部、胸部和脊椎，打开胯部，舒缓腰背疼痛和坐骨神经痛。

第三节　瑜伽组合动作

瑜伽练习有很多动作组合，各种组合不但能增加练习的趣味性，还可以实现不同的锻炼效果。下面介绍向太阳致敬式。

一、向太阳致敬式概述

据说向太阳致敬式是练习者为表达对太阳的感激之情而创编的动作组合，经常练习此式能够促进血液循环，稳固身心状态。

---

①蒋玉梅.大学瑜伽教程[M].武汉：华中科技大学，2023.

二、向太阳致敬式演示

向太阳致敬式有多种版本,较为普遍的动作要领如下:
(1)挺身站立,放松,两脚靠拢。双手在胸前合十,正常呼吸。
(2)随着双臂高举到头上,缓慢而深长地吸气,上身自腰部起向后方弯曲。在这个过程中,双腿、双臂都伸直。
(3)呼气,慢慢向前弯曲身体,以不感到太费力为限,尽量使头部靠近双膝。
(4)保持双手和左脚在地板上稳定不动,慢慢吸气,同时把右脚向后伸展。慢慢把头向后弯曲,胸部向前方挺出,背部呈凹拱形。
(5)慢慢呼气,把左脚向后移,使两脚靠拢,臀部向上方抬起。两脚脚跟尽量压向地面,双臂和双腿伸直。
(6)吸气,臀部微微向前方移动,一直到双臂垂直于地面为止。
(7)蓄气不呼,弯曲两肘,膝盖着地,把胸部朝着地板方向放低,保持胸部略高于地面,一边慢慢呼气,一边把胸部向前移。
(8)直到腹部和两条大腿接触地面,吸气,同时慢慢伸直双臂,上身从腰部向上升起。背部应呈凹拱形,头部应向后仰起。
(9)呼气,同时臀部升高到空中。
(10)吸气,右腿弯曲并向前迈一大步,右脚脚趾与双手指尖方向平行。向上看,胸部向前挺,脊柱呈凹拱形。
(11)慢慢呼气,把左脚收回与右脚并拢,伸直双腿,尽量使头部靠近双膝。
(12)吸气,双臂伸直慢慢抬高,同时慢慢抬起身体,双臂和背部向后弯曲。
(13)呼气,手臂收回,双手在胸前合十,恢复到开始的姿势。

第十六章 短道速滑

选手像风一样飞驰，战术千变万化——快速占位、控制与反控制、超越与反超越，决胜在秒的千分位，这就是短道速滑。

短道速滑是在室内冰球场地上开展起来的项目，起源于加拿大。1992年，该项目正式进入阿尔贝维尔冬奥会。

短道速滑比赛异常激烈、瞬息万变、扣人心弦。为防止和减轻损伤，运动员要身着防切割服，佩戴头盔、护目镜、护颈、手套、护腿板。所用的冰刀刀根为圆弧形，刀管采用封闭式，最少由两点固定在鞋上，没有可动部分。

2022年2月4日，第二十四届冬季奥林匹克运动会开幕式在北京国家体育场举行。中国体育代表团在北京冬奥会上实现全项参赛，以9金4银2铜高居金牌榜第三位，在北京冬残奥会上夺得18金20银23铜，历史上首次位列金牌榜和奖牌榜双榜首。在北京冬奥会和冬残奥会上，中国运动员创造了历史最佳，书写了"冰雪荣耀"[①]。

北京冬奥会的成功举办和优异的运动成绩，对中国竞技体育产生了深远影响，不仅积累了经验，更鼓舞了士气。北京冬奥会后，中国体育健儿持续巩固优势项目，不断补齐短板弱项，继续在多个项目上争金夺银，取得突破。

第一节 短道速滑概述

短道速滑运动彰显了坚持不懈才能成就更好的自己，知难而进才能铸就精彩与辉煌。体育如此，人生亦如此。在胜利和顺境时不骄傲不浮躁，在困难和逆境时不消沉不动摇，一拼到底、努力奋斗，有这样的精神，一定能大有作为，干有所成。

一、短道速滑简介

短道速滑是以冰刀为工具，在短跑道速滑跑道上进行的争先竞速类的运动项目。1969

---

① 哈尔滨体育学院，朱志强，陈文红. 短道速滑[M]. 北京：高等教育出版社，2018.

年,第三十三届国际滑冰联盟代表大会正式发布了《短道速度滑冰规则》。在1992年的冬奥会上,短道速滑被列为正式比赛项目。

二、短道速滑装备

短道速滑项目用品主要由冰刀和鞋子、冰刀养护用品和防护用具组成。根据规定,短道速滑运动员在参加比赛时,必须要穿着以下防护装备:短道速滑安全头盔、耐切割手套或皮革制成的连指手套、由防割防扎耐用材料制成的护踝、长袖长裤连身服、带有软垫的硬壳护膝、能够保护颈部动脉的护颈。以下对冰刀、冰鞋、防切割训练比赛服和头盔等进行介绍:

(一)冰刀

短道速滑的冰刀与长道速滑的冰刀虽然从外观上看有较大的区别,但其结构却是基本相同的。短道速滑的赛道有许多弯道、倾斜角度大。一场比赛的选手人数较多,比赛时选手躲闪的次数多,滑跑的速度快,这就要求冰刀能够适应这种比赛的特点。和普通冰刀相比,短道速滑的冰刀更高更短,弧度更大,这种设计使得转弯更流畅;刀托是可移动的,滑跑时选手可自行调节刀刃的位置。冰刀管必须是封闭的,刀根必须是圆弧形的,最小半径为10毫米。刀管最少有两点固定在鞋上,没有可动的部分。

(二)冰鞋

短道速滑的冰鞋与长道速滑的冰鞋比较相似,不过它的鞋腰更高,鞋底、前鞋帮、后跟两侧都是硬性材质,其他部位为皮制。这样的冰鞋更具稳定性,滑跑时的力量更大。

(三)防切割训练比赛服

由于经常在比赛中发生运动员受伤的事件,因此在经过多年的观察后,国际滑联研究认为,短道速滑运动员高危险区域包括颈部、腹股部、腋部、臀部、下臂、手部、膝盖。所以国际滑联从2003年7月1日起,要求所有运动员在参加比赛的时候,必须要身穿防切割服,以保护自己的安全。

(四)头盔

短道速滑选手使用硬塑料头盔来保护自己,以免遭受撞击所致的伤害。短道速滑安全头盔应符合现行的ASTM标准。头盔必须有一个规则的形状,不能有突起。

(五)其他防护用具

护颈和护踝的主要作用是保护运动员的颈部和踝关节部分,其材质都为防切割、防刺穿的防切割材料。护腿板主要是放在防切割服膝关节下带有软垫部位,用来保护胫骨。目前大多数护腿板都是来自足球中的护腿板,广大短道速滑爱好者可以拿足球护腿板来使用。短道速滑运动员的手套主要以防切割为主,其次兼顾防水性能。所以大多数手套都会使用防切割材质并在手掌内侧挂一层胶,这样可以帮助运动员在弯道扶冰过程中避免弄湿手套。短道速滑手套还有一个特点,就是运动员的左手五个手指都会粘有树脂或胶质的手指扣,目的是使运动员在弯道扶冰的过程中减小扶冰摩擦力。

第二节　短道速滑基本技术

掌握基本技术,是学习短道速滑的重要前提,也是科学体育锻炼和熟练掌握短道速滑运动必须具备的运动能力基础。

一、直道滑行技术

直道滑行技术是指在直道基本姿势的基础上,双腿交替连续完成蹬冰、收腿、下刀、支撑滑行,并配合摆臂而形成的完整直道滑跑动作。

(1)基本姿势:采用流线型蹲屈姿态,上体前倾,髋、膝、踝呈屈曲状态。髋角为 $45°\sim75°$,膝角为 $90°\sim110°$,踝角为 $50°\sim90°$。

(2)蹬冰技术:蹬冰基本动作以展髋、伸髋和伸膝动作为主。包括三个动作阶段:开始蹬冰阶段、最大用力蹬冰阶段和结束蹬冰阶段。

(3)收腿技术:蹬冰腿结束蹬冰后,将腿收至支撑腿后位,主要借助蹬冰结束的反弹力和自然回摆的惯性完成。

(4)下刀技术:收腿动作后,浮脚冰刀在触及冰面前,起到确定滑行方向、调节蹬冰时机、协调配合蹬冰动作、建立和保持平衡的作用。下刀技术可分为向前摆腿动作阶段和冰刀着冰动作阶段。

(5)自由滑行技术:蹬冰结束后,摆动腿积极着地支撑滑行道,再次蹬冰滑行。这一过程中,从滑行开始,到再次准备蹬冰,身体重心由外逐渐向内移动,直至建立蹬冰角。

(6)摆臂技术:双臂以肩关节为轴摆动,辅以屈伸肘关节,手半握前摆至颌下,后摆至与躯干平行,臂腿配合动作是蹬冰腿的同侧臂向前、异侧臂向后摆动。

(7)配合技术:配合技术在滑跑过程中起着动作之间联结、协调、促进和带动的重要作用,由双腿间动作配合、上体与腿的动作配合和臂与腿的动作配合组成。

二、弯道滑行技术

弯道滑行是短道速滑最重要的技术部分,需在保持高速滑行的同时,紧紧扣住半径 8 米的弯道。

(1)基本姿势:上体前倾,髋、膝、踝关节保持屈曲状态,在弯道滑行过程中,身体始终向圆心倾斜,并保持鼻、支撑腿的膝关节和刀尖都处在同一运动面(支撑面)上,倾斜幅度较大。

(2)蹬冰技术:左腿蹬冰动作以髋关节伸展和内收、膝关节伸展为主;右腿蹬冰动作以髋关节伸展和内收、膝关节伸展为主,踝关节跖屈为辅。

(3)收腿技术:左腿的收腿动作以屈髋、屈膝动作为主,以踝关节跖屈为辅,膝关节领先,左腿向左上方做提拉腿的动作,将左腿收至右腿的左侧;右腿的收腿动作以髋关节内收和屈曲、膝关节屈曲为主,以踝关节跖屈为辅,膝关节领先,右脚冰刀贴近冰面向左侧平移,跨过左脚冰刀。

(4)下刀技术:左腿下刀是在左腿收腿动作结束后,左脚踝关节背屈,使冰刀尖微翘起,在右脚冰刀的前内侧位置着冰;右腿下刀是在右腿收腿动作结束后,利用右侧踝关节背屈动作使冰刀后部在左脚冰刀前内侧适宜位置顺势着冰。

(5)摆臂技术:弯道滑行时摆臂动作多以单臂摆动为主,以肘关节屈伸为主,以肩关节屈伸为辅,配合蹬冰动作前后摆动,左臂自然下垂,用手指轻触冰面,摸冰滑动。

(6)配合动作:双腿配合最好是在一侧腿蹬冰最大用力后,浮腿冰刀着冰;各个环节间动作要连贯,下刀与蹬冰动作不出现停顿;摆臂与蹬冰动作需同时开始和结束。

三、起跑技术

起跑是获得滑跑速度及实现战术的重要因素,要求在最短的时间内,完成从静止到移动,并获得较高速度的过程。一般包括起跑预备姿势、起动和疾跑三个阶段。

(1)起跑预备姿势:正面点冰是常用的起跑姿势之一,发令员发出预备口令后,运动员迅速向前移动,越过起跑预备线站在起跑线后,完成前腿冰刀刀尖的点冰动作,后腿冰刀用内刃支撑压住冰面并保持与起跑线接近平行,慢慢下蹲的同时,将重心放在两脚之间偏前的位置;靠近起跑线一侧手臂屈曲后自然下垂,异侧手臂肩关节外展,适度屈肘,在体侧抬起;面部朝向滑跑方向,身体相对静止。

(2)起动:前点冰腿快速抬离冰面,髋关节外展,踝关节外旋,后腿向后方做快速用力蹬伸;蹬冰腿和同侧手臂屈曲后向前快速摆动,异侧手臂快速向后摆动。

(3)疾跑:常见疾跑方式有踏切式、踩冰式和滑跑式。其中,踏切式易于掌握,起动速度也较快,一般向前跑8~10步。

四、冲刺技术

当临近终点时,以送刀式冲刺为例,将身体重心落在有利于克制对方的一侧腿上,将另一侧腿迅速前伸,保持平衡冲过终点。

第三节　短道速滑基本战术

按照实施战术人数来分,短道速滑战术分为个人战术和集体配合战术。个人战术又分为出发抢位、跟滑、领滑、变速滑行和冲刺滑行。出发抢位是运动员利用起跑技术抢占领先和有利位置,从而有效控制比赛主动权,避免其他因素干扰;跟滑指尾随同组或其他队员后面滑行,可通过减小空气阻力和调整呼吸来节省体力,保持良好的状态和后半程发力;领滑指领先同组队员的滑行,可使自己不受其他滑行队员在技术、战术和心理等方面的影响,并可选择最佳滑跑路线,减少体力消耗;变速滑行多指在长距离比赛中,领滑运动员有目的、有计划地一次或多次改变滑行速度,消耗对方的体力或摆脱跟滑队员;冲刺滑行指在终点线前一段距离内,充分发挥自己的体能和技术特点,以最快的速度冲过终点线的滑行方法。

集体战术分为变速滑行、纵队滑、并队滑和起跑掩护。其中,变速滑行战术是在中长距离比赛中,同队两名及两名以上队员在比赛过程中,采用一名或两名队员先后多次变速滑行,干扰或消耗对方的体力;纵队滑指同队两名队员在高速滑行中,有目的、有计划地成纵队滑行,迫使企图超越的对方延长滑行距离,消耗体力;并队滑指两名队员有目的、有计划地并队滑行,干扰或控制对方技术的发挥;起跑掩护指相邻站位的两个队员中,一人在起跑后和进入弯道前,有目的地选择自身起跑动作和路线,干扰或控制对方起跑技术的发挥,竭力掩护同伴的方法。

第四节 短道速滑的比赛规则

制定比赛规则能够确保比赛的公正性,帮助参与者获得竞争优势,并为建立公平竞技环境提供框架。参与者应该积极主动地学习和遵守规则,以便在比赛中取得更好的成绩。同时,比赛组织者也应不断更新和改进规则,以应对变化的需求[①]。

一、比赛场地和器材

(1)比赛场地:短道速滑正式比赛的跑道为椭圆形,周长为111.12米,直道宽不小于7米,弯道半径为8米,直道长为28.85米;使用短跑道速度滑冰技术委员会批准的跑道标志块,两边弯道处各设置7块黑色标志块。

(2)器材:短道速滑的冰刀、头盔、护目镜、防切割护颈、护踝、护胫板和防切割手套。

二、分类

短道速滑比赛分为个人项目和集体项目。其中,个人项目包括男子/女子500米、1 000米、1 500米、3 000米比赛和个人追逐赛,集体项目包括成年女子3 000米接力、成年男子5 000米接力、青年男子3 000米接力、青年女子3 000米接力。

三、违规情况

(1)缩短距离:以冰刀滑跑到以跑道标志块标示的弯道左侧。

(2)碰撞:故意用身体任何部位妨碍、推拉、撞击、阻挡其他运动员;在跑道上不合理地横向滑行,或用任何方式干扰其他运动员,导致身体接触。

(3)援助:运动员在比赛中应作为个体滑行,在比赛中给予或接受体力援助的行为,即为援助,但不包括在接力比赛中运动员推同队队员的行为。

(4)危险动作:在比赛中故意踢、碰其他运动员的冰刀,以及在终点冲刺时将冰刀竖起或将整个身体摔过终点线等,均被视为危险动作。

第五节 短道速滑的常见损伤及防护

短道速度滑冰运动是现阶段体育运动的重要组成部分之一,但随着速滑运动的逐步开展,其同时也成为运动损伤的高发项目,对运动员的身体素质及训练效果产生了负面影响,且伤病问题也为短道速度滑冰项目带来了极大的困扰。由此可见,积极地探索出有效的运动防护措施,已然成为现阶段开展短道速滑运动训练项目的基本保障。因此,运动员应结合短道速滑项目的特点,提出有针对性的专项练习方法,并结合有力的防护措施,提升对个别受损部位的锻炼强度,以此来加强机体的功能效果,从而达到有效降低运动损伤概率的目的。

第一,短道速滑的常见损伤有扭伤及挫伤、骨折及脑震荡。

[①]国家体育总局青少年体育司.冬季奥运会小百科[M].北京:人民邮电出版社,2021.

第二，为防止和减少运动损伤的发生，安全防护尤为重要。

常规的防护措施如下：

(1)冰场需要严格的规则。

(2)练习者必须严格遵守短道速滑比赛规则的规定，佩戴装备。

(3)自我保护方法：养成抬头观察的习惯；摔倒瞬间迅速收腹团身抱头；掌握快速躲闪技术；适度降低重心；将冰刀置于安全位置；尽量利用背部撞击保护垫，并学会撞击时的缓冲。

参考文献

[1] 尹军,袁守龙,武文强.大学体育与健康[M].北京:中国工信出版集团,2022.
[2] 侯德红.大学体育与健康(第四版)[M].北京:高等教育出版社,2022.
[3] 罗红,夏青,王玮.大学体育教程[M].北京:高等教育出版社,2021.
[4] 艾丽,张平.新时代大学体育运动与健康教程[M].北京:清华大学出版社,2023.
[5] 中国排球协会.排球竞赛规则(2021—2024)[M].北京:人民体育出版社,2023.
[6] 杨娅男.排球教学与训练[M].厦门:厦门大学出版社,2018.
[7] 戚一峰,李荣芝.乒乓球教程[M].上海:上海交通大学出版社,2021.
[8] 中国乒乓球协会.乒乓球竞赛规则(2022)[M].北京:北京体育大学出版社,2022.
[9] 金尧.羽毛球教程[M].上海:上海交通大学出版社,2020.
[10] 索敌.青少年羽毛球入门教程[M].北京:人民邮电出版社,2022.
[11] 尹军,袁守龙,武文强.大学体育与健康(图解示范＋视频指导)[M].3版.北京:人民邮电出版社,2023.
[12] 任远,张春华,李磊.大学体育与健康教程[M].北京:高等教育出版社,2021.
[13] 张新萍,屈萍.终身体育:体适能提升与健康促进[M].广州:中山大学出版社,2020.
[14] 于素梅.体育与健康[M].北京:教育科学出版社,2022.
[15] 赵新世.运动员心理调控与训练方案设计研究[M].北京:水利水电出版社,2019.
[16] 张力为,毛志雄.运动心理学[M].2版.上海:华东师范大学出版社,2018.
[17] 林文弢,黄治官.青少年生长发育与体育锻炼[M].北京:科学教育出版社,2020.
[18] 杨文轩,陈琪.体育概论[M].3版.北京:高等教育出版社,2023.
[19] 李照艺.跟冠军学跆拳道(全彩图解视频学习版)[M].北京:人民邮电出版社,2021.
[20] 李照艺.青少年跆拳道运动从入门到精通(全彩图解视频学习版)[M].北京:人民邮电出版社,2021.
[21] 冉勇.美式橄榄球基础教程[M].北京:中国经济出版社,2019.
[22] 万磊,周孝华.美式腰旗橄榄球[M].上海:东华大学出版社,2022.
[23] 哈尔滨体育学院,朱志强,陈文红.短道速滑[M].北京:高等教育出版社,2018.
[24] 国家体育总局青少年体育司.冬季奥运会小百科[M].北京:人民邮电出版社,2021.
[25] 庞卫国.台球进阶技巧图解[M].北京:化学工业出版社,2020.
[26] 仵美阳.大学体育与健康[M].武汉:华中科技大学出版社,2021.
[27] 叶伟,王世英.零基础学散打[M].北京:人民体育出版社,2021.
[28] 李士英.散打[M].北京:北京体育大学出版社,2022.
[29] 冯道光,张小龙.健美操[M].广州:华南理工大学出版社,2020.
[30] 杨萍.健美操与科学健身[M].北京:人民体育出版社,2021.

［31］黄灵素.瑜伽与冥想 零基础瑜伽书籍基础减肥瑜伽冥想引导初级入门［M］.北京：北京联合出版公司,2022.

［32］蒋玉梅.大学瑜伽教程［M］.武汉：华中科技大学,2023.

［33］刘伟,陈志明,曾明,等.体育舞蹈教程［M］.北京：中国水利水电出版社,2022.

［34］郭腾杰,周龙慧.体育舞蹈（融媒体版体育类专业系列教材）［M］.北京：北京师范大学出版社,2022.

［35］雷超,李韬.碳中和背景下氢能利用关键技术及发展现状［J］.发电技术,2021(2)：207-217.

［36］扈帅军.体育与健康学科核心素养视域下高校体育教学策略研究［J］.当代体育科技,2020,10(12)：125-126.

［37］李玉龙.核心素养视域下高校体育教师教学策略研究［J］.中小企业管理与科技,2020,(7)：122-123.

［38］王建军,何玲玲,郑志强,覃国友.大学体育与健康篮球课程思政案例的探索与实践［J］.四川体育科学,2023(4)：106-111.